인생각성

성장은 완벽한 아름다움이다

인생 각성

삶을 바꾸는 가장 과학적인 방법

認知覺醒

저우링 지음 ― 박혜정 옮김

말글스토리

인생의 각성이 시작되었다.

- 박혜정(소사장소피아)

난 스무 살 때부터 아주 절실하게 성공을 꿈꿨다. 당시 집이 어려워지면서 크고 빠른 성공을 추구할 수 밖에 없었다. 홀로 저 뒤에서 출발한다고 생각했기 때문에 항상 마음이 초조했다. 욕망이 크면 클수록 더 조급해졌고, 그럴수록 더 자신을 다그치고 몰아세웠다. 하지만 욕망에 비해 나의 인내와 능력은 늘 기대에 못 미쳤고, 마지막에는 결국 포기해 버린 자신을 마주하는 것을 반복할 뿐이었다. 그때마다 나에 대한 한심함과 자책감을 느꼈고, 고통스러웠다.

나의 20대 자기 계발은 늘 이런 식이었다. 다그치고, 고통스럽게 인내하고 노력하다가, 얼마 못 가 포기해 버리는 순서말이다. 그런 시기를 누구보다 치열하게 보내서인지 이젠 환상 뿐인 스토리나 왠만한 자기 계발 방법에는 혹하지 않는다. 그런데 이 책은 달랐다. 우선 매우 과학적이고, 근거가 있었다. 익숙한 자기 계발 단어들이 계속 나왔지만, 그 해석과 제시하는 과정과 방법은 전혀 달랐다. 과학적인 근거와 사례는 직접 행동으로 실험해 보고 싶다는 생각이 들게 했다. 인간의 뇌 메커니즘, 심리, 진화과정 등을 이해함으로써 나 자신을 더 이해할 수 있었다. **왜 해야 할 것을 뒤로 미룬 채 핸드폰을 집는지, 집중하는 시간은 왜 그렇게 짧은지, 왜 그렇게 초조하고 불안했었는지 등 많은 부분을 이해할 수 있게 되었고, 실패와 게으름을 반복했던 자신에 대해 죄책감을 덜 수 있게 되었다.** 결과적으로 나는 이전과 다르게 행동하기 시작했고, 삶의 변화를 경험할 수 있었다.

진짜 자기 계발이란 삶의 변화를 끌어낼 수 있어야 한다. 내가 이 책을 한국에 소개하고 싶었던 가장 큰 이유는 내 삶의 변화를 직접 경험했기 때문이다. 저자의 노하우인 하루 일정 노트 쓰기 방법으로 집중력과 생산성이 높아졌고, 그 결과 1년 동안 두 권의 책을 쓰고, 한 권의 번역까지 할 수 있었다. 늘 중도에 포기했던 운동은 2년 가까이 꾸준히 하고 있고, '매일 반성'의 습관은 삶을 대하는 자세를 더 진지하게 만들어 줬을 뿐만 아니라, 인격적으로도 더 성숙한 사람이 될 수 있을 것 같다는 희망을 주었다. 무엇보다 근시안적인 시각과 조급함이 줄었다. 이는 집중하는 오늘 하루를 쌓아간다면 더 나은 미래가 올 것이라는 믿음이 생겼기 때문이다.

행동하고, 습관을 만들면서 내가 체험한 모든 것은 책 속의 이야기 그대로였다. 어느 날, 저자가 각성하고 삶의 변화를 이뤘다는 이야기처럼 나도 **각성하고, 삶의 변화가 일어났다. 정말 누구나 가능한 일이었다!** 게다가 이 일련의 과정들이 저자가 말했듯, 전혀 고통스럽지 않고 너무나 자연스러웠다. 그리고 행복했다. 이젠 이 기분을 당신이 경험할 차례다.

이 책을 번역하는 사이, 중국 현지에서 백만 부 넘게 팔렸다는 소식을 접했다. 중국에서는 출간이래 지금까지 자기 계발 분야 베스트셀러 자리를 놓친 적이 없다. 다른 책들과 비교가 안 되는 압도적인 양의 리뷰도 쌓이고 있다. (중국 최대 온라인서점인 당당닷컴에서만 6만 개의 후기가 있고, 다른 곳의 후기까지 합치면 족히 10만 개가 넘는다.) 후기에는 삶의 각성이 시작되어 자신의 삶이 어떻게 변했는가에 대한 내용으로 가득하다. 중국 청년들의 자기 계발 바이블이 된 이 책을 한국에 소개할 수 있게 되어 너무 기대되고, 기쁘다.

내가 경험했듯, 당신 역시 각성하고 삶의 변화가 시작될 것이라 믿는다. 그리고 그 여정은 매우 행복할 것이다. 행복한 자기 성장의 길을 함께 내딛어 보자.

딸 저우즈치에게 바칩니다.

나를 변화시키는 원동력을 찾아내다

우리는 발전된 과학기술과 풍부한 자원, 모든 것이 연결된 인류 최대의 발전기에 살고 있는 행운의 세대이다. 우리의 수명은 더 길어졌고, IQ는 더 높아졌으며, 부는 더 늘어났다. 그리고 이 모든 것들이 유전자 또는 자본을 통해 다음 세대에 전달되어 왔다. 하지만 기술이 아무리 발전하더라도 직접적으로 전달될 수 없는 것이 하나 있는데, 그것은 바로 '마음가짐'이다.

마음가짐이란 사람과 사물을 보는 우리의 태도이며, 이에 따라 우리가 내리는 판단과 선택을 의미한다. 우리 모두의 인생관, 세계관, 가치관은 태어난 순간 '무'의 상태이다. 모든 성격, 습관, 패턴은 인간 본성의 초기 상태에서 발전하기 시작한다. 이는 당신, 나, 우리 부모님과 아이들 모두 마찬가지이고 그 누구도 이 단계를 건너뛸 수 없다. 그리고 이 초기 상태는 혼돈 그 자체이다. 때문에 사람들은 자연스레 간단하고, 가볍고, 편안하고, 확실한 것을 추구한다. 이러한 본성이 우리의 희노애락이 되어 우리를 지배하고 있지만, 이 상황에 빠져 있는 대다수의 사람은 이를 전혀 알지 못한다.

우리 자신에 대한 무지는 스스로를 '겉으로는 깨어 있지만, 실제로는 자고 있는 사람'으로 보이게 한다. 우리는 인간이 '깨어 있는 것'과 '잠자는 것'을 동시에 할 수 없다는 것을 잘 알고 있다. 이 둘은 분명히 모순된다. 하지만, 이런 논리적 오류를 지적하기 전에 나를 따라 함께 우리 삶의 궤적을 살펴보는 것이 좋겠다. 그러면 아마 당신도 이 말에 동의할 것이다.

이변이 없는 한 대부분의 사람은 '학업-일-결혼'의 노선을 따라 성장하는 삶의 관성을 따른다. 젊을 때는 자신의 미래를 부정적으로 예상하는 사람이 거의 없을 것이다. 아름다운 삶을 상상한다. 아직 세상 물정에 어두울 때라 정확히 무엇을 해야 할지 모르지만, 자신감만 있으면 충분하다고 생각한다. 어쨌든 젊음은 무적이니까!

그러나 현실은 상상했던 것과 항상 다르다. 몇 년이 지나면 넘쳤던 자신감은 사라지고, 자신이 그다지 특별하지 않다는 것을 알게 된다. 사회 규칙에 복종하면서 일상에 대한 고민을 반복하며 이 세상을 쫓아가고 있음을 알게 된다. 그리고 핸드폰을 하고 싶으면 핸드폰을 들여다 보고, 게임하고 싶으면 게임을 한다. 스트레스도 별로 없고, 의욕도 없고, 어쨌든 하루하루는 흘러간다. 마음속에 아직은 희망이 남아 있어 "파이팅!"을 외치지만 다시 근시안적인 선택을 하고, 눈앞의 편안함에 빠져버리고 만다. 그들은 세상이 돌아가는 법칙인 '사물의 구성과 프레임, 노력하는 과정과 방법, 자신이 정말 원하는 것, 무엇을 할 수 있는지, 그래서 결국 나는 어떤 사람이 될 수 있는지'에 대해 아무것도 아는 것이 없다.

이들은 어영부영 어느 나이가 돼서는 불현듯 이 세상에서 자신은 너무 무능했음을 깨닫는다. 꿈과 현실 사이에 격차는 너무 크고, 삶과 일의 압박은 나를 짓누르고 있고, 뛰어난 동료들은 이미 저 멀리 앞서가 버렸다. 갑자기 그들은 꿈에서 깨어난 듯 초조하고 조바심이 난다.

"나는 왜 일찍 이 세상의 진짜 모습을 알지 못했을까? 나는 왜 가장 좋은 시절에 각성하지 못했을까?"

눈물을 머금고 자문해 보니, 가장 좋은 시기를 놓친 것만 같고, 삶을 다시 되돌릴 수도 없다. 그렇게 교만함은 사라지고, 그들은 무력감과 한숨 속에서 평범한 삶을 묵묵히 받아들일 수밖에 없다.

일부 사람만이 운이 좋게도 좋은 나이에 '눈을 뜬다.' 즉, '각성'한다. 그들은 성장의 함정에서 벗어나 미래의 멋진 삶을 준비하기 위해 의도적으로 자신을 업그레이드하기 시작한다. 그리고 천천히 대오를 따돌리고 동료들의 선두에 선다. 하지만 곧 한계에 부딪힌다. 부지런해지고 싶지만, 항상 타성을 이기지 못하고, 노력하지만 비효율적인 상태에 빠지고, 앞으로 나아가고 싶은데 계속 돌아가게 된다. 많은 책을 읽었지만, 기억에 남는 게 없고, 큰 노력을 기울였지만 모두 헛된 일이 되어 버리고 만다. 그들은 애를 쓸수록 더 곤혹스러워지고, 노력할수록 더 혼란스러워진다.

이것이 '겉으로는 깨어 있지만, 실제는 자는 사람'의 모습이고, 사실 이는 내 예전의 모습이기도 하다. 오랫동안 나는 잠에서 덜 깬 사람처럼 보였다. 나 자신에 대해 이해하지 못했고, 삶에 대한 주장과 운명에 대해 선택하지 않았다. 그 당시 나는 일에 매우 헌신했지만, 여가 시간 대부분은 생각할 필요가 없는 것들로 채웠었다.

시간이 있으면 친구들과 만나 취할 때까지 술을 마시며 자주 밤을 새웠고, 주도적으로 책을 보거나 운동을 하는 건 없었다. 시간을 보내는 방법 중에는 재미있는 동영상을 보거나 가십을 읽는 것, 오늘의 운세, 모바일 게임도 있었다. 정말 할 게 없을 땐 그냥 이불을 뒤집어쓰고 잠을 늘어지게 잤다. 무의식중에 나는 이런 걱정 없는 삶이 계속될 거라 생각한 것 같다.

그러던 어느 날, 뜻밖의 사고로 나의 아주 친한 친구 두 명의 운명이 바뀌었다. 나는 내 자신에게 묻지 않을 수 없었다. 만약 이런 사고가 내게 일어나서 현재 갖고 있는 모든 것이 '사라지게' 된다면 나에겐 무엇이 있고, 무엇을 할 수 있으며, 이 세상에 무엇을 남길 수 있는가? 이렇게 질문을 하니, 한숨이 나왔다. 내가 할 수 있는 것이 아무것도 없다는 것을 갑자기 깨달았기 때문이다. 그때부터 이전에는 느끼지 못했던 불안감이 느껴졌고, 이대로는 안 된다는 생각을 강력하게 하게 되었다. 나는 머릿속을 정리해 더 이상 혼란에 빠지지 않길 바랐다. 더 많은 능력을 갖춰 아무 대책 없는 상황을 마주하지 않고 싶었고, 주도적으로 성과를 창출하고 싶었다. 수동적으로 받아들이는 상황은 이제 하고 싶지 않았다. 나의 각성이 시작되었다.

2017년, 많은 이들이 적지 않은 나이라고 생각하는 36살, 나는 과감히 탐구를 시작했다. 나는 매일 to do list가 있는 것이 각성이 아니며, 매일 열심히 한다고 해서 각성이 되는 것도 아님을 깨달았다. 진정한 각성이란 일종의 마음속에서 우러나오는 갈망이자, 장기적인 관점으로 볼 수 있는 것, 인내심을 유지하는 것, 그리고 인지 역량과 시간을 친구 삼아 활용하는 것이었다. 나는 사람과 사람 사이에 근본적인 차이가 인지능력상의 차이임을 알게 되었는데, 이는 인지가 선택에 영향을 미치고, 선택은 운명을 바꾸기 때문이다. 성장의 본질은 대뇌의 인지능력을 더욱 명확하게 변화시키는 것이다. 나는 뇌과학을 시작으로 인지과학, 심리학, 행동과학, 사회학 및 기타 학문 분야를 광범위하게 섭렵하기 시작했다. 그리고 그 안에서 나 자신의 성장 가능성을 보았고, 내가 무엇을 원하는지 알게 되었다. 또한 몇 가지 법칙과 진리, 그리고 꿈을 이루는 방법과 경로를 알게 되었다.

혼돈에서 경계하고 각성하기까지, 길을 잃은 듯한 막막함에서 명료해지기까지 나는 천천히 '욕망의 각성'과 '방법의 각성'에 대한 비밀을 파헤쳐 나갔다. 그렇게 해서 자아 성장을 위한 내적 동기를 어떻게 끌어내고 유지해 나가는지, 고통스러운 인내를 어떻게 과학적 인지로 바꿔 시동을 걸 수 있는지 알게 되었다. 나는 이러한 생각과 방법론을 인터넷에 공유했고, 곧바로 많은 이들에게 큰 공감을 불러일으켰다. 그들은 짧은 시간 안에 변화한 나의 모습에 놀라워하며 주도적으로 피드백을 보내왔다. 그들은 나의 글이 심오하지만, 알기 쉽게 설명해 준다고 말했다. 글을 읽고 머리를 한 대 맞은 듯 깨달은 바가 있다고도 말했다. 그들은 내가 성과를 내는 모습에서 희망을 보았다. 동시에 어려운 성장 과정에서 끊임없이 나오는 고민들에 대해 내가 해답을 줄 수 있기를 희망했다. 나는 이 과정 안에서 성장을 열망하는 수많은 사람들을 보게 되었고, 그래서 나 자신을 성장시키는 동시에 다른 사람들을 돕겠다고 결심하게 되었다.

2018년 5월의 마지막 날. 나는 공식 SNS계정(위챗) '맑은 뇌(淸腦)'에 Q&A를 만들고, 성장 컨설턴트로서의 정체성을 하나 추가했다. 근무시간 외에 하는 일이었지만, 많은 '고민 샘플(이 책의 많은 사례는 이러한 실제 질문에서 비롯되었다.)'을 접하는 기회가 되었다. 이런 다양한 성장에 관한 고민들을 해결해 가면서 나는 내가 탐구해서 알게 된 방법론이 실제 대부분의 사람들의 고민과 걱정을 해결할 수 있다는 것을 알게 되었다.

나는 **뇌 구조, 잠재의식, 메타인지, 의도적 연습 등의 기본 개념에 대한 정확한 해석 위에 자기 통제력, 집중력, 행동력, 학습력, 감정 능력 등의 구체적인 능력을 활용하는 전략(새벽 기상, 명상, 독서, 글쓰기, 운동 등 필수적인 습관 만들기를 포함)을 제시했다.** 여기엔 모두 상대적으로 독특한 원리와 구체적이고 실행 가능한 방법이 담겨 있다. 이 축적물이 바로 이 책이다.

하지만 당신이 이 책을 정말 제대로 읽었다면, '실천과 변화'야말로 이 책의 핵심내용임을 알게 될 것이다. 그러니, 한 번 읽고 마는 '도파민 중독'이 아닌 이 책을 도구로 삼아 스스로 진정한 변화를 이룰 때까지 수시로 다시 보고, 생각하고, 실천하라. 물론 당신은 이 책 속 특정 주제에 관심이 있어 관련 장을 바로 펼칠지도 모르겠다. 이렇게 하는 것이 안 되는 건 아니지만, 시간이 충분하다면 처음부터 읽는 것을 추천한다. 일부 기초 개념은 레고 블록을 쌓듯 천천히 구체적인 형태를 갖추게 될 것이고, 앞 장의 배경지식이 뒷장을 이해하는 데 영향을 주기 때문이다.

나는 이 책이 성장을 희망하는 모든 이들이 읽기에 적합하다고 믿는다. 직업이 무엇이든, 나이가 많든 적든, 어떤 역할을 맡고 있든 상관없이 **이 책은 당신을 행동하게 할 것이다. 특별히 인내심이 부족하고, 성공에 대한 갈망이 크며, 극도로 불안해하고, 잠시 삶의 목표가 없는 사람, 흐리멍덩하게 보내는 사람, 더 나아지고 싶지만 아는 것이라곤 오직 끈기로 버티는 것뿐인 사람, 학습 방법을 터득해서 학업 성적을 높이고 싶은 사람, 근본의 성장 법칙을 이해하고 주도적으로 성과를 창조해 내고 싶은 사람...만약 당신이 이 중 하나라면 이 책은 확실하게 당신을 깨우치고, 진정한 인지적 원동력을 내면화시켜 줄 것이다.** 그 외에도 나는 특히 아직 사회에 나오지 않은 청년들이 이 책을 볼 수 있게 되기를 희망한다. 왜냐하면 그들은 이제 시작 단계에 있기 때문에 이 책을 통해 각성할 수 있게 된다면 인생의 많은 시행착오를 피할 수 있고, 동료들보다 한 발자국, 또는 몇 발자국을 앞서 나갈 수 있을 것이다. 이는 삶의 시간 낭비를 직접적으로 줄여주는 것과 같다!

만약 당신이 소위 말하는 가장 좋은 시기가 지났다고 느낀다면 그건 정말 상관없다. '현재'는 항상 시작하기에 가장 좋은 시간이다. 이는 위로의 말이 아니라 정말 사실이다. 모지스 할머니Grandma Moses (미국의 화가-옮긴이)는 76세의 나이에 그림을 배우기 시작해서 80세 때 개인전을 열었고, 왕더슌Wang Deshun(중국의 유명 모델-옮긴이)은 79세 때 런웨이에 섰고, 주스젠 Zhu Shijian(중국 거대 제약회사 CEO-옮긴이)은 74세에 귤을 심어 창업하였다. 당신이 올해 60살이라고 해도 그들은 당신에게 이렇게 말할 것이다.

"젊은이, 조급해할 것 없어요. 당신에겐 아직도 20년이라는 언제든 다시 시작할 수 있는 시간이 있으니까요."

진실은 자명하다. 당신이 성장을 포기하면 5년, 10년 후의 당신 모습은 분명 예전 그대로의 모습일 테지만, 당신이 변화하겠다고만 한다면 완전히 새로운 당신을 얻을 수 있을 것이다. 인생에 정해진 숫자가 없다. 그리고 생각할 필요도 없이 시간은 누구에게나 똑같이 흘러간다. 그러므로 하는 것이 하지 않는 것보다 낫고, 시작하는 것이 포기하는 것보다 낫다. 마음속에 희망이 남아 있다면 언제든 시작하기에 가장 좋은 시기이다.

당신이 여기까지 읽었다면 책을 넘기는 다음 행동은 당신과 나의 악수로 간주하겠다.

"반갑습니다. 저는 저우링Zhou Ling입니다. 우리 같이 각성의 여정을 시작해 봅시다!"

목차

상

나를 들여다보고 불안을 떨쳐내다

1장 뇌
- 모든 문제의 근원

2장 잠재의식
- 삶이 준 이스터에그

3장

메타인지
- 인류의 궁극적 능력

세상을 바라보고 힘을 빌려 전진하다

 4장

집중력
- 감정과 지혜의 교차영역

5장 학습력
- 학습은 노력만으로 되는 것이 아니다

6장 행동력
- 행동이 없으면 세상은 개념일 뿐이다

상

나를 들여다보고 불안을 떨쳐내다

1장

뇌

- 모든 문제의 근원

뇌
– 자기 자신을 새롭게 인식하다

나는 많은 사람들이 자기 자신을 제대로 이해하지 못하고, 이해해 본 적도 없기 때문에 자신의 여러 문제에 대해 어려움을 겪고 있다고 생각한다. 여기서 내가 말하는 '나'는 구체적으로 자신의 뇌 부분을 지칭하는 것이다. 뇌가 없다면 우리는 아무것도 아니기 때문이다. 뇌를 이해하지 못한다면 우리는 모호한 감각에 기대서 살아갈 수밖에 없다. 그리고 이런 모호한 삶은 보통 우리가 원하는 바는 아닐 것이다.

뇌에서부터 시작하여 자기 자신을 새롭게 인식할 수 있다면, 우리는 다시 한번 '진화'할 수 있다.

세 가지 뇌

인류가 이 행성에서 최고 고등 생물이 될 수 있었던 것은 전적으로 지혜로운 두뇌 덕분이다. 뇌는 정교하기는 비할 바가 없이 완벽하다. 하지만, 과학 기술이 발전한 지금까지도 여전히 뇌의 비밀은 완전히 밝혀내지 못하고 있다. 지금까지 밝혀진 바에 따르면, 우리의 뇌는 완벽하지도 않고 심지어 심각한 문제를 갖고 있다는 것이다. 이런 문제들은 우리가 무능하고 고통을 느끼게 하는 근원이 된다. 이를 이해하려면 먼저 뇌가 어떻게 진화해 왔는지 알아야 한다.

태초에 지구에는 생명이 없었다. 그러다 수십억 년 전에 고대 바다에서 일부 '레플리콘DNA의 복제 단위'이 나타났고, 진화 과정을 거쳐 점차 단세포 생물, 동물, 식물, 미생물 등으로 이어 진화했다. 그 후 동물의 갈래에서 각종 원시 어류가 진화하여 바다 곳곳에 퍼지게 되었다.

약 3억 6천만 년 전, 그들은 육지를 향해 진군하기 시작했고, 지구는 파충류 시대로 접어들었다. 파충류는 육지 생활에 적응하기 위해 최초의 '**본능뇌**'를 진화해 왔다. 본능뇌의 구조는 매우 간단한데, 오직 하나의 원시적인 반사 모듈이다. 파충류는 위험에 직면하면 싸우거나 도망가고, 먹이를 보면 잡아먹고, 마음에 드는 이성을 보면 쫓아가는 등 환경에 아주 빠르게 본능적으로 반응한다. 파충류는 감정도 이성도 없다. 변온동물의 특성때문에 추운 환경에서는 생존하기 어렵지만, 이런 단순한 본능적인 반응에 의존하여 생존해 왔고, 악어, 도마뱀, 뱀 등 일부 파충류는 지금 우리 시대까지도 살아남았다. 그래서 많은 학자들은 본능뇌를 원시뇌, 기초뇌, 악어뇌, 도마뱀뇌, 또는 그냥 파충류뇌라고 부른다.

약 2억 년 전, 이제 포유류가 등장하기 시작했다. 그들은 환경에 더 잘 적응하기 위해 체온을 일정하게 유지했을 뿐만 아니라 감정도 느끼기 시작했다. 감정이 뒷받침되면서 포유류는 가혹한 환경에서 이득을 취하고 위험을 피할 수 있게 되었고, 생존 능력이 크게 향상되었다. 예를 들어 공포의 감정은 위험으로부터 자신을 멀어지게 하고, 흥분된 감정은 사냥에 더욱 집중할 수 있도록 하며, 즐거운 감정은 동료 간의 친밀도를, 슬픈 감정은 동정하는 이의 관심과 애정을 끌어낼 수 있었다. 이것이 우리가 고양이나 개를 반려동물로 삼는 이유이기도 하다. 왜냐하면 이 동물들은 우리와 감정 교류를 쉽게 할 수 있어 비위를 맞추며 우리를 돌봐 주기 때문이다. 이에 따라 포유류의 뇌에서 발전되어 나온 독특한 감정 영역(변연계)을 뇌 과학자들은 '**감정뇌**'라고 부른다. 포유류 중 원숭이는 늘 인류의 관찰과 실험 대상으로 활용되는데, 그래서 감정뇌를 원숭이뇌라고도 부른다.

지금으로부터 약 250만 년 전, 인간은 비로소 포유류 중에서 두각을 나타내기 시작했다. 뇌 전두엽의 '신피질'의 진화가 시작된 것이다. 이 신피질은 7만~20만 년 전에야 비로소 형태를 갖추기 시작하였고, 우리가 언어를 만들고, 예술을 창조하고, 과학 기술을 발전시키고, 문명을 건설할 수 있도록 하는 독보적인 뇌 영역이 되었다. 그때부터 우리는 이 지구상에서 절대적인 생존 우위를 점하게 되었다. 인류는 인간만이 갖고 있는 이 새로운 뇌 영역을 '**이성뇌**'라고 부르고, 인간뇌, 사고뇌라고도 칭하기도 한다.

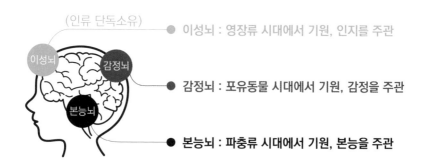

[그림 1-1 인류의 세 가지 뇌]

'이솝 우화'의 '농부와 뱀' 이야기를 모두 알고 있을 것이다. 추운 겨울, 길가에 얼어붙은 뱀을 발견한 농부는 이를 불쌍히 여겨 품속에 따뜻한 온기로 안아 주었다. 깨어난 뱀은 농부에게 감사를 표하는 대신 그를 물어

버렸다. 농부는 죽기 전 "악인을 불쌍히 여겼더니, 이런 대가를 치르게 되었구나!" 하고 후회하며 말했다. 사실 농부가 뇌에 대한 지식이 있었다면 이런 어리석은 실수를 저지르지 않았을 것이다. 뱀 같은 냉혈한 파충류는 감정뇌가 전혀 발달하지 않아 고마움을 모르고, 오직 본능에 따라 위험에 처하면 싸우거나 도망갈 뿐이다. 어리석은 농부는 뱀이 인간처럼 선한 마음과 악한 마음이 있고, 은혜에 보답할 수 있다고 생각했던 것 같다. 그 결과 결국 죽게 되었다.

우리 인간은 이 세상의 다른 동물들과 매우 다르다. 우리의 뇌는 안쪽에서 바깥쪽으로 적어도 삼 중의 뇌가 있다. 연식이 아주 오래된 본능뇌, 상대적으로 오래된 감정뇌와 아주 젊은 이성뇌가 있다.

하지만 대부분의 사람은 이 사실을 모른 채, 세상의 모든 동물은 뇌가 하나뿐이고, 인간은 그들보다 조금 더 똑똑할 뿐이라고 생각한다. 이러한 오해는 우리를 뱀을 구한 농부처럼 종종 어리석은 선택을 하게 만든다.

수준의 높고 낮음과 권력다툼

분명한 것은, 우리의 뇌가 미리 설계되어 있는 것이 아니라, 마치 여러 조합으로 조립된 컴퓨터처럼 서로 다양한 모듈로 '쌓여' 있다는 점이다. 마치 너무 낡은 메인보드, 오래된 그래픽 카드, 최신 CPU(중앙 처리 장치)가 있는 한 대의 컴퓨터와 같다. 그래서 함께 작동하면서 호환성 문제가 생길 수밖에 없다.

그나마 우리에게 위로가 되는 것은 높은 수준의 이성뇌가 있다는 것이다. 이는 우리 인간에게만 있는 독특한 것이며, 우리가 먼 곳을 보게 하고,

비교를 통해 즉각적인 만족이 아닌 훗날에 만족할 수 있는 선택을 하도록 도와준다. 이성뇌의 관점에서 보면 본능뇌와 감정뇌는 확실히 수준이 낮다고 할 수 있다. 그러나 우리가 이에 우쭐대기에는 너무 이르다. **이성뇌의 수준이 높지만, 본능뇌와 정서뇌와 비교해서 너무 힘이 약하기 때문이다.** 이성뇌가 약한 이유는 적어도 다음 네 가지 때문이다.

하나, 출현한 연대로 볼 때 본능뇌는 이미 3억 6천만 년의 역사가 있고, 감정뇌는 거의 2억 년의 역사가 있다. 이에 비해 이성뇌는 250만 년이 채 되지 않는다. 만약 본능뇌를 100살의 노인이라고 가정하면 감정뇌는 55살의 중년쯤 될 것이고, 이성뇌는 한 살이 채 되지 않은 아기이다. 상상해 보면 알 수 있듯이 이 아기가 아무리 똑똑하다 하더라도 어른 두 명 앞에서는 너무 약해 보일 것이다.

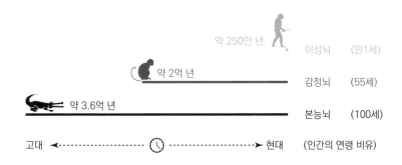

[그림 1-2 세가지 뇌의 연령 비유]

둘, 세 가지 뇌는 각각 완성된 시간이 다르다. 본능뇌는 유아기 때부터 비교적 완벽한 상태이고, 감정뇌는 청소년기 초반 정도 되면 완성된다. 그에 비해 이성뇌는 성년기가 되어야 기본적인 발육이 성숙할 정도로 가장 늦다. 정확한 숫자는 아니지만, 대략 세 가지 뇌는 각각 2살, 12살, 22살쯤 성숙해지며, 각 단계의 간격은 약 10년이다. 그래서 우리 인생의 첫 20년은 항상 유치하고 미숙해 보인다.

셋, 우리 뇌에는 약 860억 개의 신경세포가 있는데, 본능뇌와 감정뇌가 여기의 약 80%를 차지하고 있다. 그렇기 때문에 뇌에 대한 더 강력한 통제력을 가지고 있다. 동시에 심장과도 더 가깝기 때문에 위급한 상황이 발생하면 우선하여 혈액을 공급받을 수 있다. 우리는 극도로 긴장할 때 자주 뇌가 텅 비어 있는 것처럼 느껴지곤 하는데, 이것은 가장 바깥층에 위치한 이성뇌에 피가 부족해지기 때문이다.

넷, 본능뇌와 감정뇌는 보기에는 매우 수준이 낮아 보이지만, 잠재의식과 생리 시스템을 관장하며 우리의 시각, 청각, 촉각을 관장하고, 호흡, 심장 박동 및 혈류를 관리한다. 운행 속도도 매우 빠른데 최소 11,000,000회/초로 세계에서 가장 빠른 개인 컴퓨터라고 할 수 있다. 이성뇌의 가장 빠른 운행 속도인 40회/초와 비교해 보면 그 속도가 체감될 것이다. 이성뇌는 너무 느리고, 더욱이 이성뇌를 운영할 때 소모되는 에너지도 너무 크다. 이런 내용을 당신이 처음 들은 것이라면 분명 매우 놀라울 것이다.

여러 징후에서 드러나듯이 이성뇌는 뇌를 통제하는 능력이 매우 약하기 때문에 **우리가 생활 속에서 내리는 결정들의 대부분은 이성보다는 본능과 감정에서 나온다.** 물론 어떤 요인들이 우리의 의사 결정에 영향을 미치든지 간에 모두 우리를 위한 것일 테지만, 때때로 본능뇌와 감정뇌가 내린 결정이 현대사회와 맞지 않는 경우가 있다. 본능뇌와 감정뇌는 아직도 자신들이 원시사회에 살고 있다고 생각하기 때문이다.

우리는 이것을 충분히 이해할 수 있다. 우리 조상들은 수억 년 동안 위험하고 궁핍한 자연환경 속에서 '수렵과 채집'의 삶을 살아왔고, 이들에게 가장 중요한 것은 생존이었다. 생존하기 위해서는 본능과 감정의 힘을 이용해 위험에 빠르게 대처해야 했고, 음식에 대한 즉각적인 즐거움을 느끼면서 편안한 삶에 대한 강렬한 욕구를 가져야 했다. 그래야 먹히거나 굶어 죽지 않을 수 있었다.

생존하기 위해서 원시인들은 에너지를 최대한 아껴야 했다. 그래서 생각이나 운동처럼 에너지를 많이 소모되는 행동은 생존에 대한 위협으로 간주하여 본능뇌에 의해 배척당했고, 생각이 필요 없는 오락적인 행동은 본능뇌와 감정뇌의 환영을 받았다. 원시사회에서는 언제 맹수에게 잡아먹힐지 모르기에 최대한 에너지를 아끼고, 순간을 즐기는 것은 매우 중요했다.

이렇듯 본능뇌와 감정뇌의 유전자는 생존압력으로 만들어졌다고 볼 수 있다. 그렇기 때문에 자연스럽게 **근시안적이고, 즉각적인 만족감을 추구**한다. 본능뇌와 감정뇌가 뇌의 의사결정을 지배하기 때문에 이러한 본성이 바로 인간의 기본 천성이 되었다.

그 후 사회 발전이 갑자기 가속화되기 시작했다. 인류는 약 1만 년 전 농경사회로 진입을 시작해서 약 300년 전에는 산업사회에 진입했으며, 약 50년 전 정보사회에 진입했다. 이런 변화는 늙은 본능뇌와 감정뇌에게는 너무 순식간에 일어난 일이었고, 이에 대해 전혀 아무 반응을 할 수 없었다. 갑자기 본능뇌와 감정뇌는 더 이상 기본적인 생존, 편안함, 오락에 대해 걱정할 필요가 없어졌고, 이를 얻기가 너무 쉬워져서 무엇을 해야 할지 당황스러워 하게 되었다. 오늘 날 우리는 철근콘크리트로 만들어진 건물 안에서 양복과 넥타이를 매고 앉아 일하고 있긴 하나, 본질상으로는 여전히 생존을 위해 언제든 싸우고 달릴 준비가 되어있고, 즉각적인 즐거움을 느끼려 하는 '원시인'과 같다.

진화의 손길은 우리를 완전히 변화시킬 만큼 시간이 충분치 못했다. 고대 사회에서 생존 우위를 점하는데 필요했던 이러한 본성은 현대사회에 와서는 오히려 걸림돌이 되었다. 심지어 오늘날 우리가 마주하는 대부분의 성장 문제의 원인은 근시안적이고 즉각적인 만족을 추구하는 이 본성으로 귀결된다. 현대사회에서 이 '원시인의 본성'이 **어려움을 회피하고 쉬운 것을 택하고, 빠른 결과를 추구하도록** 우리를 이끈다.

▷ 어려운 것을 회피하고 쉬운 것을 택하는 것 — 간단하고 편안한 것만 하려고 한다. 핵심의 주변, 컴포트존 안에서 진짜 어려움을 회피한다.
▷ 빠른 결과를 추구 — 모든 일에서 즉각적인 결과를 기대하며, 참을성이 없고, 결과가 즉시 나오지 않는 일은 쉽게 포기해 버린다.

모든 것은 명확하다. 우리가 어떤 일을 성취하지 못하는 이유는 우리의 욕망이 강하지 않아서도 아니고, 의지력이 부족해서도 아니다. 본성이 너무 강하기 때문이다. 우리가 고당, 고칼로리 음식을 너무 많이 먹으면 안 된다는 것을 분명히 알고 있지만, 뒤에서 어떤 존재가 마지막으로 한 입만 더 먹으라고 부추기는 것처럼 말이다. 그래서 핸드폰 중독이 분명 좋지 않다는 걸 알고 있지만, 핸드폰에서 손과 눈을 떼지 못한다. 매번 이성뇌와 본능뇌, 감정뇌가 대결할 때마다 항상 패배하는 쪽은 이성뇌이고, 심지어 이성뇌가 아직 실행이 되기도 전에 몸은 이미 본능과 욕망에 의해 '포위' 당해 있다.

이것을 더 잘 이해하기 위해서 뇌를 하나의 기업으로 생각해 보자. 본능뇌와 감정뇌는 회사의 직원으로 한 명은 경력도 매우 많고 나이도 많은 사람이고, 다른 한 명은 젊고 역량도 있다. 하지만 두 사람 모두 어떤 문화나 기업가 정신이 있거나 하진 않다. 그저 눈앞의 안락함과 자신의 안위에만 관심이 있을 뿐이다. 반면 이성뇌는 이 회사의 CEO로 장기적인 안목을 갖추고, 높은 위치에 있지만, 나이가 너무 어리다는 이유로 위신이 서지 못한 채, 늘 의사결정은 두 나이 많은 직원들에 의해 무시당한다. 이런 식의 뇌 구조 때문에 우리를 항상 **'분명히 알고 있지만 하지 못하고, 매우 원하지만 얻을 수 없도록'** 하는 악순환에 빠지게 된다. 예를 들면 다음과 같다.

▷ 독서가 중요하다는 것을 알지만, 뒤돌아서 핸드폰을 꺼낸다.
▷ 달리기가 몸에 좋다는 것을 알고 있지만, 이틀 만에 때려치운다.
▷ 중요한 일부터 처리해야 한다는 것을 알지만, 하루 종일 사소한 일만 처리한다...

그뿐 아니라, 일단 나이 많은 직원이 회사를 장악하게 되면 어린 CEO에게 자신들의 성급한 선택에 대해 합리적인 해석을 덧붙이게 만든다. "네가 그렇게 똑똑하다며? 그럼 내가 이렇게 한 게 왜 옳은지 네가 한 번 이유를 말해 봐!" 그러면 힘없는 CEO는 얌전하게 그의 말을 따른다.

▷ 지금 책을 몇 페이지밖에 못 읽었지만, 게임 한 판 하면서 좀 쉴까?
▷ 밥을 먹지 않았잖아. 힘이 없는데 어떻게 다이어트를 해?
▷ 오늘은 좀 놀고, 내일 두 배로 공부해서 오늘 낭비한 시간을 채우자...

이런 식으로 회사는 겉으로 보기에는 조화롭고, 서로 함께 불편함이 없어 보이지만, 사실상 이성뇌는 주체적인 의견을 갖는 경우가 거의 없다. **대부분의 시간 동안 우리는 스스로 사고하고 있다고 생각하지만, 실제로는 자신의 행동과 욕구를 합리화하고 있다.** 이것이 바로 인간을 '해석하는 동물'이라고 부르는 이유이다.

성장은 본성을 극복하는 과정이다

인간은 혼돈 속에서 태어났다. 우리가 태어날 때 이성뇌는 너무나 약한 근본적인 이유 때문에 본능뇌와 감정뇌에 대한 억압과 통제에 무력하게 당할 수밖에 없다. 그래서 각성과 성장의 의미는 최대한 빨리 이성뇌를 더 강하게 만들어 본성을 극복하는 것이라 할 수 있다. 이 방면에서 주도권을 잡는 사람이 현대 사회에서 더 큰 생존 우위를 갖게 될 것이다. 이성뇌가 발달된 사람은 다음 내용을 더 잘 할 수 있기 때문이다.

▷ 장기적인 안목을 갖고, 주도적으로 컴포트존을 벗어난다.
▷ 잠재적인 위험에 대비하기 위해 스스로를 통제하고, 얻을 수 있는
   이익에 대한 만족을 뒤로 미룬다.
▷ 인내심을 갖고, 단기적으로는 결과를 볼 수 없는 '쓸모 없는 일'을
   계속 한다.
▷ 편안함과 오락의 유혹 앞에서 이를 자제하며, 다른 사람과는 다른
   선택을 한다.

평범한 사람들은 자신의 본성과 감정에 의지한 미미한 성장을 하게 되며, 주도적인 각성과 과학적 성장의 길로 나아갈 수 있을지는 전적으로 운에 달려 있다. 좋은 소식은 이제 당신이 그 비밀을 알게 되었다는 것이고, 더 좋은 소식은 이제 당신이 과학적 방법을 따르고 계속 연습한다면 이성

뇌를 빠르게 더 강하게 만들 수 있다는 것이다. 두뇌도 근육처럼 단련하면 더 발달하고, 쓰지 않으면 퇴화한다. 만약 우리가 감정적으로 일을 처리하는 버릇이 있고, 생각을 하지 않는 것에 익숙하다면 감정적 사고가 점차 더 강해져 우리의 생각을 주도하게 된다. 반대로, 자주 생각하고 돌이켜 생각해 보는 반성이 습관화되면 이성적 사고가 점거하여 주도하게 된다.

습관이 바뀌기 어려운 이유는 습관이 스스로 공고화되기 때문이다. 습관은 많이 쓸수록 더욱 강해진다. 기존의 습관에서 벗어나고자 한다면 가장 좋은 방법은 자제력에 의존하는 것이 아니라, 지식에 의지하는 것이다. 왜냐하면 단순하게 자제력에 의존하는 것은 매우 고통스러운 일이지만, 지식은 보다 가볍게 새로운 인식과 선택을 하도록 해 주기 때문이다. 구체적으로 어떻게 변화하는지는 뒤에서 설명해 나가겠다.

기억해야 할 것은 이성뇌를 강하게 만든다고 해서 본능뇌와 감정뇌가 사라지는 것은 아니라는 점이다. 사실상 이들은 없앨 수 없고, 삼위일체이며, 하나라도 빠지면 안 된다. 다른 각도에서 보면 이를 굳이 제거할 필요가 없다. **왜냐하면 본능뇌의 강력한 계산 능력과 감정뇌의 강력한 행동 능력은 더 많이 갖고 싶어도 가질 수 없는 희소자원이기 때문이다.** 단지 이를 깊게 이해하고, 잘 타일러서 필요할 때 사용하면 되는 것이다. 이러한 역량이 우리를 성장하도록 만드는 키포인트다.

이처럼 이성뇌를 더 강하게 만드는 것은 본능뇌와 감정뇌에 대항하게 하거나 대체하기 위함이 아니다. 왜냐하면 역량 대결이라는 것은 한쪽의 단점을 이용하여 다른 쪽의 장점에 도전하는 것과 같고, 벗어날 길이 없기 때문이다. 많은 사람들이 성장 과정 중에 극도의 고통을 느끼는 것은 바로 그들이 항상 의지로서 본능과 감정에 대항하기 때문이다. 결국 마지막에 가서는 에너지가 다 소진되고, 성과는 미미하다.

이러한 잘못된 영역을 피하고자 우리는 다음을 기억해야 한다. **이성뇌는 직접적으로 활동에 관여하지 않는다. 우리를 행동하게 하는 것은 본능뇌와 감정뇌의 일이다. 왜냐하면 그들은 '힘'이 세기 때문이다. 그리고 신은 이성뇌에게 지혜를 주어 직접 본능과 감정을 대체하는 게 아닌 본능과 감정을 움직이도록 하였다.**

우리 뇌 속 CEO의 임무는 두 명의 직원을 해고하는 것도, 두 직원과 싸우는 것도 아니다. 스스로 나서서 모든 것을 장악하는 것은 더더욱 아니다. 지식을 익히고, 인지를 향상시키고, 전략을 짜서 두 직원을 존중하고 수용하며 능숙하게 일을 추진하는 것이다. 다양한 방법을 사용하여 그들이 즐겁게 일 할 수 있도록 하여 최종적으로 뇌의 이 '회사'를 화합하고 번영하게 만드는 것이다.

불안
– 불안의 근원

불안은 분명 당신의 오랜 친구이고, 항상 배경 음악처럼 당신과 함께한다. 우리는 불안에 대해 매우 익숙하지만, 지금까지 그게 무엇인지 정확히 알지 못했다. 나역시 수년간 묵묵히 견뎌오다 드디어 그것을 마주 볼 힘이 생겼고, 그때부터 불안은 조금씩 나에게서 멀어졌다. 여전히 반격을 가끔 가해 오지만, 더 이상 내게 가까이 올 수 없다. 오늘 나는 이 '인지 무기'를 당신에게 선물하겠다. 당신이 이 생에서 더 이상 불안으로 고통받지 않기를 바란다.

불안과의 전쟁

36살이 된 그해는 나의 '각성의 원년'이었다. 그전에는 매우 혼란스러운 삶을 살았다. 앞서 언급했듯이 당시 나는 일에 매우 헌신했지만, 여가 시간은 뇌를 사용할 필요가 없는 일들로 거의 채웠었다. 어느 날 잠에서 깼는데, 이전에는 느껴본 적 없는 일종의 불안감이 엄습했고, 나는 간절히 변하고 싶었다. 결국 **개인이든 집단이든 인간의 안정감은 자신만이 갖고 있는 특별한 우위—능력, 부, 권력, 영향력 등—에서 나온다.**

하지만 온종일 바쁘게 지내다 보니 어디서부터 시작해야 할지 모르겠고, 어떤 변화나 전환점도 보이지 않았다. 특별한 우위의 것들을 갖고 싶은 그 마음은 마치 갖고 싶은 장난감을 앞에 두고, 가질 수 없는 아이 같았다.

다행스럽게도 온라인 학습 시대가 열렸고, 인터넷에는 각계각층의 재능 있는 사람들이 나타났다. 여러 커뮤니티에 나처럼 변화되길 열망하는 사람들이 아주 많다는 것을 알게 되었고, 나는 약간의 희망을 보았다. 즉시 나 자신을 변화시키기 위한 많은 강의를 신청했고, 책도 많이 샀다. 특히 책이 도착하면 이미 책 속의 지식을 소유한 것 같은 느낌을 받았는데, 나중에 알게 된 것은 책을 읽는 '어려움'과 책을 사는 '간편함' 사이에는 십만 팔천 리 만큼의 거리가 있다는 것이었다.

불안감을 해소하기 위해 나도 모르게 더 많은 것과 빠른 것을 찾고 있었다. 그 결과 독서량만 중시하는 질 낮은 부지런함에 빠지게 되었다. 매번 책을 아주 빨리 읽었지만, 뒤돌아보면 아무것도 기억나지 않는다는 것을 깨달았다. 다시 고개를 들어 살펴보니, 몇몇 동료들과의 격차는 이미 한참 벌어져 있었고, 심지어 나보다 어린 사람 중에도 이미 많은 것을 이룬 상황이었다. 하지만 나는 0에서부터 시작해야 했다. 이 상황이 나를 감정적으로 짜증 나고 불안하게 만들었다. 우울했던 그 당시 내 마음속에는 항상 이 문장이 울려 퍼졌다.

'난 할 수 없어. 너무 늦었어, 모든 게 다 너무 너무 늦었어...'

불안을 직면하다

나는 마치 물에 빠진 사람처럼 불안에 완전히 사로잡혀, 강바닥으로 천천히 가라앉았다. 강물 표면의 빛이 점점 사라지는 모습을 보면서 절망하고 있을 때 불현듯 아무것도 하지 않는 것보단 뭔가를 하는 것이 낫다는 생각이 들었다! 왕더슌Wang Deshun은 79세에 패션쇼 런웨이에 섰고, 츄스젠Chu Shijian은 74세에 오렌지 재배를 시작했다. 이 모든 것이 현실 속 사례이고, 나는 이제 겨우 서른 몇 살, 내 인생은 아직 많이 남았고 지금 시작한다고 해도 절대 늦지 않았다. 그러니 지금의 나를 소위 성공한 사람들과 비교해서는 안 되고, 만약 비교해야 한다면 그들이 처음 시작할 때의 모습과 비교해야 하는 것이었다. 사실은 나를 과거의 나와 비교해야 하는 게 맞고, 조금이라도 나아진 것이 있다면 충분히 가치가 있다고 생각했다.

바닥을 치고 올라오니 불안이 서서히 사라졌고, 조금씩 정신을 돌아왔다. 나는 불안에 직면했을 때 항상 수동적이었고, 주도권을 쥔 적이 없었다. 나는 불안이 언제 생기는지 알지 못했고, 불안할 때 어떻게 이를 떠나보내야 할지도 몰랐다. 앞으로 이런 감정 기복을 겪지 않기 위해서 나는 불안을 직면하고 이 문제를 완전히 해결해야 했다고 다짐했다.

어느 날 오후, 나는 펜과 종이를 꺼내어 내 마음속의 모든 고민, 걱정, 소망을 꺼내 적어보았다. 천천히 인생의 비전부터 10분 내로 처리해야 하는 소소한 것들까지 모두 써 내려가자, 몇 가지 불안의 종류를 알아낼 수 있었다.

첫째, 완성 불안. 항상 일정을 너무 꽉 채우고 매일 마감 시간까지 쫓긴다. 예를 들어 동시에 많은 것을 배우고 싶지만, 늘 시간은 부족하다. 매일매일 완수해야 할 일들이 너무 많고, 하루라도 지체하면 숨이 턱 막힌다. 거절을 잘 못해서 일정은 항상 중요하지 않은 일들로 방해를 받는다… 즉, 내재된 욕망이 너무 크거나, 외부 일정이 너무 빡빡하면 나는 깊고 여유롭기가 어려웠다.

둘째, 위치 불안. 만약 제로베이스 단계에서 그 분야의 성공한 사람들을 바라보게 되면 불안한 것은 당연한 일이다. '누구누구는 어린 나이에 이렇게 큰 영향력을 갖고 있네! 그들은 기회를 포착하고, 선점했는데, 나는 언제쯤 저렇게 될 수 있을까? 이런 기발한 아이디어는 나만 생각해 낼 수 있다고 생각했는데, 다른 사람이 실제로 제품으로 만들어 낼 줄이야.' 이런 식의 생각의 시작점은 사람들에게 모든 것이 너무 늦었다는 느낌만 들게 할 뿐이다. 사실 이것은 근본적으로 잘못된 벤치마킹이다.

셋째, 선택 불안. 때로는 선택사항이 너무 많은 것이 불안하게 만든다. 예를 들어 갑자기 자유시간이 생기면 하고 싶은 일이 너무 많아서 망설이다가 결국 시간을 낭비하게 된다. 가장 중요한 일에 집중을 하지 못한다거나, 아예 가장 중요한 일이 무엇인지 모른다. 또 성공한 많은 사람들의 이야기들도 혼란스럽다. A는 독서할 때, 단어 하나하나를 정확히 봐야 한다 말하고, B는 주제별로 읽고, 끝까지 다 읽을 필요는 없다고 말한다. 두 사람 모두 맞는 말 같은데 방법은 전혀 반대이니, 이럴 땐 어떤 방법을 사용해야 할까? 사람들은 유일하고 확실한 것을 좋아한다. 다양하고, 불확실한 것에 직면하게 되면 타고난 본성에 의해 대응하기 어렵다.

넷째, 환경 불안. 때때로 우리는 외부 환경의 제약을 받는다. 예를 들어 가족이나 직장의 영향으로 하고 싶은 일을 할 수 없거나, 하기 싫은 일에 많은 시간을 써서 해야만 하는 경우가 있다. 이러한 비효율성과 무력감은 때때로 사람을 미칠 듯이 불안하게 만든다.

다섯째, 어려움 불안. 어떤 책은 읽기 어렵고, 어떤 문장은 쓰기 어렵고, 어떤 지식은 이해하기 어렵고, 어떤 기술은 배우기 어렵다. 강해지는 법의 핵심은 그 어려움을 회피할 수 없음을 받아들임에 있다. 당신이 그것과 맞서 싸울 결심을 하지 않는다면, 시종일관 주변을 서성이면서 시간이 갈수록 더 불안해지기만 할 뿐이다.

불안의 근원

요약하자면, 불안을 느끼는 이유는 두 가지이다. **동시에 많은 일을 하고 싶은 것, 즉각적인 결과를 보고 싶은 것**이다. 왕샤오포Wang Xiaopo가 말하길, '인간의 모든 고통은 본질적으로 자신의 무능함에 대한 분노'라고 했다. 불안의 본질이 자신의 욕망이 능력치보다 크고, 극도로 참을성이 없다라는 견해에도 부합한다. 불안은 바로 욕망과 능력 사이의 격차가 너무 크기 때문이다.

더 깊이 들어가 보면, 불안은 전적으로 우리의 주관적인 의식에서 비롯되는 것이 아니라 우리 뇌의 생리학적 구조에서 비롯된 것이다. 우리는 이미 인간의 본성이 어려움을 회피하려 하고, 쉬운 것을 택하고, 빠른 결과를 갈망한다는 사실을 알고 있다. 즉, 빠른 성공에 대한 열망, 동시에 많은 일을 하고 싶은 씨앗이 우리 마음속 깊은 곳에 심겨 있다. **빠른 성공을 바라며 한 번에 많은 것을 하고 싶어 하고, 어려움은 회피하며 쉬운 것을 택하면서 큰 노력 없이 즉각적인 결과를 보고 싶어 한다.**

이것이 바로 불안의 진정한 근원이다! 불안은 인간의 본성이며 기본 설정이다. 수천 년 동안 모든 인간은 다 비슷했지만, 정보사회에 진입한 후에는 속도가 빨라지고 경쟁이 치열해지면서 이런 본성이 확대되었다. 그러므로 우리는 자신을 비난하거나 죄책감을 가질 필요가 없다. 자신의 본성과 맞서 싸울 것도 아니다. 오히려 이 메커니즘을 확인하고, 변화시킬 수 있는 방법을 찾으면 된다. 물론 가장 쉬운 방법은 다음과 같이 역행하는 것이다.

▷ 욕망을 억제하고, 동시에 많은 일을 하지 않는다.
▷ 현실을 직시하고, 자신의 진짜 능력 수준을 명확하게 본다.
▷ 가장 중요한 일의 우선순위를 정하고, 가장 중요한 일만 할 수 있는
　방법을 찾는다.
▷ 환경을 받아들이고, 제한된 상황 안에서 할 수 있는 일을 한다.
▷ 핵심을 마주하고, 스스로 돌파해 나간다.

이런 말만 한다면 정확히 잔소리가 맞다. 누가 이것을 모른단 말인가? 관건은 어떻게 진정으로 능력을 끌어올리고 인내심을 유지할 것인가 하는 것이다.

이 질문에 당장 답변하고 싶지만, 한두 문장으로는 명확하게 설명할 길이 없고 특히 '능력을 끌어올리는 것'은 여러 가지 면을 포함하고 있기 때문에 이에 대한 답을 책 전체에 분산시켜 배치해 놓으려 한다. 그보다 '인내심을 갖기'라는 주제부터 먼저 돌파해 보겠다.

인내는 인류의 가장 진귀한 자질 중 하나라고 할 수 있다. 인내는 빠른 성공을 열망하고, 어려운 것을 회피하며 쉬운 것을 택하는 우리의 본성을 직접적으로 가리키고 있다. 인내하는 자가 천하를 얻는다고 했다. 그러니 우리는 인내라는 키워드부터 시작하는 것이 좋겠다.

인내
- 인내하는 자, 천하를 얻으리라

1980~1990년대에는 진룽Jin Rong의 무협 소설이 전국적으로 인기를 끌었다. 비록 진룽 선생이 세상을 떠났지만, 수십 년이 지난 지금까지도 그가 남긴 작품은 여전히 널리 사랑받으며 고전으로 평가받고 있다. 이러한 성과는 당연히 그의 신기한 상상력과 뛰어난 문장력에서 온 것일 거다. 하지만 나는 더 깊고 은밀한 이유가 있다고 생각한다. 그것은 그의 이야기가 인간 본성의 가장 원초적이고 본능적인 부분인 즉각적인 만족감을 건드리고 있기 때문이다.

알다시피 진룽의 이야기에는 이런 줄거리가 많다. 평범한 청년이 신기한 경험을 하게 되어 쉽게 신공을 연마할 수 있게 된다. 보통 사람들이 수십 년에 걸쳐 익히는 신공을 짧은 시간, 심지어 하룻밤 사이에 배울 수 있는 경우가 많다. 게다가 주인공의 착한 성격도 돋보이는데, 이는 행운은 순수한 마음을 가진 사람에게만 찾아오는 것이라는 믿음을 심어주어, 사람들이 착한 마음이 노력보다 우위에 있다고 착각하게 만든다. 성공하고자 한다면 착한 마음을 유지하기만 하면 되는 것이다. 사람들은 당연히 이런 결론을 믿고 싶어 한다. 단순하게 비교해 보아도 노력하는 것보다 착한 마음을 유지하는 것이 훨씬 쉽지 않은가.

큰 노력을 들이지 않고도 최강의 능력을 얻을 수 있다는 쾌감이 사람들을 매료시킨다. 왜냐하면 현실에서는 공부, 시험, 일, 돈을 버는 것과 같은 것들을 잘하려면 반드시 오랜 시간의 훈련을 거쳐야 하기 때문이다. 안타깝게도 이야기는 이야기일 뿐, 현실은 현실이다. 우리는 일시적으로 이야기에 몰입할 수 있지만 결국에는 현실로 돌아가 '무언가를 성취하려면 인내심을 가져야 하고, 만족을 뒤로 미뤄야 한다'는 규칙을 마주할 수밖에 없다.

그 시절 우리는 인내심을 오해했다

많은 사람들이 인내심을 가져야 한다고 말하지만, 몸은 정직하게도 즉각적인 만족의 가장자리를 맴돌고 있다. 그들은 항상 가장 쉽고, 가장 편안한 것으로 하루 일과를 시작하고, 연예 정보나 주변의 사소한 일에 열중하느라, 중요한 일을 할 힘은 부족하다. 그들은 많은 시간을 들여 가며 그럴싸해 보이는 문장들을 찾아 클릭하고 저장하지만, 그 이후로 다시는 찾아보지 않는다. 그들의 새해 계획은 너무나 완벽해서 만들어진 순간에 이미 스스로가 완성된 듯 느낀다. 하지만 며칠만 지나면 그 계획은 흔적도 없이 사라진다. 그들은 때때로 놀라울 정도로 '부지런'하다. 미친 듯이 독서량을 늘려가며 '1만 시간의 법칙'에 따라 매일 같은 일을 꾸준히 해 나가지만, 결국엔 성공하지 못한다. 그들은 작은 변화라도 생기거나 새로운 아이디어라도 떠오르면 자신이 새로운 삶을 시작했다고 서둘러 온 세상에 선포한다. 하지만 약간의 좌절이라도 부딪히게 되면 바로 우울해하고, 이내 곧 포기해 버린다. 그들은 자신과 동년배 사이에 큰 격차를 보게 되면 아주 불안해한다. 그래서 많은 강좌를 등록하고, 많은 책을 보고, 많은 일을 하고, 즉각적인 변화를 보길 기대한다. 결론적으로, 그들은 단지 몇 권의 책을 읽고는 박학다식해지길 기대하고, 21일 동안 뭔가를 지속하면 습관이 만들어지고, 음식을 몇 입 덜 먹으면 살이 빠지고, 좋은 문장 한 편을 읽고 즉시 변화하기를 기대한다...

한 번에 이렇게 많은 악습을 나열하는 것은 내가 도덕적 우위에 서서 사람들에게 설교하고 싶어서가 아니다. 사실 이것들은 모두 내가 밟아 온 과정들이고, 나도 한때 '그들' 중 하나였기 때문에 동질감을 느끼는 것이다. 나는 이런 자질들이 삶을 망칠 수 있고, 사람을 꿈이 없고 무기력하게 만들 수 있다는 것을 깊게 이해하고 있다. 왜냐하면 인내심이 부족하면, 많은 노력을 더하더라도 헛수고가 될 수 있기 때문이다.

그러나 우리에겐 어릴 때부터 인내가 정확히 무엇인지, 어떻게 인내해야 하는지 알려주는 사람이 아무도 없었다. 우리는 그저 계속해서 '인내하라! 조급해 하지 마라! 우유부단하지 마라!'라고만 배웠다. 그래서 사람들은 인내를 지루한 것을 참고, 고통을 견디고, 이를 악물고 끝까지 견디는 것으로 이해한다. 간단히 말해서, 의지로 대항해야 하는 것이고, 만약 뭔가를 이루지 못했다는 것은 의지력이 부족하기 때문이라고 설명할 수밖에 없다.

하지만 실제는 그렇지 않다. 인내에 대한 우리의 이해는 너무나 피상적이라 대부분의 시간을 고통 속에 고군분투한다. 인내는 매우 중요한 자질이기도 하니, 기왕 이렇게 된 이상 보충 수업을 나가 보도록 하자.

인내심이 부족한 것은 인간의 본성이기 때문이다

이 장의 앞에서 합의한 것을 기억해 보자. 인내심이 부족한 것은 결코 부끄러워할 일이 아니며, 자신의 도덕적 자질과도 무관하다. 이는 단지 타고난 본성일 뿐이고, 모든 사람이 똑같다. 만약 당신이 이러한 합의가 여전히 다소 공허하게 느껴진다면, 주변의 아기와 어린이 그리고 성인을 한 번 관찰해 보길 바란다.

갓 태어난 아기는 이성뇌의 역할이 극히 미미해 본능에 전적으로 의존해 생활한다. 생후 6개월 이내의 아기들은 자신이 전지전능하고, 온 세상이 자기 생각에 따라 움직인다고 생각한다. 그리고 가장 강렬하게 즉각적인 만족을 추구한다. 어린이들은 한순간에 웃는 얼굴과 우는 얼굴을 바꿀수 있는데, 만족스러우면 바로 웃고, 만족하지 않으면 바로 분노를 표한다. 어린이들은 즉각적인 만족감을 추구하는 자질과 인내심이 부족한 자질을 서슴없이 드러낸다. 학교에 들어가면 이성뇌가 발달하고, 지식이 늘어남에 따라 인내심이 점점 강해지기 시작한다. 초등학교, 중학교, 고등학교, 대학교 시절 간에 뚜렷한 차이가 있다. 성인이 되면 그 생리적 메커니즘이 안정되는 경향이 있지만, 이때 자신에 대한 탐색을 중단하면 인내심을 유지하는 능력이 영원히 현재 수준에 머물거나 오히려 퇴보할 수도 있다. 좀 더 주의 깊게 관찰하면, **사회적으로 능력을 인정받는 자들은 대개 자신의 본성을 더 잘 극복할 수 있는 사람들이다. 인내심의 수준이 더 높고, 만족을 지연시키는 능력이 더 강하다.**

역사적, 현실적 또는 생리적으로 보든, 인내에 관한 모든 단서는 인간만이 가지고 있는 전두피질인 이성뇌를 가리킨다. 이를 이해하는 것은 자신을 해방하는 데 중대한 의미가 있다. 물론 우리 자신을 아는 것만으로는 충분하지 않다. 외부도 살펴보면서 어떤 규칙이 우리의 인내심을 키우는데 도움이 될 수 있는지 살펴봐야 한다. 결국 우리 자신의 내면을 관찰하는 것과 외부 세계를 보는 것은 하나이다.

인지 패턴, 인내심의 배율기[1]

우리가 어려운 일에 대해 인내심이 부족한 원인은 대부분은 전체적인 상황을 보지 못하고, 자신의 위치를 모르기 때문이다. 그래서 항상 본성이라는 근시안적인 잣대로 측정하고, 무언가를 성취하는 것을 아주 간단하다고 생각한다. 실제로는 만약 우리가 어떤 것이 발전하는 기본 패턴을 이해해서 객관적인 잣대로 이성적인 판단을 내리도록 바뀔 수 있다면 우리의 인내심은 크게 향상될 수 있다. (그림 1-3)처럼 **복리 곡선**은 하나의 이성적 도구이다.

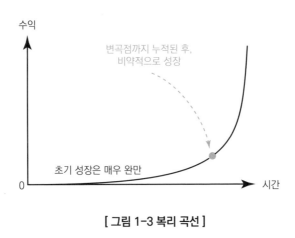

[그림 1-3 복리 곡선]

복리 효과는 가치 축적의 보편적인 패턴을 보여준다. **초기 단계에서는 성장이 매우 완만하지만, 변곡점에 도달한 후에는 비약적인 성장을 한다.** 이것이 세계 8대 불가사의[2] 역량인데, 이 힘을 얻기 위해서는 초기의 완만

---

1. 배율기 ; 열, 전기, 진동수 따위의 효력을 정수배(整數倍)로 늘리는 장치.

2. 아인슈타인은 복리이자가 세계 8대 불가사의라고 할 만큼 강력하다고 말한 적이 있다. - 편집자 주

한 성장을 냉정하게 직시하면서 변곡점까지 버티는 것이 필요하다.

특별한 자원이 없는 개인이나 단체는 이 가치 축적의 법칙을 굳게 믿고 실천한다면 조만간 성과를 거둘 수 있을 것이다. 물론, 먼저 올바른 방향을 선택해야 하고, 축적의 과정 중 의식적 연습의 원칙을 따르며, 컴포트존의 가장자리에서 조금씩 조금씩 능력 범위를 확장해야 하는 것이 전제이다.

컴포트존 가장자리의 또 다른 중요한 패턴은 능력 성장의 보편법칙을 드러낸다는 것이다. 개인이든 단체든 상관없이 그 능력은 모두 '컴포트존-스트레치존[1]-패닉존'의 형식으로 나타난다. 고효율로 성장하고 싶다면 반드시 스스로를 항상 컴포트존 가장자리에 두어야 하고, 감히 패닉존에 뛰어 들어 좌절을 맛보도록 해야 한다. 컴포트존에 계속 머무르는 것은 스스로를 멈추게 하는 것이다. (그림 1-4 참조)

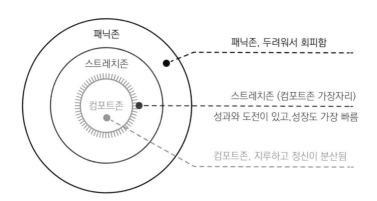

[그림 1-4 컴포트존 가장자리로 자신의 행동 범위를 확장하기]

인간의 본성은 이 패턴과 정반대다. 빨리 이루고 싶어하는 욕망은 한 술

---

1. 확장 영역은 개인의 지식과 기술이 알려진 것에서 알려지지 않은 것으로, 익숙한 것에서 익숙하지 않은 것으로 이동하는 전환 영역을 나타낸다.

에 배부르려고 해 스스로를 패닉존에서 좌절하도록 만든다. **쉬운 것을 택하고 어려운 것을 회피하는 행동**은 계속 컴포트존에 머무르면서 현실에서 항상 아무것도 이루지 못하게 한다. 만일 우리가 컴포트존 가장자리에서의 노력을 배울 수 있다면, 얻을 수 있는 효과와 자신감은 완전히 달라질 것이다.

'컴포트존 가장자리Comfort Zone Edge'라는 개념은 매우 중요한데, 완전히 이해하지 못해도 괜찮으니, 우선 기억해 두길 바란다. 뒤에서 반복해서 언급하겠다. 그 외에 당신은 '**복리 곡선과 컴포트존의 가장자리는 베스트 프렌드**'라는 사실을 발견했을 수도 있다. 이들을 조합하면 거시적으로 인내심을 유지하는 역량을 볼 수 있고, 이런 역량은 모든 보통 사람에게 적용할 수 있다.

앞서 설명한 거시적 패턴을 바탕으로 우리는 미시적 패턴을 관찰할 수 있다. 학습성장에 있어서 성장가중치 비교는 모든 사람들이 가장 먼저 알고 있어야 하는 것으로, '학습, 사고, 행동과 변화'가 성장 과정 중의 어떤 관계가 있는지 알려준다. 즉, **학습은 학습 후의 사고, 사고 후의 행동, 행동 후의 변화 순으로 더 중요하기 때문에 만약 내면층의 변화량을 주시하지 않으면 표면층에 더 많은 학습량을 투입하더라도 성과는 나지 않는다. 그러므로 가중치 관점에서 보면 변화량 〉 행동량 〉 사고량 〉 학습량 순이다.** (그림 1-5 참조)

많은 사람들이 괴로워하고 불안해하는 이유는 겉으로 드러나는 학습량만 주시하기 때문이다. 그들은 책을 많이 읽고, 많은 강좌를 등록하고, 매일 인증하고, 날마다 인내하며 스스로를 감동하게 할 만큼 열심히 노력한다. 하지만 자신의 사고, 행동과 변화에 대해서는 주의를 깊게 기울인 적이 없다. 그래서 열심히 했지만 성과가 없는 것에 대해 자신의 노력이 부족했기 때문이라고 생각하고 더 학습량을 늘린다. 결과적으로 '열심히 할수록 불안하고, 불안할수록 더 많이 공부해야 하는' 악순환에 빠지게 된다.

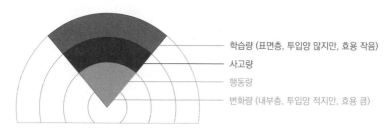

성장가중치 비교 : 변화량 〉 행동량 〉 사고량 〉 학습량

[그림 1-5 성장 가중치 비교]

원인은 여전히 우리의 본성이 작용하고 있는 것이다. 왜냐하면 단순히 공부를 지속하는 것은 간단하지만, 생각하고, 행동하고, 변화하는 것은 상대적으로 어렵기 때문이다. 이런 인식이 부족하면 우리는 본능적으로 **어려운 것을 회피하고 쉬운 방법을 택**하게 되고, 무의식적으로 표면상의 학습량에만 몰두하게 된다.

동시에 겉으로 드러나는 표명상의 학습은 가장 직접적으로 효과를 확인할 수 있기도 하다. 예를 들어 오늘 책을 한 권 읽었고, 5시간 동안 공부를 했고, 100개의 단어를 외움...이렇게 결과를 즉시 눈으로 확인할 수 있지만, 근본적인 변화는 쉽게 일어나지 않는다.이렇듯 **빠른 결과를 추구하는 본성**이 우리를 앞서 설명한 사람이 되는 선택을 하도록 만든다.

'많으면 적고, 적으면 많다'라는 변증법적 관계는 그림 1-5에서도 잘 나타난다. 표면층에 머물면 우리는 욕망의 소용돌이 속에서 모든 것을 배우고 싶고, 모든 것을 원하고, 너무 바쁘지만, 성과는 거의 없는 상태에 빠질 수 있다. 내면층까지 깊숙이 들어가서 실제 변화를 주시할 수 있다면 우리는 맹목과 불안, 성급함의 악순환에서 벗어날 수 있다.

예를 들어 이런 것이다. 책을 읽을 때 책의 모든 내용을 기억하려 하는 대신 자신을 변화시킬 수 있는 한두 가지 관점만 있다면 충분하다고 생각하는 것이다. 뭔가를 수확하는 것과 의미를 갖는 편이 많은 책을 읽고 알고 있다는 느낌에 머무르는 것보다 훨씬 더 낫다. 항상 이런 기준에 따라 스스로 학습한다면 우리의 성과는 갈수록 늘어나고, 불안감은 점점 더 줄어들며, 자연스럽게 인내심은 갈수록 강해질 것이다.

주목할 만한 또 다른 미시적 패턴은 학습의 **정체기**이다. **이 패턴은 학습 진전과 시간의 관계가 우리가 상상하는 그런 선형 관계(배운 만큼 알게 된다)가 아니라 파도 같은 곡선으로 나타남을 보여준다. (그림 1-6 참조)**

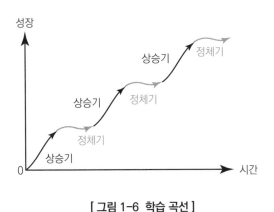

[그림 1-6 학습 곡선]

거의 모든 학습이 이와 같다. 막 시작했을 때는 성장이 엄청 빠르다가 점차 속도가 느려지고, 정체기에 들어간다. 정체기에는 큰 노력을 기울여도 전혀 성장이 없는 것처럼 보이고, 심지어 퇴보한 것처럼 보이기도 하는데, 이는 단지 착각일 뿐이다. 왜냐하면 뇌의 신경세포는 쉬지 않고 연결되고, 공고화되고 있기 때문에 특정 변곡점에 도착한 후에는 다음 급속 상승 구간으로 진입할 수 있다.

예를 들어, 영어를 배우는 과정에서 새로운 언어 '필터'를 설치하고, 정체기를 돌파하는 데 통상 6개월이 소요된다. 많은 사람들이 이 패턴을 모르고 5개월 동안 열심히 노력하다가 진전이 없다며 고개를 절레절레 저으며 포기해 버린다. 그럼 기껏 힘들게 만들었던 새 뉴런은 연결이 약해지고 사라져 버리고 만다. 다음에 배울 때는 처음부터 다시 시작해야 하므로 이렇게 포기해 버리는 것은 너무나 아깝다. 반대로 항상 영어를 귀에 피가 나도록 들어왔던 사람은 어느 날 갑자기 이전에는 들리지 않았던 영어가 들리면서 알아듣게 되는 경험을 한다. 이것이 정체기가 깨지는 전형적인 모습이다. 아마 모두가 이런 경험을 해 봤을 것으로 생각한다.

우리가 위의 규칙을 이해하면 긴 외로움이나 좌절, 실패에 직면했을 때 남들과는 다른 선택을 할 수 있다. 어떤 이들은 포기를 선택하지만, 우리는 계속 버틸 수 있다. 동시에, 우리는 자신의 성장이 느리다고 상심하지 않고, 타인의 빠른 성장에 불안해하지 않을 수 있다. 인내심이 있는 사람들은 장기적인 가치를 주시할 수 있고, 그들의 시선은 5년, 10년 뒤에 가 있을 것이다. 그래서 현재 독서량이 적다고 동기를 잃거나, 다른 사람이 책 한 권 분량의 글을 썼다고 초조하거나 불안해하지 않을 것이다. 결국 각자 다른 단계에 있는 것이고, 계속해서 가치를 만들어 나간다면 다른 사람의 오늘은 곧 당신의 내일이 될 것이다.

이런 관점에서 볼 때, **인내는 의지력이 가져오는 결과가 아니라 장기적**

인 관점을 가진 결과이다. 이는 왜 우리에게 평생학습이 필요한지에 대한 답이기도 하다. 더 많은 패턴과 규칙을 이해할수록, 자신이 있는 단계와 위치를 더 잘 정립할수록, 미래의 결과를 예측할 수 있으며, 이를 통해 꾸준히 행동하는 인내심이 강화된다. 외부 세계의 규칙에 대한 이해가 우리의 인내심을 배가시킨다는 것에는 의심의 여지가 없다.

인내심을 갖는 방법

많은 이들이 앞으로 나아갈 모든 준비가 되어 있지만, 유일하게 부족한 것이 인내심이다. 다행히도 인내심을 갖는 것은 아주 어려운 일이 아니다. 사실 뇌의 구조와 사물의 패턴을 알면 우리의 인내심 수준을 크게 향상할 수 있다. 하지만 이것만으로는 충분하지 않고, 우리는 인내심을 강하게 하기 위해 더 많은 길을 찾아야 한다. 이를테면 다음과 같은 것이다.

하나, 본성을 마주하고, 마음의 부담을 내려놓고 자연스럽게 자신을 받아들인다.

우리가 인내심이 부족한 것이 자신의 본성 때문임을 이해할 때 우리는 이것을 자연스럽게 받아들일 수 있다! 지금부터 내 안에서 나오는 조바심, 불안, 게으름에 대해 자책하거나 양심의 가책을 느끼지 말고, 일단 자신의 인내심이 사라지는 것을 관찰해 보도록 하자. 그리고 온화한 목소리로 스스로에게 이렇게 말하는 것이다. "봐봐. 우리 몸 안의 그 원시인이 또 나왔네, 걔가 정글을 떠나 도시에 사는 게 쉽지 않을 거야. 그러니 걔를 이해해 주자." 당신이 부드럽게 자신과 대화하면 '당신 내면의 원시인'은 당신의 소원을 기꺼이 들어주려 할 것이다. 물론 인내심을 키우는 과정은 비교적 긴 시간이 소요될 것이니, 갑자기 인내심이 강해질 것이라고 기대하지 말라. 만약 당신이 바로 좋아질 수 없을 것에 조바심을 느낀다면, 그 자체가 인내심 부족의 증거이다. 그러니 인내심을 키우기 위해서는 자신의 인내심이 부족하다는 사실을 받아들이는 것, 여기에서부터 시작해야 한다.

둘, 유혹을 만났을 때, 만족감을 뒤로 미루고 소통으로 대응한다.

편안함과 유혹은 본능뇌와 감정뇌가 가장 좋아하는 것이다. 편안함과 유혹을 완전히 포기하는 것은 본능뇌, 감정뇌에 직접적으로 대항하는 것과 같고, 당연히 이성뇌는 그들의 상대가 되지 못하니 실패는 당연한 일이다. 현명한 방법은 그들과 소통하는 것이고, 이것은 이성뇌가 가장 잘하는 일이다. 앞에 자신과의 대화처럼 부드럽게 그들에게 이렇게 말하는 것이다.

"누리고자 하는 즐거움은 전혀 줄어들지 않을 거야. 단지 지금 즐기는 게 아니라 중요한 일을 마친 후에 하겠다는 거야."

이것은 매우 효과적인 전략인데, 그들은 즐거움을 포기하는 것은 동의하지 않지만 즐거움을 뒤로 미루는 것은 받아들일 수 있기 때문이다.

핸드폰을 예로 들어보겠다. 내가 처음 잠들 때는 베개 옆에 핸드폰을 놓고, 일어나자마자 바로 폰을 집었다. 나중에는 핸드폰을 책상 위에 올려두었는데, 아침에 일어나서 나는 여전히 참지 못하고 책상으로 향했다. **책상으로 가는 그 거리가 나와 내 몸 안의 원시인과 대화할 수 있는 기회였다.** 그때 나는 스스로에게 이렇게 말했다.

"뉴스나 메시지들은 밤새도록 내 전화에 그대로 있었잖아. 어차피 사라지지도 않는 것인데, 좀 나중에 확인하자."

몇 번의 시도 끝에 나는 핸드폰을 멀리할 수 있다는 사실을 알게 되었다. 왜냐하면 손해 보는 것이 확실히 없었고, 그 시간에 독서에 집중하거나 달리기를 하며 성취감을 얻는 경험을 할 수 있었기 때문이다. 오전과 오후 일을 시작하기 전에 같은 전략을 사용하여 스스로에게 말한다.

"잠시만 참자. 먼저 중요한 일을 하고, 그 후에 30분에서 1시간 정도 핸드폰을 가지고 놀자. 뭘 하고 놀든지 하고 싶은 거 다 해도 돼."

자기 자신과의 소통과 설득을 통해 본능뇌와 감정뇌는 안정감을 느끼게 되고, 대개는 기꺼이 이성뇌가 하고자 하는 대로 해 주었다.

이런 '나중에 놀기'의 장점은 중요한 일을 마친 후 느끼는 성취감 위에 오락의 쾌감이 만들어져서 마치 보상을 받은 것처럼 마음이 아주 가볍고 편안하다는 것이다. 반면 '먼저 놀기'는 시작할 때는 매우 즐겁지만, 에너지를 무한으로 써 버리고, 중요한 일은 미뤄지면서 시간이 지날수록 사람을 공허하고 불안하게 만든다.

몇 번 경험을 하게 되면 내 몸 안의 원시인도 '나중에 놀기'를 지지하고, 결국 이렇게 하는 게 더 편해진다. 만일 당신이 운이 좋다면, 열심히 일을 한 후에 오는 만족감이 노는 것에서의 직접적인 쾌감을 대체할 수도 있다. 높은 수준의 즐거움을 선택할 수 있기 때문에 낮은 수준의 즐거움에 자연스럽게 덜 의존하게 되는 것이다.

물론 습관을 만드는 과정은 결코 말처럼 쉽지 않다. 예를 들어 때때로 나는 일어나자마자 손을 뻗어 핸드폰 속 SNS를 열곤 하는데, 편안함을 택하려는 충동이 너무 강렬했기 때문이다. 이땐 어떻게 해야 할까? 전략은 여전히 자신과의 대화이다. '앞에 제목만 보고, 바로 나가는 거다. 알았지?' 대항하려 하지 말고, 자책하지도 마라. 충동을 완화시키는 것 또한 아주 효과적인 방법이다. 만약 그래도 클릭하는 것을 참을 수 없다면 '이 기사만 보고 즉시 *끄자*.'라고 스스로에게 말한다.

인내심은 이처럼 급하게 성과를 내려고 하지 않고 스스로 천천히 변화하도록 허용하며, 심지어 실패를 자주 하는 것이다. 결과가 어떻든 자신과의 대화는 효과가 있다.

마지막으로 어려움에 직면했을 때, 주도적으로 관점을 바꾸고 행동에 의미를 부여한다.

어려운 일에 직면했을 때 어떤 사람은 쉽게 포기하고, 어떤 사람은 인내하는 이유는 무엇일까? 위에서 언급한 다양한 규칙을 아는 것 외에 또 하나 중요한 이유는 그들은 원리를 더 깊게 탐구하고, 주도적으로 인지 관점을 바꿔 행동의 의미와 이점을 잘 찾아낸다는 점이다. 예를 들어, 독서의 본질과 의미를 분명히 알게 되면 핸드폰을 내려놓고 적극적으로 책을 집어들 수 있게 된다. 딥러닝의 의미를 이해하게 되면 오디오북과 속독 대신 정독과 출력을 시작하게 된다. 운동의 진정한 이점을 인지하게 되면 게으름에 작별을 고하고, 주도적으로 운동을 해 나갈 수 있다. 그러므로 당신이 하고 싶은 일의 의미와 이점을 명확하게 볼 수 있는 방법을 찾아야 한다. 더 많은 차원을 보게 될수록 인내심은 더 강해질 것이다.

그런데 사실 이것은 가장 좋은 방법은 아니다. 당신이 분명 생각지도 못했을 최고의 방법은 바로 본능뇌와 감정뇌가 출동해서 함께 문제를 해결하는 것이다.

갑자기 본능뇌를 쓰라고? 그렇다. 당신이 들은 그대로다! 본능뇌와 감정뇌는 확실히 어려움을 두려워하고 오로지 즐기려고 하는 게 사실이지만, 그렇다고 본능뇌와 감정뇌가 무조건 어려운 일에서 즐거움을 느끼지 못하는 것은 아니다. 본능뇌와 감정뇌는 당신이 핸드폰을 가지고 놀든, 방정식을 풀든지 사실 전혀 상관없다. 그저 당신이 편안한지에만 관심이 있다. 과학자들은 연구하는 게 즐겁기 때문에 먹고 자는 것도 잊은 채 연구에 빠지는 것이고, 러너들은 달리는 것이 즐겁기 때문에 비가 오나 눈이 오나 상관없이 달리는 것이다. 그들은 그것이 즐겁고 편한 것이다!

따라서 본능뇌와 감정뇌가 어려운 일에 재미를 느끼고, 그것에 중독되게 만드는 방법을 찾는 것이 이성뇌가 할 수 있는 최고의 전략이다[1]. 본능뇌와 감정뇌의 강력한 역량을 발휘하는 방법을 배운다면 우리는 항상 승리할 것이다!

---

1. 관련 전략은 '5장- 피드백'을 참조할 것.

2장

잠재의식

- 삶이 준 이스터에그

모호함
– 인생은 모호함을 없애는 경주

로봇과 인간의 가장 큰 차이점은 무엇일까?

로봇에겐 잠재의식이 없다.

로봇은 '몸'을 돌리는 것, '손가락'을 구부리는 것, '말의 볼륨을 높이는 것' 등의 모든 동작은 '뇌'의 정확한 수치로 컨트롤되며, 전원이 차단되면 바로 작동이 멈춘다. 그러나 사람은 다르다. 사람은 기절하여 의식을 잃고 쓰러지더라도 심장박동, 호흡, 소화 등의 기능은 잠재의식에 의해 통제되기 때문에 바로 멈추지 않는다. 물리적으로 죽지 않는 한 잠재의식은 영원히 사라지지 않는다.

만약 인간이 로봇처럼 수치 제어시스템으로 모든 근육, 모든 호르몬을 조절하고 모든 신경신호를 처리한다면 인간은 도저히 살아남을 수 없을 것이다. 왜냐하면 손이나 발을 들어 올리는 것처럼 겉보기에 단순한 행동도 뇌는 엄청난 양의 정보를 처리해야 할 것이기 때문이다. 더 나은 생존을 위해 진화의 손길은 교묘하게 의식의 분업 방법을 채택하였다. 그래서 잠재의식은 생리 체계를, 의식은 사회 체계를 담당하는데, 이런 분업을 통해 의식은 해방되어 높은 수준의 사회 활동에만 전념할 수 있다.

이것이 바로 진화의 힘이다. 그러나 진화는 양날의 검으로, 의식의 분업화가 인류에게 가져온 거대한 이점에는 '**모호함**'이라는 부작용이 따라왔다. 의식과 잠재의식은 각종 정보를 처리하는 속도가 같지 않기 때문에 의식이 잠재의식에 개입하기는 어렵다.하지만 잠재의식은 의식을 쉽게 통제할 수 있다. 그래서 공부하려고 했는데 돌아서 핸드폰을 집어 들게 되고, 걱정하는 게 무의미하다는 걸 분명히 알면서도 걱정하고 불안해한다. 이러한 모호함은 사람들에게 혼란과 두려움을 주고, 혼란과 두려움은 우리의 인지, 감정, 행동에 각종 장애물을 만나게 한다. 또한 삶의 방향에도 영향을 끼친다.

모호함, 이것이 바로 인생이 혼란스러운 원인이다. 그래서 인생은 모호함을 없애기 위한 경주와도 같다. 삶이 모호한 사람일수록 더욱 혼란스럽고, 모호함이 적은 사람일수록 삶이 더 분명해진다.

학습으로 인지적 모호함을 제거하라

인간의 잠재의식은 줄곧 존재하는 것이지만, 인지능력은 0에서부터 축적되는 것이다. 그래서 우리는 평생 동안 학습해야 한다. 왜냐하면 사용할 수 있는 도구가 많을수록 인지능력이 강해지고, 모호함을 제거하는 능력도 더욱 강해지기 때문이다. 만일 당신이 '메타인지'를 이해하면 자신을 어떻게 돌아봐야 할지 알게 되고, '의도적인 연습'을 배우면 어떻게 자신을 정진할 수 있는지 알게 될 것이다. 그리고 '운동이 뇌를 개조'한다는 것을 이해하면 자신의 운동 열정을 어떻게 자극해야 할지 분명해질 것이다....각 분야의 뛰어난 사람들은 모두 다른 사람보다 더 많은 지식을 갖고 있고, 사각지대가 적고, 인지 능력은 더 명확하다. 그래서 더 많은 영향력을 갖고 있다.

불행하게도 인간은 선천적으로 학습과 생각하는 것을 싫어한다. 이는 에너지를 극도로 소모하기 때문이다. 길고 긴 진화 과정에서 생명의 일차적인 임무는 생존이었으므로, 유전자 자기 설계의 제1원칙은 에너지 보존이었다. 그래서 높은 에너지를 소비하는 모든 것은 생존의 위협으로 간주했다. 잠재의식에는 사고(생각)가 없고, 오직 본능만 있어 우리의 몸이 가장 낮은 에너지를 소비하면서 즐겁게 놀 수 있도록 열심히 이끈다. 그래서 본능은 대체로 학습을 방해한다. 이 매커니즘을 알지 못하면 우리는 본능을 극복할 수 없다. 이 악순환은 인생의 초기 단계에서 필연적으로 우리를 혼란에 빠지게 하고, 외부에서 압박하거나 끌어주지 않으면 탈출하기 쉽지 않다.

다행스럽게도 시대의 발전은 우리에게 더 많은 학습 기회와 더 나은 학습 환경을 주었다. 우리가 주도적으로 본능에 역행해서 성장할 수 있는 가능성은 점점 더 커졌다. 재미있는 것은 **지식을 배우는 목적은 '모호함을 없애는 것'**에 있고, **지식을 습득하는 방법 역시 '모호함을 없애는 것'이므로 목적과 방법이 같다**는 사실이다. 이는 세상에 모든 유능한 사람들 대부분이 따르는 학습법칙이기 때문에 많은 사례들이 있다.

▷ 『도쿄대 물리학자가 가르쳐주는 생각하는 법』의 저자 우에다 마사히토가 말한 사고력의 본질은 '모든 것을 없애서 문제의 핵심을 표면으로 꺼내는 것'이다.

▷ 『의도적 연습』의 핵심 방법론은 '이미 배운 내용을 반복하지 말고, 조금 더 어려운 부분을 계속 찾는 것'이다.

▷ 『원칙』의 저자 레이 달리오가 말한 일과 삶 속의 원칙은 바로 자신이 해야 하는 행동을 명확하게 하는 것이다.

▷ 『감각초월:비판적 사고$^{Beyond\ Feeling}$』에서는 명확한 논리를 갖고 싶다면 이 한 가지를 고집해야 한다고 말한다. 바로 모호한 감정으로 판단하지 말고, 명확한 증거를 찾는 것.

위의 책들은 우리에게 **사고력을 높이는 방법은 핵심 문제와 깨달은 것을 끊임없이 명확히게 하고 그것에 집중하는 것**이라는 사실을 말해 주고 있다.

하지만 현실에서 이 점을 명확하게 알고 있는 사람이 거의 없다. 사람들은 항상 모호한 구역에서 방황하거나, 컴포트존에서 이미 익숙한 내용을 반복하며 실제 문제 앞에서는 눈을 감아 버린다. 이 모든 배후에는 잠재의식의 통제가 있는데, 이는 유전자가 이렇게 하는 것이 에너지를 덜 소비한다고 여기기 때문이다.

뛰어난 사람들은 에너지를 많이 소모하는 일을 하는 경향이 더 많다. 예를 들어 '우등생'의 비결은 종종 그들의 오답 노트에 있는데, 이들은 틀린 부분을 명확하게 하고, 이를 극복하는 데 많은 시간과 에너지를 쓴다. 반면 평균적인 학업성취도를 가진 학생들은 이미 습득한 부분을 부지런히 반복하는 것을 선호하고, 정말 어려운 문제는 피해버리거나 대강 해치워 버리려고 한다. 결과적으로 모호함이 늘어날수록 대처가 더 힘들어진다. 우등생과 보통 학생 사이에는 노력의 정도뿐만 아니라 노력 방식에서 차이가 나는 것이다. 누가 더 많은 에너지를 소비하는 일을 기꺼이 하는지—모호함을 제거하고, 명확하게 만드는 것—에 있다.

학습과 인지에서는 모호함을 없애는 것이 매우 중요하다.

걱정을 분해해서 감정적 모호함을 제거한다

인지적 모호함은 내부에서 오는 반면, 감정적 모호함은 외부에서 온다. 사람들은 매일 다양한 어려움에 직면하는데, 대부분의 사람은 이를 수동적으로 받아들이는 데 익숙하다. 아주 소수의 사람만이 어려움을 주도적으로 직면한다. 독일의 심리치료사 베르트 헬링거Bert Hellinger는 문제를 대하는 사람들의 태도를 다음과 같이 설명했다.

"문제를 해결하는 것보다 고통스러워 하는 것이 더 쉽고, 행복을 누리는 것보다 불행을 받아 들이는 게 더 간단합니다."

이는 뇌를 사용하고 싶지 않은 인간의 본성과도 매우 일치한다. 왜냐하면 문제를 해결하고 행복을 누리기 위해서는 뇌를 사용하여 각종 미묘한 관계의 균형을 맞춰야 하는데, 고통은 그냥 가만히 그 자리에 있으면 되기 때문이다. 물론 수동적으로 고통을 견디는 것도 많은 에너지를 필요로 하지만, 주도적으로 에너지를 쓰는 것을 유전자의 요인으로 더 좋아하지 않는다. 메이투안(美團)[1]의 설립자 왕씽Wang Xing은 "대부분의 사람은 진정한 사고를 회피하기 위해서 어떤 일이든 기꺼이 합니다."라고 말해 많은 이들의 공감을 얻기도 했다.

그러나 회피해버린 고통은 사라지는 것이 아니라, 잠재의식으로 옮겨져 모호한 느낌으로 변한다. **특정 사건이 일단 모호해지면 그 경계는 무한히 넓어지고, 원래는 크게 어렵지 않았던 작은 일들이 막연한 잠재의식 속에서 해결하기 어려운 일로 변한다.** 마치 연못에 '수많은 개구리'의 울음소리가 너무 시끄럽고 고통스러워서 달려가 자세히 살펴보니, 실제

---

1. 메이투안(美團)은 중국 최대의 배달어플기업이다.-옮긴이

로는 몇 마리의 개구리뿐이었다는 것을 알게 되는 것과 비슷하다.

실제 어려움은 항상 상상한 것보다 훨씬 작다. 사람들이 미루고, 얽매이고, 두려워하고, 무서워하는 근본 원인은 종종 문제 자체가 어렵다기보다 내면의 생각이 모호해졌기 때문인 경우가 많다. 3,000미터 달리기 시험이 시작되기 전에는 알 수 없는 두려움으로 몸이 떨리고, 긴장하지만, 일단 달리기를 시작해서 이 두려움을 정면으로 맞서게 되면 3,000미터도 그렇게 두려운 것이 아님을 알게 된다. 만약 우리가 좀 더 적극적으로 불안을 직시하고, 해체하고, 명확하게 보는 법을 배운다면 그런 긴장감은 더 이상 우리를 괴롭히지 않을 것이다. 심지어 이 경기를 차분하게 즐길 수도 있을 것이다.

그러나 어떤 것들은 일단 잠재의식에 들어가면 제거하기 어려울 수도 있다. 예를 들어 불행한 어린 시절의 경험이나 일찍이 지워버린 기억들이 계속 잠재의식에는 남아 있고, 이런 기억들이 은밀하게 우리의 성격과 행동에 영향을 미친다. 심한 우울증이나 정신 장애가 있는 환자 중에는 최면 치료를 받아야 하는 경우가 있다. 심리 최면술사가 치료 중에 사용하는 모든 방법은 모두 한 가지를 위한 것인데, 바로 잠재의식 속의 고통스러운 사건을 다시 직면하도록 하는 것이다. 그렇게 환자가 이를 새롭게 보고, 명확히 하도록 해 철저하게 없앨 수 있도록 한다.

아무리 작은 일이라도 고통스러운 사건은 저절로 사라지지 않는다는 것을 기억하라. 이것에 **어려움을 겪지 않는 유일한 길은 그것을 직시하고, 명확히 하고, 해체하고, 사라지도록 해서 잠재의식에 들어가거나 모호하게 변하는 기회를 주지 않는 것이다.** 또한 이미 잠재의식에 들어가 있는 경우에는 방법을 찾아서 이를 밖으로 꺼내야 한다. 그러니 당신의 마음 속에 설명할 수 없는 뭔가 불편한 감정이 있다면 어서 자리에 앉아 스스로에게 질문을 시작해 보라.

▷ 당신을 불안하게 만드는 것은 도대체 무엇인가? 앞에 나가 모르는 사람들 앞에서 발표하는 것? 아니면 생각이 복잡한 것?
▷ 구체적으로 무엇이 당신을 두렵고, 걱정하게 하는가? 능력이 부족해서인가? 준비가 부족한 것? 아니면 무슨 일이 일어날지 모른다는 두려움?
▷ 어려운 상황에 직면했을 때 나는 무엇을 할 수 있을까? 할 수 없는 것은 무엇인가? 만약 할 수 없거나 엉망이 될 때 최악의 결과는 무엇인가?

더 이상 파 내려갈 수 없을 때까지 깊게 파고들어 가 보는 것이다. 꺼내기 힘든 생각까지 차분하게 받아들이면서 감정을 극도로 투명하게 만들어 본다. 감정을 직접적으로 직면한다고 해서 고통이 즉시 사라지는 것은 아니다. 심지어 잠시 고통이 더 심해질 수도 있다. 하지만 이런 노력이 당신이 상황을 주도할 수 있도록 해 주고, 적어도 감정에 휩싸이지 않게 할 수 있다.

두려움이란 약한 자를 괴롭히고, 강한 자를 두려워하는 캐릭터이다. 피하면 이빨과 발톱을 드러내고, 맞서면 정체가 여지없이 드러난다. 일단 두려움을 아주 명확하게 마주하면 감정은 서서히 당신의 잠재의식에서 사라지고, 당신의 삶은 더없이 편안해질 것이다.

내부와 외부를 명확하게 하여 행동의 모호함을 없애라

명확하게 인지하고, 감정을 차분하게 만든 후에는 확고하게 행동해야 한다. 많은 사람들이 행동력이 부족한 원인을 환경적 제약이나 의지력이 약하기 때문이라고 생각하는데, 사실 **행동력이 부족한 진짜 이유는 선택이 모호하기 때문이다.**

소위 선택이 모호하다는 것은 우리가 여러 가능성에 직면했을 때 명확한 선택을 하지 못한다는 뜻이다. 이런 상황은 매우 자주 있는 일이다. 예를 들어 마음속에 많은 욕망이 있고, 머릿속에 많은 선택지가 있는 상황에서 자유 시간이 생기면, 당신은 '난 이것도 하고 싶고, 저것도 하고 싶어.'하며 '이것도 가능하고, 저것도 가능한 상태'에 빠지게 된다. 마치 교차로 앞에서 어디로 가야 할지 모르겠는 '불확실의 상태'가 된다.

선택이 모호하다는 것은 일종의 불확실성이며, **인간은 불확실성에 직면했을 때 무의식적으로 그것을 회피한다.** 고대 우리 조상들은 움직이는 풀을 보고, 그 안에 무엇이 있는지 알 수 없을 때 강한 스트레스를 받았다. 사자 같은 동물이 언제 튀어나올지 모르기 때문이다. 살아남기 위한 '불확실성으로부터의 회피'가 우리의 유전자에 새겨져 있고, 그래서 우리의 머릿속에 여러 가지 모호한 선택지가 많을 때 우리는 무의식적으로 가장 명확하고 단순하며 확실한 선택을 하려고 한다. 즉, **우리가 명확한 지침이나 목표를 가지고 있지 않으면 쉽게 즐거움을 선택하게 되고, 머리를 써야 하는 선택은 포기해 버린다.**

그러므로 현대 사회에서 더 나은 사람이 되고 싶다면, 명확한 목표를 어떻게 가질 수 있을지 고민하는 데 더 많은 시간을 투입하고 노력해야 한다. 우리는 목표와 과정을 세밀하게 구체화하여 수많은 가능성 중에서

단 하나의 길을 만들어야 한다. 그래서 항상 '다른 선택의 여지가 없는' 상태에 있어야 한다.[1]

한마디로 인생은 모호함을 없애는 경주라고 할 수 있다. 우리가 경쟁하는 것은 성장의 속도뿐만 아니라 성장의 패턴이기도 하다. 이 경기장의 선두 그룹은 의식적이든 무의식적이든 '인지상, 감정상, 행동상의 모호함을 없애는 일'을 똑같이 하고 있다.

모호함을 제거하려면 주도적으로 본능에 역행해야 하므로 굉장히 어려운 길이 될 것이다. 하지만 두려워할 필요는 없다. 용기를 내서 직면하기만 하면 된다.

---

1. 구체적인 방법은 6장부터 전개된다.

감정
– 성장의 최고 레벨은 놀랍게도 "느낌을 따르는 것"

인류는 이제껏 머리를 써서 이 세상에서 살아남았다. 하지만, 우리의 안에 더 높은 수준의 시스템이 있고, 이를 잘 사용하면 비범한 성과를 낼 수 있다는 것을 아는 사람은 극소수이다.

1941년, 독일군은 영국 본토에 대해 맹렬한 공습을 감행했는데, 영국 총리 처칠은 종종 밤에 방공진지를 점검하기 위해 차를 몰곤 했다. 어느 날 밤 그는 진지를 살펴본 후 떠날 준비를 하고 있었다. 조수가 그를 위해 차 문을 열어 주었지만, 처칠은 차 반대편으로 가서 반대쪽 문을 열고 차를 탔다. 잠시 후 하늘에서 폭탄이 차 옆으로 떨어졌고, 폭탄이 폭발해 차는 거의 전복될 뻔했지만, 처칠은 가까스로 피할 수 있었다. 만약 조수가 열어준 쪽으로 탔다면 처칠은 목숨을 잃었을지도 모른다. 그 사건이 발생한 후 처칠의 아내는 왜 그 때 차의 반대편에 앉았느냐고 물었다. 처칠은 이렇게 답했다.

"차에 타려고 할 때 '멈춰!'라는 소리가 들렸어. 하늘에서 나보고 다른 쪽으로 타라고 말하는 것 같아서 그렇게 한 거야."

이야기를 여기까지 듣고 누군가는 분명히 이렇게 말할 것이다.

"저우링, 당신은 항상 과학적이고 합리적이지 않았나요? 이런 말을 믿나요?"

여러분, 조급해하지 말길 바란다. 나는 물론 이 이야기를 믿기 때문에 이를 인용했지만, 곧 아주 합리적인 해석을 내놓겠다. 그런데 설명하기 전에 잘 알려진 이야기를 하나 또 하고 싶다. 주인공은 역시 유명한 지도자인 미국의 링컨 대통령이다.

링컨의 친구가 그에게 내각의 구성원으로 한 사람을 추천했는데, 링컨은 그를 만난 후 그를 임명하지 않았다. 친구가 왜 그랬냐고 묻자, 링컨은 이렇게 말했다.

"그 사람 외모가 마음에 안 들었어"

그러자, 그 친구가 말했다.

"어떻게 사람을 외모로 판단할 수 있는가? 너무 가혹하군. 이미 가지고 태어난 얼굴에 대해서 그 사람은 뭘 할 수 있겠는가?"

링컨은 이렇게 답했다.

"그렇지 않아. 사람은 40살이 넘으면 자기 얼굴에 책임을 져야 하네."

어떤가? 두 저명한 인물들이 모두 너무나 감정적이지 않은가? 오직 자신의 느낌에 따라 중요한 결정을 내렸다. 당신은 감정과 관련된 지식에 대해 더 알고 싶지 않은가?

잠재의식의 지혜

앞서 내용에서 나는 일관되게 이성의 중요성을 강조해 왔다. 그리고 모호한 감정은 우리가 극복해야 하는 인간 본성의 범주로 분류해 왔는

데, 이번에는 감정을 바로 잡고자 한다.

이해를 돕기 위해 이성을 의식으로, 감정을 잠재의식으로 설명할건데, 사실 그게 그것이다. 우선 잠재의식에 대해 학계에서는 서로 다른 견해를 가지고 있다. 예를 들어 프로이트는 잠재의식을 '위험지대'라 생각했다. 내면에 악함을 갖고 있기 때문에 사람을 원시적 욕망을 좇게 하여 야만적인 상태로 돌아가게 한다고 생각했다. 하지만, 심리학자 융은 잠재의식은 지혜롭고, 이성이 간섭할 수 없는 많은 것들을 담고 있고, 심지어 인류의 집단지성까지 담고 있다고 믿었다.

어느 것이 옳고 그른가? 현대 과학 연구에서는 둘 다 각각 절반이 맞다고 한다. 잠재의식은 사유가 없고, 눈앞의 일에만 관심을 가진다. 즉각적이고, 확실하고, 단순하고, 편한 것을 좋아하는데, 이것은 **본성의 부분**에 속한다. 동시에 정보를 최소 11,000,000번/초의 속도로 매우 빠르게 처리할 수 있다. 감지하기 쉽지 않은 많은 정보를 극도로 예리하게 감지할 수 있고, 이는 **감정의 부분**에 속한다. 반면 우리의 이성인 의식은 40번/초의 속도로 정보를 느리게 처리한다. 잠재의식은 이것의 275,000배로 둘 사이의 능력은 천지 차이다.

이는 두 사람이 동시에 베이징에서 천진으로 가는데, 한 사람은 여유롭게 천천히 산책하듯 가고, 또 다른 사람은 로켓을 타고 가는 것과 같다.(비행기와 고속열차로는 이 격차를 표현할 수 없다.) 이런 빠름과 느림의 대비는 '인지 착오'를 유발한다.— 잠재의식이 이미 많은 정보를 인지한 상태지만, 의식은 아직 아무것도 모른다. 예를 들어, 누군가를 처음 만났을 때 약간 불편함이 느껴져서 인사치레만 하고 마는 건 잠재의식이 나쁜 정보를 감지했다는 뜻이다. 하지만 이 과정이 너무 순간적이어서 의식은 전혀 감지하지 못한다. 나름대로는 상대방을 받아들이기 위해 분석하고 이유를 찾아보지만, 결과는 생각처럼 나오지 않는다. 그러므로 처칠이 미신을 맹신한 것도 아니고, 링컨이 제멋대로 판단한 것도 아니다. 그들은 잠재의식에서 보낸 미세한 신호를 포착한 것이고, 이것이 '느낌을 따르는것'—잠재의식에서 보내는 메시지를 관찰하기—이다.

홍란Hong Ran교수는 2015년 TED 강연《뇌과학으로 드러난 남성과 여성의 생각 비밀》에서 이런 경험을 들려주었다.

1970년대 홍란 교수는 미국 캘리포니아대학교에서 공부하고 있었는데, 1년 차 젊은 조교수가 ATM에서 돈을 인출하다 강도를 당했다. 그런데 너무 긴장한 나머지 강도의 모습을 기억하지 못했고, 경찰에 신고했지만 소용이 없었다. 그런데 그 후로 조교수는 아무 이유 없이 대학원생 중 한 명을 미워하기 시작했다. 그 대학원생은 뚱뚱했고, 머리카락이 어깨에 닿았고, 찢어진 바지 입는 것을 좋아했다. 조교는 그가 양파가 들어간 햄버거를 좋아해서 냄새가 난다며 자신의 해석까지 덧붙였다. 나중에 경찰은 강도 몇 명을 붙잡아 조교를 불러 살펴보라 하였고, 조교는 한눈에 강도를 확신했는데, 실제 범인의 모습은 뚱뚱하고, 머리카락이 어깨까지 닿고, 찢어진 바지를 입고 있었다...

홍란 교수는 이렇게 설명했다. 조교수의 잠재의식은 범인의 모습을 무의식적으로 기억하고 있었고, 메시지를 받고 있었다. 그래서 범인과 비슷하게 생긴 대학원생을 미워하기 시작한 것이다. 하지만 이런 정보는 의식 속으로 들어가지 않았기 때문에 이성적인 의식은 무슨 일이 일어나고 있는지 전혀 모른다. 그래서 앞뒤가 맞지 않는 모순적인 설명을 할 수밖에 없다.

당신은 잠재의식의 지각 부분이 이렇게 대단할지는 상상하지 못 했을 것이다. 우리 몸속에 이런 최고의 시스템이 숨겨져 있다는 사실을 아는 사람이 얼마나 될까? 그러므로 이를 잘 활용하지 못하는 것은 정말 안타까운 일이 아닌가! 특히 배우고 성장하는 과정 중에 잠재의식의 도움을 받을 수 있다면 예상치 못한 수확을 얻을 수 있을 것이다.

느낌에 따라 학습하기

그렇다면 학습 성장 과정에서 우리는 어떻게 이 고급 시스템을 이용할 수 있을까? 『열심히 공부하라』라는 책의 저자인 청지아Cheng Jia가 좋은 모범답안을 제시하였다. 그는 『역사상 가장 간단한 '브레이크 독서법'』과 『보이지 않는 열쇠: 지식보다 더 중요한 능력』 이 두 편의 글에서 모두 '느낌에 따라 학습'하는 공부법을 언급했는데, 매우 흥미로웠다.[1]

예를 들어, 첫 편의 글에서 그는 '브레이크 독서법'이라는 자신만의 방법을 만들었다. '브레이크 독서법'은 책을 읽다 영감을 주는 부분을 보면 즉시 독서를 멈추는 것이다. 책 읽기를 멈춘 후에는 무엇을 하냐고? 이 영감을 준 포인트에 관해 스스로에게 질문해 보는 것이다.

▷ 왜 방금 이 포인트에서 나는 영감을 받았는가?
▷ 이 영감을 준 포인트를 3가지 다른 일에 사용할 수 있을까?
▷ 이 영감 포인트와 다른 비슷한 지식이 있는가?

또 다른 글에서 그는 또 이렇게 말했다. 생활할 때나 공부를 할 때나

---

1. 이 문단은 청지아 공식 계정에서 인용, 수정변경 되었음. – 편집자 주

상관없이 어떤 일에 '감정이 동하면' 의식적으로 스스로에게 그 이유를 물어야 한다.

▷ 왜 이 영화가 나를 감동시켰나? 무슨 일이 일어났는가?
▷ 왜 나는 이 제품을 이토록 좋아하는 걸까? 무엇이 다른가?
▷ 왜 나는 이 줄거리에 나도 모르게 빠져들었는가?

이것이 고수들의 학습 방법이다. **먼저 감정 능력으로 자신의 선택에 도움을 받고, 다시 이성적 능력으로 사고하는 데 도움을 받는다.** 글의 감동은 감정에서 나오고, 질문은 이성에서 나오는데 감정이 먼저고, 이성이 뒤에 따라온다. 이 배후의 원리가 바로 잠재의식이 보내는 신호를 포착하여 감지하는 것이다.

공교롭게도 학습 전문가 리샤오펑Li Xiaopeng도 『학습 고수의 삼두마차』라는 책에서 비슷한 방법을 언급했다. 중학교에 다니던 조카가 그에게 공부 비결을 물었을 때 그는 딱 4글자로 말했다고 한다. '느낌대로!'

조카는 이 대답을 믿을 수 없었다. 이에 대해 그는 다음과 같이 설명했다.

"바로 느낌을 따르는 것! 지금 당신이 어떤 수준에 있든 이것은 모두 적용 가능합니다. 답이 한눈에 보이는 질문은 무시하세요. 보자마자 머리가 아프고, 무슨 말인지 도통 모르겠는 주제도 무시하세요. 대신 대략적으로 생각하는 맥락이 보이고, 머리를 좀 써야 하는 그런 문제들을 많이 보세요. 이것이 중간 지대이고, 당신이 가장 빠르게 성장할 수 있는 곳입니다."

실마리가 풀렸는가? '느낌을 따르는 것'이 궁극의 방법이라고 하는 이유는 그것이 우리에게 진짜 적합하고 필요한 것을 감지해서 우리가 스스로를 학습의 '스트레치 존'에 머물도록 도와주기 때문이다. 단순하게 생각해서 이성만 사용한다면 우리는 통상 상위권 학생들이 하듯 가장 어려운 문제들을 풀며 이들을 어떻게 따라잡을 것인가 고민할 것이다. 본성을 따른다면 가장 간단한 질문을 하는 것으로 방향을 전환할 것이다. (그림 2-1 참조)

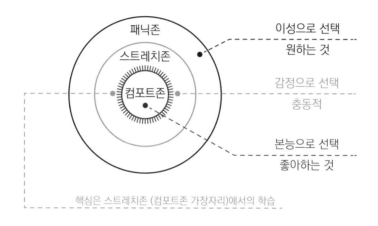

[그림 2-1 이성적, 감정적, 본능적 선택 경향]

독서도 마찬가지다. 단순히 이성만 사용할 땐, 책을 읽은 후 많은 시간을 써서 저자의 프레임과 생각을 정리하면서 자신이 이 책을 잘 읽었고, 잘 이해했음을 나타내려 한다. 만약 본성을 따랐다면 아예 책을 내려놓고 휴대전화를 가지고 놀 것이다. 여기에서 가장 좋은 독서방법은 책을 다 읽은 후 자신에게 물어보는 것이다.

'지금 가장 인상 깊었던 감동 포인트는 무엇이었는가?' 영감 받은 부분을 잡아 연결시키고 실천한다면, 가장 큰 수확을 거둘 수 있을 것이다. 다른 내용은 다 제쳐두고 말이다. 이는 나의 독서법이기도 하다. **책 전체에서 가장 가슴에 와닿은 부분을 골라 실천하고 변화시키는 것. 이런 독서로 더 많은 것을 얻게 되었을 뿐 아니라, 더 이상 불안하지도 않게 되었다.**

잠재의식의 느낌은 항상 우리에게 진정으로 적합한 것이 무엇인지 발견하게 도와주고, 에너지를 쓰도록 해서 우리를 빠르게 성장시켜 준다. 왜냐하면 스트레치존의 학습은 너무 어렵지 않고, 요구 사항도 가장 적절하고, 결과는 가장 빠르게 볼 수 있고, 몰입도 잘 되기 때문이다. 학습은 결코 쉬운 일은 아니지만, 당신이 잘 맞는 영역에 있을 수 있다면 편안함과 재미를 경험할 수 있을 것이다. 만약 당신이 항상 고통스럽고, 지루하다고 느낀다면 그것은 잘못된 것으로, 아마도 패닉존에서 고통 받는 중이거나, 컴포트존에서 방황하고 있는 것이다.

느낌으로 인생 목표 찾기

학습은 빙산의 일각에 불과하다. 감정의 힘은 삶의 모든 측면에 적용된다. 특히 배우자 선택, 직업 결정, 인생 목표 찾기 등 인생의 주요 문제에 직면할 때 더욱 그러하다. 성장에 있어서 많은 독자의 가장 큰 고민은 자신만의 인생 목표를 찾지 못했다는 것이다.

인생의 목표가 없으면, 매일 먹고, 마시고, 책을 읽고, 일을 하면서도 길을 잃은 사람처럼 마음속에 기쁨과 삶의 열정이 없고, 심지어 스스로를 미워할 수도 있다. **목표는 우리의 열정과 에너지가 머무는 곳이기 때문이다.**

많은 사람들은 자신의 인생 목표를 찾기 위해 어떤 일이 가장 가치 있는지 분석하는 데 노력을 기울인다. 하지만, 결국 얻게 되는 답은 '부자가 되는 것' 또는 '다른 사람에게 존경을 받는다'인 경우가 많다. 이런 목표가 틀렸다고 할 수 없지만, 오래 갈 수 없고 진정한 동기 부여가 되지 못한다. 왜냐하면 이것은 장단점을 따져보고 득실을 고려한 이성적 판단의 결과이기 때문이다. 이런 동기는 '내가 얻을 수 있는 것과 외부 평가'에서 나온 것이기에 시간이 지나면 방향을 잃고 의욕을 고갈시키기 쉽다.

정말 **각성한 사람들은 의식적이든 무의식적이든 사고력 대신 감지능력을 사용하는 경우가 많다.**『더 나은 삶의 위한 운영가이드Life Operation Guide』에서 저자 이지아Yi Jia는 삶의 사명을 찾기 위한 6가지 질문을 제시했다.

▷ 이 세상에서 많은 일을 할 수 있다면, 누구를 가장 돕고 싶은가?
▷ 자는 것, 먹고 마시는 것도 잊게 만드는 것은 무엇인가?
▷ 당신은 무엇에 가장 감동하는가?
▷ 당신이 사람을 가장 감동시켰던 것은 무엇인가?
▷ 아무런 경제적 압박이 없다면, 남은 삶을 어떻게 보내겠는가?
▷ 한가한 시간에 당신이 가장 많이 관심을 갖는 것은 무엇인가?

우리는 어떤 것이 가장 유리한지 머리를 써서 생각하기보다 어떤 것이 가장 마음에 와닿는지를 마음으로 느껴야 한다. 이성적인 분석과 계산으로는 내면의 진정한 욕구를 헤아릴 수 없으며, 오직 감정의 느낌과 통찰만이 그 해답을 수면 위로 끌어올릴 수 있다. 그렇게 나온 답은 타인을 이롭게 하는 경우가 많다. 장기적인 삶의 의미와 행복은 타인의 반응에서 얻을 수 있기 때문이다.

『그릿Grit』의 저자 캐롤린 아담스 밀러Carolyn Adams Miller는 3가지 비슷한 질문을 했다.

▷ 당신이 이 세상을 떠나게 되었을 때, 인생을 되돌아보며 가장 후회하는 것은 무엇일까?
▷ 당신이 가장 좋아하는 사람은 누구인지 떠올려 봐라.
▷ 당신이 어렸을 때 여가는 어떻게 보냈는가?

이 3가지 질문에 답하기 위해서는 **사고력이 아닌 느낌을 떠올려야 한다.** 죽음을 직시하면 모든 것을 단순화시킬 수 있기 때문에 정말 중요한 것에 새로 집중할 수 있게 해준다. 또한 당신이 허구든 실제든 좋아하는 인물에 깊이 매료되면 그 인물들에게서 내면의 이상적인 자아를 반영할 수 있다. 끝으로 가족이나 업무에 대한 부담이 없었던 어린 시절, 그때 당신은 더 마음을 따랐고, 외부 압력에 방해를 받지 않았다.

아마도 인생 목표의 씨앗은 오랫동안 우리 각자의 마음속에 심겨 있었을지 모른다. 그런데 어른이 되면서 삶의 압박감에 이성적인 사고로 계속 저울질을 시작하고, 자신이 원래부터 있었던 꿈을 인정하지 않거나 무시하게 되었다. 하지만 감정의 능력은 항상 우리가 그 이상적인 꿈을 수호하고, 소중히 다룰 수 있게 도와주고 있다. 만약 당신이 아직 인생의 목표가 없다면 위의 방법을 시도해 보길 바란다. 예상치 못한 놀라움을 얻을지 모른다.

정리하면, 이성적 사고는 매우 높은 수준의 활동이지만, 판단과 선택에 있어서는 힘이 약하다. 이 저조한 성능은 민감하고 빠른 속도의 느낌과 비교가 되지 않는다. 그래서 특히 중요한 선택을 할 때는 먼저 감정적으로 선택한 후 이성적으로 사고하는 것이 더 나은 전략일 수 있다. 홍란 교수는 이렇게 조언한다.

'작은 일에는 당신의 두뇌에 따르고, 큰일에는 마음을 따르십시오.'

이 말은 일리가 있다.

어떻게 느낌을 포착할 것인가?

감성적인 능력은 너무 대단하지만 허무맹랑해 보이기도 한다. 우리는 어떻게 이를 포착해야 할까? 다음 방법을 참고해 보자.

(1) **"最"(가장 최)** : 자신에게 최고로 영감을 주는 부분에 주목하라. 당신의 눈을 반짝반짝 빛나게 하는 것, 마음을 설레게 하는 사람과 일, 머릿속에 갑자기 떠오르는 생각, 맞닥뜨리게 되는 고통 등등. 그것들을 포착하고, 깊이 분석하며 파헤칠 수 있다면 종종 큰 수확을 얻을 수 있다.

(2) **"總"(합할 총)** : 평소 머릿속에 있는 모든 것. 자신도 모르게 떠오르는 어떤 반복적인 생각이나, 마음속에 떠나지 않는 일들은 보통 우리 마음속에서 가장 놓지 못하는 것이고, 감정적 파동의 근원이다. 우리가 의식적으로 그것을 바라보고 제거할 때 스스로 더 편안해진다.

(3) **무의식적인 첫 반응** : 누군가를 처음 만났을 때, 어떤 곳에 처음 들어갔을 때, 어떤 일을 처음 하게 될 때 마음속에 떠오르는 순간적인 반응이나 첫 번째 생각에 주목하라. 정신과 의사들은 환자를 만나서 자주 이렇게 말한다. "생각하지 말고, 그냥 가장 먼저 떠오르는 생각을 말해

보세요." 왜냐하면 첫번째 생각은 종종 잠재의식에서 나오는 진정한 메시지인 경우가 있기 때문이다. 하지만 첫 번째 생각이 나오는 과정은 너무 짧아서 의도적으로 연습하지 않으면 이를 인지하기 어렵다. 왜냐하면 이성적인 사고가 곧바로 잠재의식을 대신해서 작동하기 때문이다.

(4) **꿈** : 꿈은 잠재의식이 메시지를 전달하는 하나의 방법으로 내면의 진실한 생각을 표현하는 것일 수도 있고, 영감을 주는 것일 수도 있다. 독일의 화학자 케쿨러는 매우 피곤한 상태에서 머리와 꼬리를 서로 물린 뱀의 꿈을 꾸었는데, 이 뱀은 벤젠의 분자구조를 알아내는 단서가 되었다. 영리한 잠재의식은 이미 답을 찾아낸 뒤 꿈을 통해 그에게 힌트를 주었고, 다행히도 케쿨러는 이를 포착했다.

(5) **몸** : 『더 나은 삶을 위한 운영 가이드』의 저자 이지아Yi jia는 한때 고강도 운동을 좋아했는데, 이성에서 '고통이 없으면 이득도 없다'라고 생각했기 때문이었다. 그 후 그녀는 4개월이 지나 원인 모를 병으로 크게 몸이 아팠고, 후에 의사는 그녀에게 이렇게 말했다. "당신의 몸이 운동하는 방식이 마음에 들지 않는다고 파업하는 거예요. 당신은 몸의 소리에 귀 기울이는 법을 더 배워야 합니다." 그녀는 크게 깨닫게 되었고, 그 이후로 좀 더 부드러운 운동을 선택하게 되었다. 그 후 그녀는 더 이상 이유 없이 아프지 않았다. 몸은 말은 못 하지만 가장 솔직하다. 육체적 또는 정신적인 불편함이 몸을 통해 정확하게 반영이 되기 때문에 몸의 소리에 더 관심을 기울여야 한다는 것을 기억하라.

(6) **직감** : 출처가 불분명하고, 설명하기 어려운 정보에 청신호를 켜라. 처칠처럼 말이다.

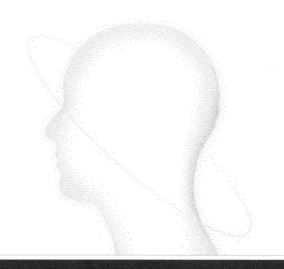

3장

메타인지

- 인류의 궁극적 능력

메타인지
– 당신의 성장이 느린 건, 당신이 날지 못하기 때문이다

1946년도 10달 24일, 미국 뉴멕시코의 화이트 샌드 미사일 시험장.

과학자들이 태양의 자외선을 연구하기 위해 세계에서 가장 뛰어난 V2 액체 로켓을 발사했다. 로켓에는 35mm 카메라가 장착되어 있었고, 로켓이 약 104km 고도에서 찍은 흐릿한 화질의 흑백 사진 한 장을 보내 주었다. 이는 인류에게 우주에서 스스로를 되돌아볼 수 있는 새로운 시대를 열어 주었다.

그 후 수년 간 인류는 많은 시도를 했고, 마침내 1959년 8월 7일 미국의 '디스커버리 6호' 위성이 최초의 지구 파노라마 모습을 촬영하는 데 성공했다. 그때부터 인류는 '신의 눈'을 갖게 되었다. 이전과는 전혀 다른 시각으로 신비로운 푸른 행성을 내려다볼 수 있게 되었다. 인공위성의 도움으로 인류는 지구를 한눈에 또렷하게 관찰할 수 있게 되었고, 사회 발전의 속도는 비약적으로 빨라졌다. 통신, 기상, 항법, 측량, 지도 제작 등의 기술이 비약적으로 발전했으며, 거대한 지구는 '지구촌'이 되었다. 오늘날 우리들은 디지털 기술을 쉽게 사용할 수 있다.

나는 처음 '구글 어스'로 고향을 봤을 때, 깊은 감탄을 했던 것으로 기억한다. 이것은 마치 날개가 있어서 세계 곳곳을 나는 것 같은 느낌이 들었다. 하지만 15만 년 전 인간은 이미 이런 능력을 갖추고 있었다. 물론 인간의 몸이 실제로 공중으로 날아다닌다는 뜻은 아니다. 의식과 본체가 분리되어 더 높은 곳으로 '날아' 자기 자신을 돌아보는 것을 말한다.

당신이 만약 이 세상의 뛰어난 사람들을 주의 깊게 관찰할 수 있다면, 그들 대부분이 '날아서' 전진하고 있음을 알 수 있을 것이다. 우리는 '날' 수 없기 때문에 그들의 뒤를 따라갈 수 없다. 대부분의 사람은 날개를 주도적으로 흔들어 날 수 있는 방법뿐만 아니라, 자신에게 한 쌍의 날개가 있다는 사실조차 알지 못한다. 지금부터 당신을 새롭게 깨우치게 해서 당신이 혼란스러운 중에 날개를 펼칠 수 있도록 돕고, 인류의 궁극적 능력인 메타인지를 사용하는 방법을 알려 주겠다.

'만물의 영장' 그 기원

元(으뜸 원) 은 "우두머리, 첫째, 시작, 으뜸"이라는 뜻의 한자로 가장 높은 수준을 뜻한다. 예를 들면 한 나라의 최고 지도자를 국가 원수라고 한다. **메타인지[1]는 인지의 최고 수준으로 자신의 '사고 과정'을 인지하고 이해할 수 있다. (그림 3-1 참조)**

이상하게 들리겠지만, 사실 메타인지 능력은 우리에게 익숙하고, 놀랄 것도 없는 성찰 능력이다. 이는 인간 고유의 능력일 뿐만 아니라 우리가 만물의 영장[2]인 이유이기도 하다. 다른 동물에게는 이런 능력이 없다. 유전적으로 인간과 가장 가까운 고릴라는 거울 속의 고릴라가 자기인 것은 알지

---

1. 메타인지는 중국어로 원인지(元認知)라고 쓴다.-옮긴이 주

2. 《상서 태서상》에는 '천지 만물의 어버이만이 만물의 어버이요, 오직 사람만이 만물의 영이니라'고 기록되어 있다. 인간은 세상의 모든 종 중에서 가장 영적이다. - 편집자 주

만, 자기 자신과 현재 상황을 분리해서 '또 다른 자아'를 생각하지 못한다. (그들에게는 메타인지라는 '날개'가 없기 때문에 천성적으로 날 수 없다!)

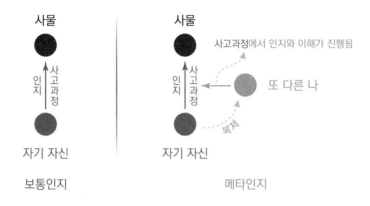

[그림 3-1 보통인지와 메타인지의 차이점]

그러나 인간은 다르다. 인간의 대뇌는 신피질을 진화시켜 왔는데, 이는 우리에게 극도로 강력한 인지 및 사고능력을 부여하여 이성에 따라 살 수 있도록 해 주었다. 반면 다른 동물들은 본능과 감정에만 의존하여 생존할 수 있다. 인간이 더 신기한 것은 자신의 사고 활동을 관찰할 수 있고, 그 안의 불합리한 부분을 찾아낸 후, 이를 개선하고 최적화하여 지속적으로 더 나은 선택을 해 나간다는 점이다. 사람의 사고는 망치처럼 못을 박을 수 있을 뿐만 아니라, 또 다른 망치를 만들어 스스로를 망치질 할 수 있는 것이다. 방법만 정확하다면 수시로 이 망치를 고쳐가면서 더욱 고급스러운 도구로 진화할 수 있다.

아마도 인간은 태어났을 때부터 이미 이런 능력을 갖고 있었기 때문에 사람들은 이를 그다지 중요하게 생각하지 않는 것일 수 있다. 하지만, 역사를 돌이켜보면 이 능력은 다른 종은 결코 갖지 못하며 우리가 아주 귀하게 여겨야 하는 능력이다.

메타인지 능력의 차이

모든 사람이 반성할 수 있는 능력을 갖추고 있다면, 사람사이의 차이는 왜이렇게나 큰 것일까? 그 이유는 사실 아주 간단하다. 메타인지 능력도 등급이 있기 때문이다. 모든 사람이 메타인지 능력을 갖춘 세상에서는 더 높은 수준의 메타인지 능력을 가진 사람만이 승리할 수 있다. 심리학의 의향성 분류[1]에 따르면, 메타인지는 최소 여섯 등급으로 나눌 수 있으며, 그것은 다시 **수동적 메타인지와 능동적 메타인지**의 두 가지로 나눌 수 있다.

보통 사람들은 비난이나 비판과 같은 문제에 직면했을 때만 이 능력을 사용하도록 강요받게 되고, 그제야 반성하고 수정한다. 당신이 순탄한 상황이라면, 여전히 본성에 따라 생활하면서 놀고 싶을 때 핸드폰을 가지고 놀고, 자고 싶으면 자면서 자신의 행동이 좋은지 나쁜지를 관찰하지 않는다. 메타인지를 수동적으로 사용하는 사람은 어쩔 수 없는 경우에만 날개를 퍼덕인다. 반면 어떤 사람들은 위협적이지 않은 상황에서도 계속 날갯짓 연습을 하면서 스스로를 발전시켜 나간다. 그러면서 위험으로부터 철저하게 멀어지도록 한다.

이것이 '수동'에서 '능동'으로의 전환점이다. 한 사람이 능동적으로 제3의 관점으로, 지속적으로 자신의 사고와 행동을 반성하기 시작할 때 그가

---

1. 사물, 속성 또는 상태를 표현하거나 표현하는 마음의 능력. — 편집자 주

진정으로 각성하기 시작했음을 의미하며, 그가 빠르게 성장할 가능성이 생긴 것이라 할 수 있다.

메타인지는 어떻게 우리의 운명을 바꾸는가?

반성, 이것이 메타인지의 출발점이다. 당신이 자신의 사고를 되돌아보기 시작하면 마법 같은 일이 일어난다. **자신이 무슨 생각을 하고 있는지 인지하게 되고, 이런 생각이 현명한지 아닌지 의식할 수 있다. 더 나아가서는 현명하지 못한 생각을 바로 잡아갈 수 있고, 최종적으로 더 나은 선택을 할 수 있다.** 스스로를 관찰하는 능력이 부족한 사람은 무의식적으로 자신의 감정과 선호에 따라 행동할 수밖에 없다. 그래서 육체적으로든 정신적으로든 무의식적으로 순간의 편안함과 단순함을 추구하게 되고, 벽에 부딪힐 때까지 현재의 생각과 행동의 잘못된 점을 전혀 인식하지 못한다. 인생은 수많은 선택으로 이루어져 있고, 각각 선택의 누적으로 다른 인생이 만들어진다. 만약 자기 삶이 뜻대로 되지 않는다면, 문제는 십중팔구 바로 여기에 있다.

다행스럽게도 일단 메타인지가 켜지면 변화는 즉시 일어난다. 이러한 변화를 경험하기 위해서는 당신 옆에 '소울메이트'가 있다고 상상하는 것이 좋다. 소울메이트는 항상 당신과 동행하며, 당신을 안내해 줄 것이다. 당신이 주의가 산만해지면 소울메이트가 당신에게 집중하고 더 중요한 일을 하도록 일깨워주고, 당신이 혼란스러워 할 때는 인생의 높은 곳에서 멀리 상황과 패턴을 명확히 볼 수 있도록 도와줄 것이다. 화가 날 때는 마음을 가다듬게 도와서 화를 내는 대신 더 나은 선택을 찾게 해 주고, 해결책이 없을 때에는 근본적인 법칙을 깊이 파고들어 무엇에 집중해야 하는지 일깨워준다. 당신이 나태해질 때는 인생의 마지막에 서서, 지금 무엇을 해야 하는지 일깨워 줄 것이다.

[그림 3-2]에서 보는 것처럼 이것이 고급 메타인지이다. 높고, 깊고, 먼 곳에서 항상 현재의 자신을 보고, 스스로 깨어 있을 수 있도록 한다. 길을 잃지 않게 동기 부여를 하고, 게으름을 피우지 않고, 평화롭고 충동적이지 않도록 해준다. 이런 능력이 계속 받쳐주는데, 당신이 뒤처질 수 있겠는가?

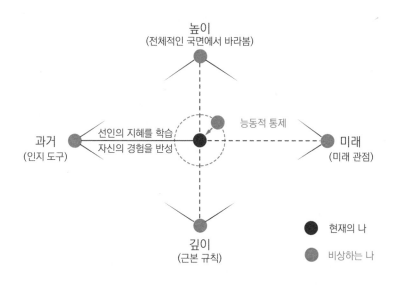

[그림 3-2 메타인지의 차원]

메타인지 능력을 얻는 방법

일단 당신이 메타인지의 개념을 알게 되면, 능동 메타인지는 필수적으로 작동하게 되지만, 이것만으로는 충분하지 않다. 메타인지의 범위는 이보다 훨씬 더 광범위하며 이러한 능력을 얻기 위한 더 체계적인 방법이 필요하다.

첫째, 그림 3-2에서 볼 수 있듯이 메타인지 능력을 향상하기 위한 도구는 선인들의 지혜를 배우고, 자신의 경험을 되돌아보는 것처럼 '과거'에서 얻을 수 있다.

선인들의 지혜는 매우 많고, 대부분은 책을 통해 얻을 수 있다. 예를 들어 『의도적 연습』을 읽은 후라면, 학습의 어려움에 직면했을 때 도피하거나 두려워하지 않고 '컴포트존 가장자리'이론을 이용하여 자신을 적극적으로 도전에 직면하게 할 수 있다. 『감각초월』를 읽었다면, 우리가 싫어하는 사람들을 대할 때 공격이나 경멸을 드러내는 대신, 그들로부터 실제적이고 유용한 것을 배우려고 최선을 다하는 것이다. 이것이 바로 우리가 평생학습이 필요한 이유이다. 우리가 선인들의 지혜를 공부함으로써 더 넓은 관점을 갖게 되고(높이), 더 깊은 근본 규칙을 파악하게 되며(깊이), 무지에서 벗어나 더 올바른 선택을 할 수 있도록 도와줄 수있다.

특히 주목할 만한 가치가 있는 뇌과학과 인지과학의 지식은 우리 자신의 행동 패턴을 직접적으로 묘사한다. 이를 학습한다는 것은 우리 자신을 직접 관찰하는 것과 비슷하다. 예를 들어 우리가 자신의 뇌 구조를 알면 우리 몸 안에 사실 '원시 자아'와 '현대 자아'가 있고, 우리의 모든 행동은 사실 그들 사이의 게임의 결과라는 것을 깨닫게 된다. 그래서 스스로를 더 강하게 만들기 위해 '현대 자아'가 어떻게 승리하도록 해야 할지 고민할 수 있다.

둘째, 자신의 경험은 독특한 재산이다. 우리의 일상은 강물처럼 계속 흐르고 있기에 잠시 멈춰 돌아보지 않으면 삶의 지혜를 얻기 어렵다. 내가 한 일을 돌아보며 반성하는 것은 경험을 통해 무언가 배우고, 교훈을 얻을 기회가 된다. 그리하여 다음에 비슷한 문제에 직면했을 때 예전처럼 똑같이 현명하지 못한 선택을 하는 것을 피하는 데 도움을 준다. 증자曾子(공자의 제자-역자 주)는 하루에 세 번씩 자신을 돌아본다고 말했다. 선조들은 일찍이 반성의 방법을 실천했다.

셋째, 학습과 반성이 정적인 것이라면 현재의 자기자신이 역동적인 상태에서는 어떻게 메타인지를 능동적으로 사용할 수 있을까? 답은 매우 간단하다. 당신의 '소울메이트'를 활성화하는 것이다! 컴퓨터 시스템의 바이러스 백신 소프트웨어처럼 항상 당신이 하는 모든 행동을 모니터링하게 하고, 의심스러운 파일이 발견되는 즉시 경고를 보내도록 하는 것이다.

이런 상황을 상상해 보자. 당신이 자료를 찾기 위해 휴대전화를 열었는데, 친구의 위챗에 작은 빨간 점[1]을 보고 자신도 모르게 클릭했다. 친구 계정에 올라온 재미있는 동영상을 보게 되었고, 다시 참지 못하고 클릭한다. 그러다 이 영상의 배경음악이 마침 자신이 오랫동안 찾던 곡이어서 음악 앱을 열어 이 곡을 찾다가...어느새 30분이 지나버렸다! 처음 무슨 자료를 찾기 위해 휴대전화를 켰는지는 이미 까맣게 잊어 버렸다.

우리는 항상 이런 식이다. 처음엔 밧줄만 찾으려 했지만, 나중엔 코끼리 한 마리를 끌어내는 식이다. 때때로 당신은 웨이보중국의 인스타그램, 터우탸오중국의 트위터, 모바일 게임에 빠져서 헤어 나올 수 없고, 이것저것 하느라

---

1. 중국의 카카오톡으로 변경된 내용이 있으면 빨간 점으로 표시된다-역자 주

너무 바쁘지만 대체 무엇 때문에 바쁜지 모른다. 때로는 어떤 감정에 사로잡혀 이유 없이 자신을 소모하기도 한다... 이것은 모두 메타인지 능력이 부족하면 일어나는 일로 자신의 본성을 따라 좋아하고 편한 것을 선택하고, 에너지를 분산시키고, 인식이 부족하고, 우발적인 방해로 주의가 분산된다.

만약 '소울메이트'가 당신을 모니터링 한다면, 당신은 자신의 행동을 돌아보고, 그 과정에 개입해서 자기 자신에게 이렇게 말할 수 있다. "이걸 할 수도 있고, 안 할 수도 있지만, 우선 조금만 참자. 먼저 중요한 일을 끝내고 다시 얘기해 보자.", "멈춰! 아무 생각 없이 행동하기는 쉬운 거야. 중요하지 않은 일들을 하고 보내지 말고, 먼저 어떤 일이 가장 중요한 일인지 생각해 보라고!", "몇 년 뒤에 돌이켜보면 지금의 걱정은 언급할 가치도 없을 거야. 자신을 소모하지 말고, 감정을 추슬러서 유용한 일을 해 보자..." 이런 경각심과 변화는 분명 현 상태를 유지하는 것보다 편하진 않을 것이다. 하지만 당신을 원래의 목표에 집중하고 몰입해서 성장할 수 있도록 해 줄 것이다.

메타인지 능력은 항상 당신을 높은 지점에서 전체 국면을 내려다볼 수 있도록 해 준다. 그래서 당신이 삶의 세세한 부분에 빠져 그 안에서 길을 잃지 않게 한다. 당신이 충분히 마음에 관심을 기울여 살펴 보면, 미래의 시각이 언제나 현재 행동의 나침반이라는 것을 알게 될 것이다. 그것은 망망대해의 등대처럼 당신이 재미있는 것보다 더 중요한 것들을 능동적으로 선택할 수 있게 해 줄 것이다.

넷째, 메타인지 능력을 향상시키는 방법에는 여러 가지가 있지만, 가장 의외였던 것이 바로 '명상'이다. 그렇다. 명상은 조용히 앉아 몸의 긴장을 풀고, 호흡과 느낌에 완전히 집중하는 활동이다.

명상으로 인한 극도의 집중은 뇌를 운동시킨다. 꾸준한 단련을 통해 뇌는 물리적으로 메타인지 능력을 직접 향상시킬 수 있다. 명상 과정 중 주의력이 흐트러진 것을 알아차렸다면 부드럽게 다시 집중할 수 있도록 주의를 끌기만 하면 된다. 앞서 언급한 '소울메이트'를 지금 다시 연결해 보면 이런 활동들이 본질적으로 동일한 일을 하고 있음을 쉽게 알 수 있을 것이다. 자신의 주의력을 살피고, 자신이 꼭 필요한 곳에 집중할 수 있도록 하자.

피드백은 이 세계의 진화 메커니즘이다. 피드백이 있고, 루프가 형성되면 기계 설계이든 소프트웨어 시스템이든 상관없이 모든 시스템이 자체적으로 진화를 시작할 수 있다. 메타인지는 인간의 인지 능력에 대한 피드백 회로이며, 이를 통해 우리는 급속한 진화의 길로 들어설 수 있게 되었다. 메타인지 능력은 아주 유용하고 너무 신기하지만, 나는 여전히 여러분에게 이렇게 조언하고 싶다. 메타인지 능력을 갖추고, 마스터하는 것은 쉽지 않으며 끊임없이 연습하고 또 연습해야 한다. 시간이 지나도 여전히 서투른 자신을 발견하게 되더라도 괜찮다. 그냥 다시 시도해라. 머지않아 당신은 자신이 예전과 조금씩 달라지고 있다는 것을 알게 될 것이다.

그 변화도 피드백이다. 이 피드백을 모으고, 계속해서 스스로를 격려하면 결국 어느 날, 당신은 다른 사람들과 완전히 달라져 있을 것이다.

통제력
– 인간은 생각의 조타수가 되기 위해 태어났다

만약 메타인지가 없다면 우리는 스스로를 '인간'이라고 부를 수 없을 것이다. 그리고 메타인지가 강하지 않다면 우리는 군중 속에서 두각을 내기 어려울 것이다. 이처럼 메타인지 능력은 너무 중요하고, 우리를 인간이라고 불릴 수 있게 하는 궁극의 능력이다. 이렇게 중요한 능력이 앞에서 언급한 바와 같이 단지 자기관찰에 불과할까? 그렇지 않다. 자기관찰은 메타인지 능력의 기본 받침일 뿐이며 실생활에서 메타인지 능력은 자기 통제에 대한 강력한 지침을 준다. 그래서 메타인지 능력은 자기관찰능력과 자기 통제력의 조합이라고 할 수 있다. 따라서 실용적 각도에서 메타인지 능력을 설명해 보면, **자아성찰과 주도적인 통제를 가능하게 하고, 잠재의식의 영향을 방지하는 능력**으로 새롭게 정의할 수 있다.

우리는 자연스럽게 잠재의식에 좌우된다

어쩌면 당신은 언제든지 자신을 성찰할 수 있고, 자기 생각과 말과 행동을 쉽게 통제할 수 있다고 생각하고 있을지 모른다. 그래서 "자기반성과 능동적 통제"라는 말을 진지하게 받아들이지 않을 수도 있다. 만약 당신이 이런 생각을 하고 있다면 잠재의식의 대해 문자 그대로의 의미만을 이해하고 있는 것이다. 아래 장면을 상상해 보자. 아침에 일어났을 때 우리의 첫 번째 반응은 대개 아무 생각 없이 휴대전화에 손을 뻗는 것이다. 사고할 필요 없는 습관성 반응이 바로 나올 수 있는데, 이는 잠재의식에 의해 자연스럽게 나온 행동이다. 사실 이때 우리가 해야 할 일은 일어나서 옷을 입고, 세수를 하는 등 할 것을 먼저 하고 핸드폰 정보를 확인하는 것이다. 그렇지 않으면 이것저것 보느라 어느새 수십 분이 지나버리고, 몸은 여전히 침대에 누워 있을 것이다. 이런 상황에서 자기반성과 능동적인 통제력을 갖고 있다 할 수 있는가? 그렇지 않을 것이다.

시간을 하루로 늘려 보겠다. 많은 사람들이 하루를 마치면서 종종 자신의 영혼에 묻곤 한다. '난 오늘 하루 종일 뭘 했지? 가장 중요한 일은 얼마 못하고, 정신없이 사소한 일들만 잔뜩 하면서 보냈네!' 그 순간, 갑자기 깨달은 바가 있어 내일부터는 일어나자마자 가장 중요한 일부터 먼저 하겠다고 결심한다. 그러나 이튿날에도 나도 모르게 또 다시 이 악순환에 빠지고 만다. 이렇게 우리는 여전히 잠재의식에 좌우되고, 스스로를 통제하지 못한다.

이제 시간을 한 가지 일을 완수하거나 인생 목표를 달성하기까지로 늘려보자. 많은 사람들이 더 나은 삶을 위해 미라클 모닝, 달리기, 독서, 글쓰기 등의 목표를 세우는 경우가 많이 있다. 하지만 며칠 지나지 않아 바로 포기해 버리는데, 그 이유는 이런 목표가 환경과 유행에 따라 만들어진 것이기 때문이다. 다른 사람들이 좋다고 말하고, 자신도 하고 싶은 것이라 말하지만, 실제로는 자신에게 필요하지 않은 것들이다. 곰곰이 잘 생각해 보면 우리의 첫 번째 나온 반응은 여전히 잠재의식에 좌우되고 있음을 발견할 수 있을 것이다. 우리의 자기반성과 능동적 통제는 여전히 실행되고 있지 않다.

지금 이 순간, 매일, 그리고 평생, 우리는 이렇게 자연스레 잠재의식에 좌우된다.

성장은 바로 능동적 통제에 관한 것

우리가 갓 태어났을 때는 이성뇌가 완전히 발달하지 않아 전투력이 거의 0에 가깝다. 이때 우리에게는 본능만 있다. 아기를 보면 다른 사람들이 보여주는 것에 바로 관심이 끌린다. 아이의 주의력은 외부 세계에서 끄는 것이며, 아이의 행동도 전적으로 자연적인 본능에 의해 좌우된다. 그 후 성장하면서 뇌의 전액피질이 발달하기 시작하고, 이성뇌의 전투력이 서서히 강해진다. 이성뇌의 전투력은 실제로는 두 가지 측면에서 나타난다. **하나는 학교에서 공부할 때 주로 훈련하는 부분인 학습, 이해, 기억, 연산의 인지능력이고, 다른 하나는 관찰, 반성, 판단, 선택의 메타인지 능력이다. (그림 3-3 참조)**

안타까운 점은 우리 대다수가 학교에서 집중적으로 인지능력 훈련을 받았음에도 불구하고, 이 훈련이 메타인지 능력에는 영향을 거의 미치지 못했다는 것이다. 이것이 많은 사람들이 나이가 들어도 여전히 실행력이 약하고 집중력과 의지력이 부족한 이유이다. 따라서 운명이라는 배의 돛을 조종하길 원한다면, 반드시 주도적으로 자신의 메타인지 능력을 훈련해서 이성뇌가 의사결정에 더 많이 참여하도록 해야 한다. 그래서 뇌의 주도권을 가져올 수 있어야 한다. 이렇게 하면 일반 사람의 배보다 더 빠르고, 멀리 갈 수 있다.

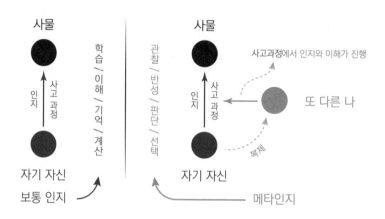

[그림 3-3 이성뇌의 전투력을 보여주는 두 가지 표현 방식 ; 일반인지, 메타인지]

이 주도권이 바뀌는 과정에서 보이는 뚜렷한 특징은 능동적으로 주의력을 통제할 수 있고, 무작위적이고 흥미로운 오락성 정보에 쉽게 지배되지 않는다는 것이다. 예를 들어, 우리가 길을 걸을 때 메타인지 능력이 약한 사람들은 길가에서 들려오는 음악, 광고화면, 호객하는 소리나 돌발 상황에 항상 쉽게 주의가 끌린다. 반면, 메타인지 능력이 강한 사람들은 1~2초 정도 이 일이 주목할 가치가 있는지 생각해 본다.

샤오마송Xiao MaSong의 저서 『친구들 사이에서 최고의 학생Top Students in the Circle of Friends』에서 주인공 중 한 명인 대니 류Danny Liu는 이런 관점을 이야기한다. '교육의 핵심은 어떤 일을 마주했을 때 그것을 어떻게 볼 것인가를 가르치는 일이다. 당신이 어떤 일에 반응할 때 항상 그 안에는 자신의 본성이 들어 있다. 예를 들어 누군가가 당신을 욕한다면 당신도 바로 욕으로 되받아치고 싶을 것이다. 하지만, 당신은 이 반응 중 0.1초의 틈에 생각하거나, 심사숙고할 수 있다. 이 틈이 바로 당신이 얻은 교육이나 경험의 의미이다.' 이 구절은 뇌의 의사결정에서 메타인지 능력의 역할을 매우 잘 설명하고 있다. 이 0.1초간의 틈이 우리에게는 매우 중요한 키 포인트다.

이제 당신은 왜 사람들이 숏폼 영상을 멈추지 못하고 시청하는지 이해할 수 있을 것이다. 하나의 영상이 끝나면 자동으로 다음 영상으로 넘어가는 과정에서 뇌는 본능과 감정에 사로잡히고, 이성뇌가 능동적으로 활성화될 기회가 없기 때문이다. 만약 당신이 스스로 이런 오락거리에서 잠시 쉬고 싶다면 스스로에게 이렇게 말하면 된다. "이 영상이 끝나면 몇 초간 잠시 멈추자." 일단 이성뇌가 자세히 살펴보고, 돌아보는 시간을 갖게 되면, 우리는 대개 스스로를 통제할 수 있게 된다.

삶에서는 더욱 그렇다. 아침에 일어나서 몇 초 동안 생각할 시간을 가질 수 있다면, 기상과 핸드폰을 보는 틈 사이에 더 나은 선택을 할 수 있다. 위챗에서 읽지 않은 메시지 알림을 봤을 때, 몇 초 멈출 수 있다면 이를 클릭하는 대신 중요한 일을 먼저 하기로 결정할 수 있다. 즉, **선택이 필요한 상황에서 몇 초 동안 멈춰 생각할 수 있다면, 자신의 이성 뇌를 활성화할 수 있고, 활성화된 메타인지로 전후의 생각을 깊이 살펴볼 수 있다. 그런 후엔 평소와 다른 선택을 할 수 있다.**

영향력이 있는 특출난 사람들과 보통 사람들 사이의 차이는 일반적으로 메타인지 영역에서 나온다는 다양한 증거가 있다. 뛰어난 사람들은 크고 작은 모든 선택에서 무의식적으로 지배받지 않도록 하는 능력이 있다. 그래서 자신의 환경과 자신의 행동, 타인과의 관계 등을 최대한 관찰하고 생각하여 근거가 있는 견해를 도출해 내고, 더 좋은 선택을 한다. 예를 들어 어떤 사람은 더 많은 의미를 볼 수 있어 목표에 강한 가치를 부여한다.

그래서 다른 사람보다 집중력과 실행력, 의지력이 더 강하다. 어떤 사람은 타인의 생각을 잘 알아차리고, 자신의 언행을 자제함으로써 높은 감성 지수를 보인다. 그들의 진정한 경쟁력은 학습 능력이 아니라 강력한 메타인지 능력에 있다. 뛰어난 학습 능력과 계산 능력을 갖춘 우등생들은 이성뇌는 뛰어나나, 삶을 잘 살 수 있는 것은 별개의 문제다. 그러므로 우리는 근육을 단련하는 것과 마찬가지로 메타인지를 훈련할 수 있는 방법을 찾아야 하고, 규칙적으로 훈련해야 한다. 그러면 메타인지도 점점 더 강해지고, 쉽게 활성화될 수 있다.

물론 쉬운 일은 아닐 것이다. 신체 단련에도 노력이 많이 필요한 만큼 인지훈련도 그만큼의 노력이 필수고, 지속적으로 실천하기 위한 가이드도 필요하다. 다행히 방법이 그렇게 어렵지 않다. **바로 선택 지점에서 더 많이 '메타타임'을 쓰는 것이다.**

내 인생의 생각하는 조타수 되기

'메타타임'은 내가 만들어낸 것으로 아주 훌륭한 개념이다. 하루 24시간은 매분, 매초가 똑같은 것으로 보이지만 사실은 그렇지 않다. 어떤 시간은 다른 시간보다 훨씬 더 중요하기 때문이다. 나는 이 가중치가 큰 시간을 '메타타임'이라고 부른다.

메타타임은 통상적으로 한 사건, 한 단계 또는 하루의 시작이나 끝과 같은 '선택의 마디' 위에 위치한다. 이 시간을 잘 활용하면 다음 시간의 질을 극대화할 수 있다. 즉, 선택에 직면한 모든 시간 마디를 '메타타임'이라고 부를 수 있다. 이때 주도권을 잃고 본능적으로 다음 단계로 넘어가도록 내

버려두면 안 된다. 특히 유혹이나 어려움에 직면했을 때 말이다. 그렇다면 '메타타임'에서 우리는 무엇을 해야 할까? 아주 간단하다. 딱 한 가지, 바로 **명확하게 생각하는 것이다!**

이러한 선택의 마디에서 명확하게 생각하지 않으면 우리는 잠재의식의 영역인 모호한 상태에 빠지게 되고, 이는 본능적인 반응인 오락으로 이어진다. 그러므로 기본 대응 전략은 **선택의 마디에서 자신의 첫 번째 반응을 살펴보고, 명확한 주장을 하는 것이다.**

예를 들어, 말을 잘하는 사람이 되고 싶다면 말하기 전에 두 번 생각하고 말한다는 원칙을 지켜라. 우리가 무심코 내뱉는 말은 본능에서 비롯되는 경우가 많다. 만약 우리가 말을 꺼내기 전에 1~2초 정도 멈춰서 이성뇌로 다시 한번 살펴볼 수 있다면, 아마도 마음을 바꿔 내뱉을 말을 바로 바꾸거나, 심지어 침묵을 선택할 수도 있다. 때때로 가장 좋은 답변은 답변하지 않는 것이다.

이와 마찬가지로 우리는 아침에 눈을 뜨는 순간, 핸드폰을 집는 순간, 집에 들어오는 순간... 모두 새로운 선택의 마디에 있고, 이를 검토하기 위해 머리를 적극적으로 써야 한다. 이렇게 하는 것이 물론 더 피곤하겠지만, '생각 아령'을 들어 자신의 이성뇌를 더 강하게 만드는 메타인지 능력을 단련시킬 수 있는 딱 좋은 시간이라 생각하자.

명확하게 생각하려면 첫 번째 반응을 잘 관찰해야 할 뿐만 아니라, 모호하지 않은 명확한 주장도 있어야 한다. 예를 들어, 주말에는 늦잠을 자는 것이 첫 번째 선택이 될 수 있지만, 관찰과 검토 후에 이 시간을 학습의 시간으로 바꿀 수도 있다. 하지만, 이때 우리의 선택은 여전히 모호하다. 왜냐하면 평소 하고 싶지만, 시간이 없어서 하지 못했던 일들—이 책도 읽고 싶고, 저 책도 읽고 싶고, 글도 쓰고 싶고, 운동도 하고 싶고 등—이 쌓여 있기 때문이다. 결국 모든 것의 가중치가 거의 비슷해 보이기 때문에 우유부단하게 시간을 허비하게 된다. 스스로 여러 선택지 앞에서 망설이며 모호한 상태에 있기 때문에 이는 메타인지의 강력한 표현과는 거리가 멀다는 것은 잘 알 것이다.

강력한 메타인지 능력의 강력한 표현은 '모호함에 대한 무관용'이다. 바꿔 말하면, 모든 방법을 동원해서 스스로에게 가장 중요하고, 유일한 선택지를 찾도록 하는 것이다. 그래서 당신이 어느 시간 동안은 단 하나의 길만 갈 수 있도록 한다. 이치는 간단하다. 가중치가 모두 비슷하기 때문에 무엇을 해도 손해 볼 것이 없어 우유부단하게 결정을 못 한다. 뭐든 다 하고 싶지만, 결국 아무것도 제대로 하지 않는 것이 가장 큰 손실임을 알아야 한다.

자신의 행동력이 약했을 때를 떠올려 보면 머릿속 미래의 구체적인 행동이 분명 모호하고 막연했을 것이다. 이때 자신을 구하는 가장 좋은 방법은 하고 싶은 일을 모두 나열하고, 순위를 매겨서 가장 중요한 일을 찾아내 머릿속을 깨끗하게 만드는 것이다.

모호함은 이런 사소한 것뿐만 아니라, 인생의 목표를 선택하는 것과 같은 큰일에서도 제거해야 한다. 현실에서 우리는 항상 생각없이 어떤 일에 빠져들며, 무엇이 더 중요한지, 어떤 일이 가장 중요한지, 그 일을 하는 것이 도대체 자신에게 어떤 의미인지에 대한 장기적인 의미부여가 매우 불분명하다.

예를 들어, 누군가에게는 독서가 단순히 눈으로 글을 훑어보고 책을 빠르게 다 읽는 것을 의미할 수 있지만, 어떤 사람들에게 독서는 고차원적인 사람들과 대화를 나누는 것일 수도 있다. 이처럼 독서에 대한 의미를 부여하면 내부 동기가 완전히 달라진다. 의미가 명확하게 보이지 않으면 '남이 좋다고 하는 것이 나도 좋고, 나도 그것을 원하는' 상태에 빠지게 된다. 그래서 뭐든 배우고 싶고, 당장 결과를 보고 싶은 마음에 무작정 행동에 돌입하게 되지만, 아무것도 이루지 못하고 더욱 초조해진다.

초조해하는 사람들은 '메타타임' 의식이 거의 없으며, 머리를 쓰지 않고, 직접 행동하는 습관이 있다. 그들은 넘치는 행동으로 자신을 감동하게 하는 것을 좋아하고, 생각과 행동하는 시간 배분에 큰 차가 있으며, 심지어 깊이 생각하는 데에는 조금의 시간도 쓰고 싶지 않아 한다. 그래서 본능적인 욕구가 자신을 만족시키게 하는 행동에 빠진다.

'자율주행'은 확실히 편하지만, 도로변 풍경이 눈앞을 쏜살같이 스쳐갈 뿐, 자신이 어디를 가고 싶어 하는지, 최종적으로 어디로 갈지 알 수 없다. 만약 이런 통제가 안 되는 삶의 상태가 계속된다면 그것은 너무 슬픈 일이다.

요약하자면, 생각하는 조타수가 되는 데는 세 가지 방법이 있다.

▷ 매 순간, 감지능력을 통해 첫 번째 반응을 관찰하고, 명확한 주장을 낸다.
▷ 하루 일정을 명확하게 숙지하고, 다음에 무엇을 할지를 명확히 한다.
▷ 장기적인 목표에 대해 계속 생각하고, 장기적인 의미와 내적 동기를 명확히 한다.

메타인지 능력이 뛰어난 사람들은 현재의 주의력, 그날의 일정, 장기적인 삶의 목표에 대해 의미를 명확하게 하고, 트렌드를 따르기보다는 자기 반성과 능동적인 통제를 한다.

만약 인생이 바다라면 우리 각자는 작은 배다. 메타인지 능력이 강한 사람은 항상 방향키를 잡고, 주도적으로 삶의 항로를 통제하는 조타수이다. 반면에 메타인지 능력이 약한 사람은 항상 갑판에서 이리저리 돌아다니느라 바쁜 선원이 되는 것을 좋아한다. 그들은 배가 표류하는 곳이 어디인지는 중요하지 않다.

고리키Gorky, 러시아의 유명 소설가는 말했다.

"매번 자신을 자제한다는 것은 예전보다 더 강해진다는 것을 의미합니다."

나는 예전에 이 말뜻을 잘 이해하지 못했지만, 이제는 안다. 자신을 자제할 때마다 자기반성과 능동적 통제가 이뤄지고, 이것은 한 번의 단련이 진행되는 것과 같다. 메타인지 능력을 자주 단련할 수 있다면, 우리 이성뇌의 통제력도 당연히 점점 강해지지 않겠는가!

하

세상을 바라보고 힘을 빌려 전진하다

4장

집중력

- 감정과 지혜의 교차영역

마음집중
- 당신의 집중력을 끌어올리는 한 가지 비법

메타인지를 사용하여 자신의 집중력을 관찰하는 것은 매우 재미있는 일이다. 당신은 '몸이 A를 하고 있지만 B를 생각하고 있는 것'과 같은 이런 상황을 관찰하는 것을 매우 쉬운 일이라 생각한다.

▷ 달릴 때 손과 발을 움직이며, 머리로는 내일 일정을 생각하고 있다.
▷ 식사할 때 입을 움직이며, 마음은 타인과의 관계를 걱정하고 있다.
▷ 잠을 잘 때 몸은 움직이지 않지만, 생각은 폭포수처럼 쏟아진다.

이러한 상황은 흔히 일어나는 일로 속칭 정신이 산만하다고 말한다. 아마도 당신은 전혀 이를 문제로 여기지 않고 있을 것이다. 오히려 멀티태스킹 능력이라 여겨 만족감을 느끼고 있을지도 모르겠다. 하지만 'A를 하면서 B를 생각하는' 이러한 행동 패턴은 자신도 모르게 고민에 빠지게 만들거나, 점점 우둔하게 하는 데 실제로 영향을 미친다. 어떤 의미에서 이것은 우리의 걱정과 무능의 근원이다.

'행동'은 몸과 같고, '느낌'은 영혼과 같다

이를 확실하게 알아보기 위해 집중력을 분해해 볼 수 있다. 살펴보면 우리의 집중력은 사실 '행동하는 데 집중하는 것'과 '느낌에 집중하는 것' 두 가지로 나눌 수 있다. 예를 들면 다음과 같다.

▷ 달릴 때 - 달리는 것은 행동, 나머지는 느낌.
▷ 먹을 때 - 먹는 것은 행동, 나머지는 느낌
▷ 잠잘 때 - 잠자는 건 행동, 나머지는 느낌

처음에는 행동과 느낌이 하나이다.

우리가 뭔가를 처음 시작할 때에는 그것을 온 몸과 마음으로 느끼고, 눈앞에 있는 그것과 관련된 일에만 집중한다. 달릴 때는 달리는 것, 먹을 땐 먹는 것, 잘 땐 자는 것에 집중한다. 우리가 어떤 기술을 막 배우기 시작하거나, 혹은 어린아이였을 때에는 대부분 이런 식으로 집중을 잘 했고, 받아들이는 것에 민감했으며, 걱정도 없었고, 감지능력도 충분했다.

그런데 행동이 점차 익숙해짐에 따라 행동에 몰입하는 집중력이 점점 약해지고, 다른 곳으로 집중력이 점점 더 분산되어 충분히 행동을 느낄 수 없어졌다. 이때부터 산만함이 집중력을 대신하고, 몸과 마음이 분리되기 시작한다. (그림 4-1 참조)

느낌이 부족한 행동은 영혼을 잃은 육체와 같다. 느낌이 부족한 사람은 봐도 보지 못하고, 들어도 듣지 못한다. 좀 더 확실하게 말하면, 우리 안의 정신없는 영혼은 항상 'A를 하며 B를 생각'한다. 그래서 양치할 때도 산만하고, 걸을 때도 산만하고, 샤워할 때도 산만하고, 언제나 산만한 상태다.

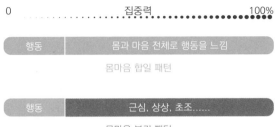

[그림 4-1 몸과 마음의 합일 패턴과 분리 패턴]

마음이 산만하면 행동이 감지능력을 잃는다. 집중력도 느낌의 부족으로 약해져 피드백 폐쇄 루프[1]를 만들지 못한다. 그럼 나도 모르게 신체와 동작이 마비되거나 변형되기 시작한다. 못 믿겠다면 마음이 산만할 때 우리 몸의 일부가 경직되고, 신경의 일부분이 항상 긴장하고 있는 것을 떠올려 봐라.

몸마음 분리 패턴이 우리 몸에 미치는 영향은 사소한 문제라 할 수 있다. 정말 심각한 문제는 그것이 우리의 감정 상태와 능력을 끌어올리는 데 지속적으로 부정적인 영향을 미친다는 점이다.

산만함의 원인과 해

주의가 산만한 이유는 두가지이다. 하나는 지금 너무 지루하기 때문에

---

1. 무엇인가를 할 때 행동과 피드백을 주고 받는 과정이 루프이고, 이 임무를 끝마치면 피드백 루프가 폐쇄(closed)되었다고 표현한다. 뒤에 자세한 설명이 나온다.-역자 주

더 재미있는 것을 찾는 것이고, 다른 이유는 너무 고통스러워서 더 편안한 것을 찾는 것이다. 육체는 현실에 속해 있기 때문에 생각이 날뛸 수밖에 없다. 우리 몸이 어디에 있든, 어떤 경험을 하고 있든 간에 현실이 내 뜻대로 되지 않을 때 우리는 상상을 통해 순식간에 곤경에서 벗어나서 편안함과 즐거움을 누리려고 하기 때문이다. 다시 말해, 산만함의 비용이 너무 낮다. 인간의 본성은 빠른 성공을 추구하고, 어려운 것을 피해 쉬운 것을 취하려고 하기 때문에 우리는 무의식적으로 정신적 컴포트존 안에 머무르려 한다.

'집중력이 분산되었을 때 느끼는 일시적인 상쾌함'은 후에 이로 인한 각종 손실을 감수해야 한다. 그중 가장 큰 손실은 삶의 질이 나빠지는 것이다. 그 이유는 정신이 분산되었을 때 우리는 과거에 빠져 있거나, 미래에 대한 걱정으로 가득 차 있거나, 또는 불가능한 환상을 꿈꾸느라 현재를 살 수 없게 되기 때문이다.

삶은 현재 순간의 단편들로 이루어져 있다. 몸과 마음이 하나된 단편들로 이루어진 삶이 몰입의 순도가 높은 행복한 삶이다. 몸과 마음이 분리된 단편들로 이루어진 삶은 산만하고 순도가 낮은 삶이다.

산만함은 또한 미루기와 비효율을 발생시킨다. 감정은 항상 행동 뒤에 오기 때문에 작업상태에 진입하는 속도를 느리게 만들고, 감정의 전환도 다시 해야 한다. 산만함의 본질이 도피이기 때문에 어려움에 직면했을 때 몸과 마음이 분리된 사람은 항상 무의식적으로 컴포트존으로 되돌아간다. 반면에 몸과 마음이 하나된 사람은 더 쉽게 컴포트존을 벗어나 어려움을 직면할 수 있다.

장기적으로 보면 사람의 집중력의 높고 낮음으로 그가 앞으로 이룰 성취의 크기를 예측할 수 있다. 빌 게이츠가 워렌 버핏을 처음 만났을 때, 빌

게이츠의 아버지는 그들에게 종이카드를 각각 나눠주고, 스스로가 무엇 때문에 성공할 수 있었는지를 써 보도록 했다. 결과적으로 두 사람의 쓴 단어는 똑같았는데, 그것은 바로 '집중력'이었다.

물론 우리가 집중력이 부족하다고 스스로를 너무 자책할 건 없다. 미시적인 관점에서 주의가 산만한 것은 원래 우리 본성 중 하나이기 때문이다. 당신 뿐만 아니라 모든 사람이 그렇다. 그 이면의 원인에는 우리 뇌의 기억 메커니즘과 관련이 있다.

기억력면에서는 인간의 용량이나 정확도가 컴퓨터만큼 뛰어나지 않지만, 기억을 꺼내는 속도 면에서는 인간의 뇌가 우세하다. 왜냐하면 인간의 뇌는 사물의 배경이나 단서 등과 같은 제시된 정보를 사용하여 특정 내용을 떠올리는 '배경 연관 기억'방식을 사용하기 때문이다. 예를 들어 인간은 이름, 소리, 시간, 장면과 같은 임의의 요소로 특정 내용을 기억해 낼 수 있다. 하지만 컴퓨터는 모든 정보를 동일하게 처리하기 때문에 정보를 추출할 때마다 모든 데이터베이스의 검색을 다 거쳐야 한다. 인간의 배경 연관 기억 방식이 뇌의 에너지 소비를 줄이면서 뉴런 처리 속도의 부족함을 보완하는 것이다.

그러나 진화가 양날의 검이듯, 배경 연관 기억 방식의 부작용도 있다. 그것은 우리가 감각을 통해 듣고, 보고, 만지고, 맛보고, 냄새를 맡은 모든 정보가 다른 기억의 내용으로 이어질 수 있다는 점이다. 또한 감각은 잠재의식에 의해 통제되고, 우리가 깨어 있는 한 잠재의식은 절대 사라지지 않기 때문에 우리가 깨어 있는 한 수시로 산만해진다. 이것이 우리가 메타인지를 단련해야 하는 이유이다. 성장은 본성을 극복하는 과정으로 우리는 느낌과 자제력으로 본성을 통제해야 한다. 그렇지 않으면 당신은 자신도 모르게 잠재의식의 좌지우지될 것이다.

느낌을 챙겨 현재로 돌아가다

우리가 하루 빨리 경계가 명확하고, 전심을 다하는 집중 습관을 기른다면, 지혜뿐만 아니라 정서상의 평화도 얻을 수 있다. 그리고 긴 시간동안 이를 더 강화한다면 보통 사람들과 큰 격차를 만들 수 있다. 대다수의 사람들은 집중력이 행동과 느낌이라는 두 부분으로 나뉘어져 있다는 사실을 모르고 있다. 따라서 우리가 일찍 이 원리를 알고 주도적으로 적용하고, 수정해 나간다면 우리 운명의 궤적과 삶의 질은 달라질 수 있다. 지금이라도 늦지 않은 이유는 한 가지 '**행동을 느끼는 것**'만으로도 바로 전환 국면이 될 수 있기 때문이다.

이제부터는 달릴 때 다리와 팔의 움직임, 호흡과 바람을 충분히 느끼자. 잠잘 때는 몸의 긴장과 이완을 느끼고, 먹을 때는 한 입마다 음식의 맛과 향을 즐기며 처음부터 끝까지 맛의 모든 과정을 느끼고, 한 입을 충분히 느끼기도 전에는 다음 번 음식을 먹지 않는다.

몸의 느낌은 항상 현재의 상태에 들어가기 위한 가장 좋은 매개체이고, 사물이 사라지는 과정을 체감하는 일[1]**은 아주 좋은 집중력 훈련이다. 또한 몸과 마음이 하나 되는 요령은 지금 이 순간에 집중하는 것뿐만 아니라, 지금 이 순간을 즐기는 것임을 우리에게 일깨워준다.** 이런 즐거움이 우리를 더욱 안정되고, 당황하지 않도록 만든다.

천천히 느낌을 챙기는 연습을 통해 현재로 집중력을 돌려 놓으면 우리의 고민은 점점 줄어들고, 에너지는 더 강해지고, 감정은 더 평화로워지고, 몸은 더 유연해지며, 감각은 더 예민해지고, 생각은 더 깊어질 것이다. 이 습

---

1. 명상을 할 때 몸이나 사물이 사라지는 체험을 하는 경우가 있다.-역자 주

관은 삶의 모든 면과 관련되어 있다. 습관을 바꾸는 것은 자신의 가장 밑
단계의 행동 패턴을 바꾸는 것과 같고, 그 힘을 과소평가해서는 안 된다.

　마지막으로 한 가지 이야기를 더 하겠다. 아마 당신도 이미 들어 보았을
것 같은데, 오늘의 생각이 추가되었으니, 당신은 그 깊은 뜻을 빨리 이해
할 수 있을 거라 믿는다.

　한 나그네가 노승에게 물었다.
　"깨달음을 얻기 전에 무엇을 하고 계셨나요?"
　노승이 답했다.
　"나무를 패고, 물을 길어서 밥을 했네."
　"깨달음을 얻은 후에는 무엇을 하셨나요?"
　라고 나그네가 묻자, 노승이 답했다.
　"나무를 패고, 물을 길어서 밥을 했네."
　나그네가 다시 물었다.
　"그렇다면 깨달음을 얻는다는 것은 무엇을 의미합니까?"
　노승이 말했다.
　"깨달음을 얻기 전에는 나무를 패면서 물을 길 생각을 했고, 물을 길
으면서 밥 지을 생각을 했네. 깨달음을 얻은 후에는 나무 할 땐 나무를 하
고, 물을 길 땐 물을 긷고, 밥을 지을 땐 밥을 짓는다네."

집중력 학습
– 깊은 몰입은 진화라는 양날 검의 안전한 면이다

200만 년 전 인간은 침팬지, 고릴라와 같은 종에 속했었지만, 그 후 영장류 집단에서 벗어나 호모사피엔스 쪽으로 빠르게 진화했다. 진화는 인간에게 고도로 발달한 신경계를 부여했고, 인간의 지각능력과 사고하는 능력을 극도로 강하게 만들었다. 그리고 이를 통해 문명이 탄생했다.

그러나 진화는 양날의 검으로, 인간에게 능력을 부여했지만, 동시에 고통도 가져다주었다. 인간은 너무 많은 정보를 감지할 수 있게 되어서 불안해졌다. 욕망이 너무 많아서 고통스러워졌고, 능력의 부족함을 느끼며 걱정이 생겼다. 상황이 좋으나 나쁘나 항상 마음이 편치 않다. 오늘날의 인간은 먹을 것, 입을 것에는 걱정이 없다. 하지만 핸드폰의 방해를 막아내지 못하고 있고, 부러운 타인들의 정보를 강제로 보고 있고, 바라는 삶을 살지 못한다는 것 등등에 고통받고 있다. 하급 동물은 이런 걱정을 절대하지 않는다. 그들의 마음은 환경 속에 확실히 존재하고, 자신과 관련이 있으며 직관에 의해 판단되는 정보만을 수용하고, 주의를 기울인다. 그래서 배고픈 사자는 영양을 사냥하는 데 도움이 될 수 있는 정보에만 주의를 기울이고, 식사를 마치면 따뜻한 햇살에 온전히 집중한다.

진화의 혜택과 함께 감수해야 하는 고통을 과하게 걱정할 필요는 없다.

일찍이 이런 한계에서 빠져나온 일부 현명한 자들이 존재하기 때문이다. 그들은 극도로 효율적인 행동 모델을 채용해서 자신의 감정은 항상 평화롭게, 능력은 고효율의 상태로 만들었다. 진화가 양날의 검이라면, 이들은 진화의 안전한 면을 찾아서 쥐었다. 대다수 군중이 아직 무지하여 칼의 위험한 면을 잡아 자신에게 상처를 입힐 때, 그들은 이미 검을 잡고 가시덤불을 베는 법을 배웠다.

인류의 감정과 능력의 높고 낮음에 관한 근본적인 차이

더 깊은 이해를 위해 먼저 '정보를 주도적으로 선택하는 능력'부터 살펴보자. 인류의 감정과 능력의 높고 낮음의 차이는 자신에게 주의를 기울이는 방식의 차이에서 비롯된다. 예를 들어, 명상을 하는 사람은 자신의 호흡과 느낌에 집중하면서 잡념을 더 잘 차단할 수 있다.

감정도, 능력도 마찬가지이다. 능력이 부족한 사람들은 쉽게 주의가 산만해지고, 무조건 완벽한 환경에 있어야 공부가 가능하고, 조금의 방해라도 받으면 불안해한다. 그들은 항상 더 재미있는 것을 하고 싶어 참지 못하고, 그들의 집중력은 가십 뉴스나 흥미로운 채팅으로 중요한 일로부터 이동해 버린다. 강한 능력을 갖춘 사람은 이와 정반대이다. 그들은 방해되는 것을 능동적으로 차단하고, 필요한 정보를 선택하고, 몰입할 수 있다. 이를 위해 주도적으로 연습을 하기도 한다. 일부러 시끄러운 곳에서 집중력을 단련하는 식으로 말이다. 그래서 언제 어디서나 깊은 독서와 사고 상태에 들어갈 수 있다.

몰입 능력이 다르기 때문에 인간은 결국 다른 수준에 도달한다. 넓은 관점에서 볼 때 몰입 능력이 강한 사람은 리더 계층에, 몰입 능력이 약한 사람은 따르는 계층에 있는 경우가 많다. 우리가 군중 속에서 눈에 띄고 싶다면 의도적으로 이 자질을 연마해야 한다. 이것이 당신과 나의 운명을 바꾸는 황금 열쇠일 수 있다.

깊은 몰입을 하는 방법

앞에서는 '정보의 능동적 선택'과 '깊은 몰입'이라는 두 가지 개념을 소개했는데, 전자는 들어가는 이야기일 뿐이고 후자가 핵심이다. 정보를 능동적으로 선택할 수 있는 사람이라도 몰입하지 못할 수 있기 때문이다. 그래서 많은 사람들이 휴대전화를 내려놓고, 책을 들고, 게임을 포기하고, 기술을 연마하고, 심지어 많은 연습을 통해 스스로를 감동하게 할 만큼 노력을 했다고 하더라도 드라마틱한 변화를 이루지 못한다. 이것은 마치 양날 검의 안전한 면을 찾긴 했지만, 이를 어떻게 잡는지 모르는 것으로 너무 가슴 아픈 일이다.

세상에 집중할 수 있는 사람은 많지만, 특출난 사람은 매우 적은 이유 중 하나는 대부분 깊은 몰입의 능력이 부족하기 때문이다. 깊은 몰입을 하는 능력은 열정에만 의존할 수 있는 것이 아니다. 하나의 기술이기도 하고 방법론이기도 하다. 안타까운 점은 깊은 몰입 능력이 있는 많은 선배들이 있지만, 그 능력이 무엇인지, 어떻게 이를 얻을 수 있는지 명확하게 설명할 수 있는 사람은 거의 없다는 것이다. 운이 좋게도 『의도적 연습Deliberate Practice』이라는 책에서 우리에게 대략적인 답을 얻을 수 있다.

심리학자 앤더스 에릭슨Anders Erikson과 과학자 로버트 풀Robert Poole은 광범위한 연구 끝에 이른바 천재는 신비한 비밀능력을 갖고 있는 것이 아니라 '올바른 방법'과 '많은 연습'이 더해진 것이 그 본질이라는 사실을 알아냈다. 다시 말하면 우리가 천재만큼 위대하지 못한 것은 제대로 된 방법으로 하지 못했거나 연습량이 충분치 않았기 때문이다.

'올바른 방법'에 대해 말해 보겠다. 대부분의 사람이 하고 있는 부족한 지도하의 노력은 '순진한 연습'이라 할 수 있다. 뭔가를 반복하기만 하면서 자신의 성과와 수준이 향상되기를 기대한다. 이런 반복에 의존하는 '노력'은 '올바른 방법'과는 거리가 멀다. '올바른 방법'은 일반적으로 다음과 같은 네 가지 특징을 가지고 있다.

첫째, 명확하게 정의된 목표가 있다. 예를 들어, 피아노를 연습하고 싶다면 '30분 동안 피아노 연습'과 같은 광범위한 목표보다는 '실수 없이 정확한 속도로 세 번 완곡을 연주하자'라고 해야 한다. 목표가 명확할수록 집중력의 지각적 정확성이 높아지고, 에너지가 더욱 집중되며, 기술에 더욱 정진할 수 있다. 만약 목표가 너무 크면 작은 목표로 나누어 목표를 더 구체적이고 자세하게 만들어라.

둘째, 연습할 때 극도의 몰입을 한다. 집중력의 중요성은 누구나 다 알 것이다. 몰입의 핵심은 '극도의 집중력'에 도달하는 것이다. 오랜 시간 동안 70%의 에너지를 투입하는 것보다 짧은 시간에 100%의 에너지를 투입하는 것이 더 좋다. 집중의 진정한 원동력은 끈기와 인내가 아니라 기술상의 미묘한 차이와 계속 존재하는 집중 포인트를 발견하는 것이기 때문이다. 에너지가 집중될수록 감지 능력은 더욱 민감해진다.

극도의 몰입력은 배움의 열쇠일 뿐만 아니라 영감의 원천이기도 하다. [그림 4-2]에서 볼 수 있듯이, 저자 바버라 오클리Barbara Oakley는 저서 『학습의 방법The Way of Learning』에서 학습할 때에 뇌의 두 가지 모드를 소개했다. 하나는 '의식'의 집중 모드이고 다른 하나는 '잠재의식' 발산 모드이다.

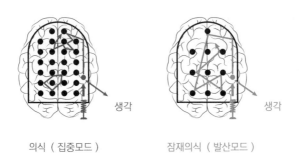

의식 (집중모드)   잠재의식 (발산모드)

[그림 4-2] 의식과 잠재의식의 동작 모드

　소위 집중 모드는 우리가 무언가에 집중할 때 전두엽 피질이 신경 경로를 따라 자동으로 신호를 전송하는 것을 의미하며, 이 정보는 우리의 사고 내용과 관련된 다양한 뇌 영역으로 돌진하여 연결된다. 이 모드에서 우리는 답을 찾을 수도 있고 찾지 못할 수도 있다. 왜냐하면 답이 우리가 의식을 집중하는 뇌 영역에 있지 않을 수도 있기 때문이다. 이때 우리를 도와주기 위해서는 잠재의식의 발산 모드가 필요하다. 이를 통해 뇌가 원래의 작업 영역에서 빠져나올 수 있다. 그래서 뉴런이 관련 없는 영역과 무작위로 연결되고, 문제를 해결할 수 있는 답을 얻을 수 있도록 한다.

　그러나 잠재의식이 작동하려면 한 가지 조건이 충족되어야 하는데, 그것은 깨어 있는 '의식'을 완전히 차단하는 것, 즉 원래의 사건을 완전히 잊어버려야 한다. 손전등의 빛처럼 두 가지 모드가 있다. 집중모드와 발산모드. 집중 모드에서는 빛이 강하게 쭉 관통하여 작은 영역에 직접 닿는 것이고, 발산 모드로 전환하면 강도가 약해지면서 빛이 퍼진다. 빛의 강도는 줄어들지만 더 넓은 영역을 비춘다. 기억할 것은 한 개의 손전등에서 두 종류의 빛을 동시에 비출 수 없다는 것이다.

그래서 똑똑해지는 비결은 '극도로 몰입하고, 답이 생각나지 않을 때에는 상관이 없는 다른 일로 주의를 전환하는 것'이다. 집중하여 의식을 극도의 몰입상태로 만든 후, 이를 완전히 잊어버리고 철저하게 놓아버린다. 이렇게 하면 높은 확률로 영감과 답이 나올 것이다.

아르키메데스는 머리를 쥐어짜며 왕관의 무게를 잴 방법을 찾지 못했다. 잠시 목욕이나 하며 쉬고자 욕조에 들어가는 순간 넘치는 물에 영감을 받았다. 기대하지도 않았던 전혀 관련되지 않은 것에서 갑자기 발견하게 된 과학적 발견이나 지적 혁신의 예는 너무나 많다.

좋은 학습 모델은 A를 할 때 철저하게 A에 집중하고, B를 할 때에는 철저하게 B에만 집중하는 것임을 알 수 있다. A와 B 사이에는 매우 명확한 경계선이 있다. A를 할 때 B에 대해 생각하고, B를 하면서 A에 대해 생각하면 의식적 작업의 깊이가 충분히 깊지 않고, 잠재의식이 원활하게 열리지 않는다. 경계가 불분명한 이러한 습관은 능력 향상에 매우 해롭다. 리따자오Li Dazhao(중국의 혁명가)도 "공부하고 싶을 땐 열심히 공부하고, 놀고 싶을 땐 신나게 놀아라!"라며 명확한 경계를 갖는 습관이 사람의 기질과 능력을 키우는 데 매우 유익하다고 말했다.

셋째, 효과적인 피드백을 받는다. 일반적으로 우리가 무엇을 하건, 우리가 부족한 부분과 그 이유를 정확하게 알려면 피드백이 필요하다. 피드백이 없으면 실수나 주의가 산만해지기 쉽고, 개인의 능력을 빠르게 향상하기 어렵다. 지도해 주는 코치나 비판해 주는 스승이 있는 것이 좋다. 폐쇄 된 상황에서 혼자 연습하는 것은 집중이 흐트러지기 쉬울 뿐만 아니라, 당신을 낮은 수준에 오래도록 머물게 할 수 있다. 따라서 적시에 효과적인 가이드와 피드백을 받을 수 있는 방법을 찾는 것은 지속적인 성장을 위한 중요한 조건이다. 만약 상황이 제한적이라면 책, 타인과의 교류 또는 자기 반성 등을 통해서도 피드백을 얻을 수 있다.

넷째, 항상 스트레치존에서 연습한다. 이미 숙달한 것을 맹목적으로 반복하는 것은 의미가 없고, 너무 어려운 것에 도전하는 것은 좌절감을 느끼게 할 수 있다. 두 가지 모두 몰입 상태로 들어가지 못하도록 만들기 때문에 이 둘 사이에 있는 것이 가장 좋다.

유명한 심리학자 칙센트미하이는 『몰입Flow』라이라는 책에서 이러한 모델을 제안했다.(그림 4-3 참조) 어떤 활동에 대해 지루함을 느낀다는 것은 난이도를 높여야 한다는 것을 뜻한다. 불안감을 느낀다면 이 수준에서 연습에 집중하는 것을 계속하면서 플로우 통로(몰입의 상태)로 들어갈 수 있다.

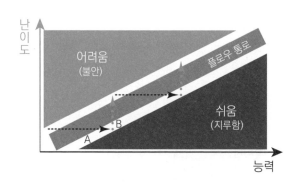

[그림 4-3 플로우 통로]

누구나 다들 너무 재미있어 시간 가는 줄 모르게 몰입하고, 지치지도 않았던 경험이 있을 것이다. 노는 것이든 공부든, 연구든 상관없이 이런 몰입은 억지로 바라거나 강요로 된 것이 아닌, 우연히 자연스러운 상태에서 일어난다. 그렇기 때문에 우리가 어떤 방면에서 무언가를 성취하고 싶을 때, 이렇게 불안정하게 우연히 일어나는 상태만 기다릴 수는 없다. 그래서 믿음직한 행동 패턴을 만들어야 한다. 우리는 흥미로운 관심사가 있는 상황뿐 아니라, 견디기 버거운 고난의 상황도 만나기 때문이다.

그래서 매일 약간 어렵지만, 노력을 통해 완성할 수 있는 것을 해야 한다. 즉, 컴포트존에서 빠져 나와야 하고, 패닉존은 피하고, 스트레치존에 있는 것이 좋다.

다행스럽게도 위의 4가지 내용을 바탕으로 능동적 몰입 행동 패턴을 확립할 수 있다.(그림 4-4 참조) 규칙적인 연습을 통해 깊은 몰입의 기본 능력을 단단하게 갖추면 삶의 모든 측면에서 이를 발산할 수 있다.

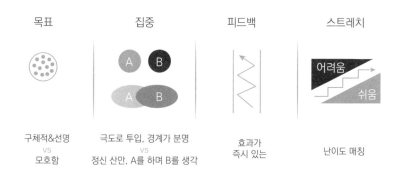

[그림 4-4 의도적 연습의 4가지 요소]

의도적 연습 이론을 배운 날, 나는 행동에 옮겼다. 이전까지는 딸아이의 피아노 연습은 아이 엄마가 새로 배운 곡을 10번 치라고 시켰고, 아이가 이를 모두 하면 끝이었다. 지금은 의도적 연습의 원칙으로 피아노 연습 방법을 바꾸었다.

나는 먼저 딸의 연주를 들어보고, 미숙한 부분과 실수하는 지점을 발견한 후, 오늘은 1절만 연습하라고 하고 뒷부분은 우선 하지 말라고 했다(큰 목표를 작은 목표로 나누기). 그리고 방금 틀리게 쳤던 부분만 계속 연습하도록 했다(스트레치 존에서의 연습). 3회 연속으로 실수 없이 잘할 수 있게 되면 완수한 걸로 간주했다(구체적이고 명확한 목표). 연습할 때 운지법과 키 입력 오류를 즉시 수정해 주었다(적시에 이뤄지는 효과적인 피드백). 이렇게 하니 딸아이는 몰입 상태에 아주 빠르게 들어갔고(극도의 몰입), 얼마 지나지 않아 1절 부분을 아주 잘 연주하게 되었다.

물론 마지막 즈음엔 딸이 너무 힘들다고 말했지만, 가장 어려운 부분을 잘 이겨냈기 때문에 확실한 성취감을 얻었다. 만약 이렇게 시키지 않았다면 아이는 익숙한 부분만 계속해서 연주하고, 어려운 부분은 넘어가려 하고, 그 부분에서 느려지거나 멈추곤 할 것이다. 이런 연습은 매우 비효율적이다.

위의 네 가지 요소를 잘 이해함으로써 우리는 깊은 몰입의 상태에 들어갈 수 있고, '집중'에서 '초월'로 이동할 수 있다. 물론 진정한 초월은 또 다른 요소인 '많은 연습량'이 반드시 필요하다.

그럼 많은 연습량은 어느 정도까지 필요할까? 젊은 피아니스트 천안커 Chen Anke의 답변을 참고해 볼 수 있다. 그녀는 3살 때부터 피아노 연습을 시작했고, 1년 반 후 방송에 출연해 8급 난이도의 피아노곡을 연주했다. 이날 방송에서 그녀는 하루에 4시간씩 피아노 연습을 했다고 말했는데, 앞선 인터뷰에서도 이렇게 말했다.

"매일 연습해요. 연습하지 않는 날은 하루도 없어요."

천재도 많은 연습량이 필수다. '올바른 방법'에 '많은 연습'을 더한 것이라고도 말할 수 있다. 누구든지 깊이 몰입할 수 있는 능력을 가지게 된다면, 분명히 어떤 분야의 정상에 도달할 수 있다.

그러므로 지금부터 자기자신을 깊이 살펴 보자.

▷ 자신의 집중력을 깊게 살펴 보기 - 그것은 수동적인가, 능동적인 선택인가?

▷ 자신의 몰입도를 깊게 살펴 보기 - 주의가 산만해지는가, 아니면 고도의 몰입이 되는가?

▷ 자신의 연습량을 깊게 살펴 보기 - 조금 연습하는가, 많은 연습량을 투입하는가?

선배들의 지혜는 우리를 초월로 이끌기에 충분하다. 단지 우리가 그것을 마음으로 받아들이기만 하면 된다. 우리는 진화라는 큰 흐름 안에서 스스로의 목표를 달성할 수도 있고, 다른 사람을 도울 수도 있다.

5장

학습력

- 학습은 노력만으로 되는 것이 아니다

매칭
– 컴포트존의 가장자리, 모든 것에 적용 가능한 방법론

앞 장에서 설명한 깊은 몰입은 실제로 의도적 연습의 진정한 핵심은 아니다. 진정한 핵심은 난이도의 매칭이다.

'매칭'이란 단어를 사람들은 중요하게 생각하지 않는다. 하지만 나는 더 깊은 연구를 통해 모든 것에 적용할 수 있는 매칭 원리의 방법론이 있다는 사실을 발견했다. 이것은 결코 과장이 아니다. 매칭원리의 적용 범위는 정말 너무 넓었다.

좋은 성장은 항상 "컴포트존 가장자리"에서 계속 활동하는 것이다

내가 이 단락을 쓰고 있을 때 우연히 독자 에이미가 자신의 경험을 나에게 들려주었다. 난 그 내용을 보자마자 웃음이 터졌다. 그녀의 경험이 '매칭'이라는 단어를 정확히 인증하고 있었기 때문이다. 그녀의 이야기부터 시작하는 게 좋겠다.

그녀가 가장 먼저 이야기한 것은 달리기였다. 그녀는 이렇게 말했다.

"매일 한 시간씩 달리기로 결심하고, 제 자신의 의지력으로 해내려고 했는데, 결국 얼마 못가 포기하고 말았어요. 그래서 달리기 시간을 30분 정도 뛰는 것으로 바꾸고, 매일이 아닌 일주일에 4번 정도 뛰는 것으로 조정했어요. 이렇게 바꿔 보니 의지력에 너무 의존하지 않고도 이 일을 할 수 있다는 것을 알게 되었어요. 주도적으로 지속할 수 있는 방법을 찾은거죠. 달린 후에도 예전처럼 피곤하거나 힘들지 않고, 몸도 매우 가벼웠어요. 이렇게 '주도적으로 하는 것'이 '의지로 하기'와는 완전히 다르다는 걸 느꼈어요."

이어서 영어 공부를 이야기했다.

"예전에는 하루에 한 시간씩 공부하면 짜증이 나곤 했어요. 지금은 매일 30분씩 공부하고, 시간이 되면 공부를 멈췄어요. 이렇게 하니 매일 지속할 수 있었고, 지겹지 않더라고요."

마지막으로 그녀는 이렇게 결론을 내렸다.

"단순히 정해진 시간과 방법을 따르는 것보다 꾸준히 할 수 있는 시간과 방식의 시스템을 찾는 것이 더 중요하다는 것을 깨달았어요. 예전에는 시간을 많이 들여야 공부를 잘 하고, 성과를 낼 수 있다고 생각했었는데, 이건 성공에 대한 열망과 빠른 결과를 추종하기 때문이라는 것을 알게 되었어요. 그래서 오래 지속하기 어려운 것이었지요. 이제 난이도와 기준이 낮아졌으니, 나 자신의 행동력은 계속해서 높아질 수 있어요. 비록 목표를 달성하는 데 시간이 더 걸릴 수도 있겠지만, 그래도 이런 끈기가 결국에는 복리 효과를 낳을 수 있다고 믿습니다."

에이미의 이야기를 듣고 어떤 생각이 들었는가? 내가 그녀의 이야기에 가장 가치를 두는 점은 학습의 강도와 어려움을 적극적으로 줄여서 자신이 받아들일 수 있는 최고의 범위에 자신을 두어 배움에 대한 성취감을 유지했을 뿐만 아니라, 배움에 대한 도전을 보장했다는 것이다.

대부분의 사람들에게 이러한 접근 방식은 직관에 어긋난다. 왜냐하면 우리가 무언가를 성취하고 싶을 때에는 보통 매우 열심히 고군분투해야 한다고 말하며 스스로에게 높은 기준을 설정하고, 지나칠 정도로 스스로를 몰아 세우며 계속 해야만 승리할 수 있다고 다그치기 때문이다. 이것이 우리의 기본적인 사고 방식이지만, 기본적인 것이 과학적인 것은 아니다. 과학적 방식은 무엇일까?

그림 [1-4]의 내용을 떠올려 보면, 최고의 학습 영역은 스트레치존과 컴포트존의 가장자리이다. 이 영역에 성과와 도전이 있으며 가장 빠르게 성장한다고 설명하였다. 사실 이는 **난이도 매칭**을 의미한다. 너무 어렵지도 너무 쉽지도 않은, 난이도가 알맞은 영역이 바로 학습의 몰입 통로가 된다.

에이미는 처음에 어려운 영역에 있었다. 그녀는 빠른 변화를 보고 싶어서 자신의 수준을 훨씬 넘어서는 학습과 훈련 계획을 세웠고, 결과적으로 그 경험이 너무 고통스러워서 도중에 포기하고 말았다. 이것은 우리들에게서 흔히 보이는 동기 모델과 매우 유사하다. 경험이 부족한 많은 청년들은 대부분 너무 많은 것을 이루고 싶어하고, 너무 큰 목표를 세우며, 또한 그것을 매우 짧은 시간 안에 달성하기를 바란다. 그래서 자신도 모르게 스스로를 패닉존에 밀어 넣는다. 그들은 항상 기쁘게 날뛰며 시작해서 며칠 동안 열정을 불태우다가 금세 흥미를 잃는다. 이것이 일을 중도에 포기하게 되는 이유이다.

물론, 매칭 원리는 학습 분야에만 적용되는 것이 아니다. 내가 관찰할 수 있는 거의 모든 분야에서 이 원리가 적용된다.

예를 들어, 헬스를 할 때 우리가 무게를 들어 근육을 만드는 것은 사실 근육이 파열되는 과정이다. 이 가벼운 파열은 통증을 유발하지만 해를 끼치지는 않고, 휴식을 취하고 영양을 보충하면 근육으로 회복되기 시작한다. 회복 후에는 더 강해진다. 때문에 트레이너는 더 오래, 힘이 거의 다 소진될 때까지 훈련을 시킨다. 이것이 바로 근육의 컴포트존에서 스트레치존으로 들어가도록 하는 것이다.

다른 스포츠도 마찬가지다. 예를 들어, 많은 사람들이 달리기를 통해 다이어트를 한다. 그들은 고통이 노력의 증거라고 생각하고 고통을 참아내며 맹렬하게 노력하지만, 실제는 그렇지 않다. 전문 코치들이 제시하는 방법은 게으른 방법과 더 비슷하다. 예를 들어, 먼저 천천히 뛰다 약간 숨이 차면 빨리 걷기로 전환하고, 숨을 고른 후 다시 뛰는 과정을 30분 동안 반복하라고 제안한다. 왜냐하면 체중 감량 측면에서 유산소 운동 20분은 체내의 당을 주로 소모하고, 30분이 지나서 지방이 소비되는 비율이 크게 증가하기 때문이다. 즉, 컴포트존 가장자리에 있다가 컴포트존으로 다시 돌아와 조절을 한 후, 다시 컴포트존 가장자리로 가는 식으로 반복을 하면 된다. 따라서 10~15분 동안 지속하다 체력이 남아 있다면 최대 속도로 빠르게 달리거나 처음 30분보다 조금 더 강하게 달리면 더 많은 지방을 소비할 수 있다. 이는 신체가 어느 정도 강도에 적응했기 때문에 컴포트존 가장자리에서 조금 더 멀리 가 보는 것이다.

독서에 관한 매칭에 대해서도 이야기해 보겠다. 많은 사람들은 유능한 사람들이 추천하는 책이 좋은 책일 것이라고 생각하고, 그들에게 추천 도서 리스트를 요청하기를 좋아한다. 그렇게 큰 기대를 안고 추천한 도서 리스트에 따라 많은 책을 사서 집으로 가져 온다. 하지만 책을 읽다가 그들이 말했던 것 만큼 자신은 좋지 않다거나, 이해하기 어렵거나, 읽어 나가는 것 자체가 힘들다는 것을 알게 된다. 그렇게 며칠 만에 관심이 사라져 버리고 만다. 이는 사람마다 지식 배경이 다르기 때문이다. 같은 책이더라도 그들은 스트레치존에서 읽었지만, 우리는 패닉존에서 읽게 되는 것일 수 있다. 그러므로 지금 그런 책들은 옆으로 치워두고 자신이 관심이 가고, 이제 막 이해 가기 시작한 책을 보길 바란다. 그러면서 자신의 관심과 난이도, 요구 사항들을 컴포트존의 가장자리와 잘 매칭해 보는 것이다. 이런 책들은 분명히 당신을 흥미진진하게 독서를 즐길 수 있도록 해 줄 것이다.

이번엔 학습에 대해서 말해 보겠다. 성적이 낮은 학생들이 성적을 따라잡고 싶을 때 가장 먼저 생각하는 방법은 성적이 좋은 학생들처럼 난이도가 있는 문제들을 열심히 풀며 노력하는 것이다. 그러나 공부 잘하는 학생들이 크게 힘들지 않게 공부하는 것에 비해 자신은 아주 고통스럽게 공부를 해야 한다. 그래서 시간이 갈수록 격차는 점점 더 벌어진다. 동일한 내용이라 하더라도 성적이 좋은 학생들은 스트레치존에 있는 것일 수 있지만 자신은 패닉존에 위치한 것일 수 있기 때문이다. 가장 확실한 방법은 먼저 자신을 진정시키고, 주도적으로 학습의 난이도를 낮추는 것이다.

이 원리를 안다면 우리는 어떤 내용이 자신의 스트레치존에 위치하는지 분류하는 데 많은 시간을 써야 한다. 즉 **'할 수 있지만 틀리기 쉬운 것, 또는 할 수 없지만 약간의 노력을 하면 이해할 수 있는 부분'**을 분류해야 한다. 그리고 이 영역 내에서 노력해야 한다. 만약 당신이 부모라면 자녀의 스트레치존을 알아내는 데 많은 시간을 써서 자녀가 컴포트존 가장자리에서 열심히 할 수 있도록 지도해야 한다. 자녀가 시험을 못 봤다고 화를 내거나 다른 집 아이와 비교하며 그 아이를 쫓아 학습량을 늘리고, 난이도를 높이는 것은 종종 역효과를 낳는다.

그 외에도 많은 사람들이 공부할 때 주의가 산만해지고 집중이 잘 안 된다고 말한다. 사실, 원인은 모두 똑같다. 학습 내용의 난이도에 대해 주의를 기울이지 않은 채 학습 속도를 조절하지 않기 때문이다. 내 친구는 수석 엔지니어인데, 학업 성적이 최고 수준인 고등학생 자녀가 있다. 그 아이는 공부 외엔 다른 취미 활동도 하지 않고, 휴식 시간에 게임같은 것도 하지 않는 명실상부 '공부벌레'이다. 나는 우연히 친구와 시간을 보내는 중에 "자녀 공부를 위한 특별한 방법이 있어?"하고 물어 보았다. 그랬더니, 아주 당연하듯 "물론 있지!"라고 말했다. 나는 귀 기울여 계속 이야기를 들었다.

"딱 두 가지를 신경써. 하나는 숙제를 할 때 시험을 치르는 것처럼 했고, 다른 하나는 문제를 풀 때 주관적인 이유를 찾게 했어."

나는 조금 혼란스러웠다. 속으로 '이것이 소위 공부벌레의 비결이라고? 특히 첫 번째는 무슨 뜻이지?'라고 생각했다. 나중에서야 '숙제를 시험처럼 하는 것'이 바로 아이들의 학습 속도를 적절한 수준으로 유지하는 것임을 알게 되었다. 왜냐하면 대부분의 아이들은 집에서 숙제를 할 때 제한 사항이 없기 때문에 대충 문제를 풀고, 풀다가 화장실도 가고, 물도 마시고, 모르는 게 있으면 멍하니 있거나 즉시 도움을 구한다. 이런 모습은 공부를 계속 하는 듯 보이지만, 사실은 컴포트존에서 게으름을 피는 것이다. 비효율적이고, 틀리기도 쉽다. 시험을 보는 것처럼 한다는 것은 그들이 확실하게 주의력을 집중해서 최단 시간 내에 많은 문제를 풀어야 하고, 게다가 정확하게 풀어야 한다는 것을 의미했다. 이로써 자신도 모르게 스스로를 컴포트존 가장자리로 밀어 넣게 된다. 이 상태에서 아이는 필연적으로 극도의 집중력을 갖게 되며 학습 효율과 성과가 자연스럽게 향상될 수 있다.

너무 멀리 있어 알 수가 없네

앞에서 노력이 필요한 일들을 직면했을 때는 컴포트존 가장자리에 있어야 한다고 말했다. 그렇다면 노력이 크게 필요하지 않고 아주 즐거운 일을 할 때는 어떻게 해야 할까? 만약 갑자기 많은 시간과 돈이 생겼다면? 많은 사람들이 시간과 돈은 많을수록 좋다고 생각한다는 것을 나는 잘 안다. 하지만 나는 당신이 신중하게 생각해 보기를 바란다. 왜냐하면 갑자기 많은 돈과 시간은 우리와의 거리가 **너무 멀리 있기 때문에 대개 그것들을 정확히 파악할 수 없는 경우가 많다.** 그것이 고통을 주든 즐거움을 주는 것이든 말이다.

2019년 여름방학 때 한 젊은 선생님이 나에게 이렇게 말했다.

"겨울방학, 여름방학이 있다고 하면 남들은 부럽다고 하는데, 전 하나도 좋지 않아요. 전 이렇게 많은 자유시간을 주체할 능력이 없거든요. 계획은 전혀 이루어지지도 않고, 업무 시간과 여가 시간이 엉망이 돼요. 전 휴가 시간에 대한 통제력이 하나도 없는 것 같아요."

많은 학생들이 대학에 입학하고 나면 고등학교 3학년 때와 같은 긴장감이 없어진다는 메시지를 자주 보낸다. 막 개학을 했을 때에는 자제력이 있지만, 곧 게을러져서 기숙사에 틀어박혀 게임을 하거나 틱톡을 보느라 공부에 집중할 수 없다고 말이다. 특히 혼자서 마음대로 시간을 보낼 수 있을 때에는 대부분 무의식적으로 가장 편안한 오락 활동을 선택한다. 이는 실제로 자유 시간이 자신의 통제력을 벗어났음을 의미한다.─그들은 통제력을 상실했다.

통제할 필요가 없는 삶이 좋다고 절대 생각하지 말아라. 일단 완전한 자유의 시간에 들어서면 처음에는 매우 편하지만, 곧 우리는 많은 선택들 앞에서 길을 잃게 될 것이다.—이걸 해도 괜찮도, 저걸 해도 괜찮다. **선택을 하는 것은 극도로 에너지를 소모하는 일이다.** 매칭을 하는 명확함과 결단력이 없다면 절대 대다수 사람들은 결국 강한 본성에 지배되어 오락을 선택하고 시간을 허비하게 될 것이다. 통제된 환경에서 우리는 더 효율성이 높아지고, 더 충실한 삶을 살 수 있다.

갑자기 엄청난 부를 얻게 되는 경우가 있다. 대부분의 사람들이 그런 행운을 누리기는 어려울 것이니, 다른 이의 경험으로 이를 살펴보자. 2002년 캐롤이라는 영국 남성은 복권 당첨금으로 970만 파운드를 받고 하루아침에 슈퍼 부자가 됐다. 바로 고급 주택과 고급 자동차를 구입하고, 마약과 도박에 빠지기 시작했다. 7년 만에 그는 모든 재산을 탕진했고, 아내는 떠났으며 다시 힘든 일을 하며 실업수당으로 생활하게 되었다. 2006년에 복권에 당첨된 영국 여성 웬디 그레이엄은 100만 파운드를 받았지만, 결과적으로 이 돈은 1년 만에 다 써버리고 극빈자가 되었다. 통계에 따르면 미국에서 복권 당첨자의 파산률은 75%에 달한다고 한다. 이를 교훈으로 삼아 우리는 정신을 차리고 자신의 욕망을 제어하는 능력을 진지하게 탐구해 이런 비극이 발생되지 않도록 해야 할 것이다.

이상적인 상태는 현재 능력에 매칭이 되는 부나 자유를 얻는 것이다. 이 부분에서 부모는 다음을 기억해야 한다. 부모는 자녀가 자유와 부에 대해 어느 정도 통제력을 갖고 있는지 주의를 기울여야 하고, 적절한 때에 자녀에게 위임하거나 격려해야 한다. 이런 부모가 진정으로 지혜로운 부모이다. 자녀에게 애착을 갖는 부모 중에는 종종 자녀가 너무 어릴 때 무엇을 먹고 싶은지, 무엇을 하고 놀지, 무엇을 할지 결정하도록 의사결정권을 주는 경우가 많다. 그러나 아이는 이에 상응하는 통제력을 갖고 있기엔 너무 어리기 때문에 최후에는 독선적이고, 이기적인 사람이 될 수 있다. 이러한 결과가 나타나는 이유는 매칭이라는 개념에 대한 지식이 부족하기 때문이다.

사람들은 자주 근본개념과 근본법칙에 대해 이야기하곤 한다. 도대체 근본개념이란 무엇일까? 내 생각엔 **해석할 수 있는 현상이 많아질수록 이 개념은 근본개념이 된다**. 따라서 매칭 원리를 완전히 이해하면 스스로 다른 일들을 매칭으로 해석할 수 있게 된다. 예를 들어 누군가가 당신에게 "매일 글쓰기 연습을 하는 것이 좋은가요? 아니면 매주 글쓰기 연습을 하는 것이 좋은가요?" 라고 질문을 한다면 이렇게 대답할 수 있다. "어떤 방법을 사용하든 핵심은 당신을 컴포트존 가장자리에 두고 글쓰기를 하는 것입니다. 그렇지 않다면 아무리 많이 써도 소용이 없습니다." 이렇게 열린 대답을 할 수 있을 뿐만 아니라 문제의 본질을 포착할 수 있다.

이 근본개념으로 우리는 다음과 같은 결론을 내릴 수 있다. 당신이 무엇을 하든, 얼마나 열심히 하든, 당신이 컴포트존의 가장자리에서 계속 연습하는 한 당신의 컴포트존은 계속 확장될 것이다. 스트레치존도 계속 확장되면서 원래의 패닉 존이었던 부분이 서서히 스트레치존, 심지어는 컴포트존으로 바뀌게 된다. 그러면서 **성장은 필연적으로 따라온다**.

동시에 우리는 **빠른 성공은 불가능하다**는 것도 알 수 있다. 능력의 범위는 조금씩 조금씩 확장되기 때문이다. 우리가 매칭의 규칙을 따르고, 컴포트존의 가장자리에서 계속해서 자신을 확장해 나가면서 동시에 소망과 시간을 친구로 삼는다면 우리는 계속해서 성장하게 되고, 새로운 자신을 창조하게 될 것이다.

모든 것은 매칭을 위해서

핵심 연습의 4가지 요소는 겉으로 보기에는 각자 독립적으로 보이지만 실제로는 서로 긴밀하게 연결되어 있고, 서로 통하고, 최종적으로 결국 매칭을 지향하고 있다.

먼저 첫 번째 요소는 '목표'인데, 이는 우리가 행동을 하는 중 만나게 되는 큰 문제를 해결해 줄 수 있다. 예를 들어 우리는 행동이 막힐 때마다 어찌할 바를 몰라 하는데, 이것의 근본적인 원인은 바로 **이 문제가 너무 크고, 너무 모호하다는 것**이다.

그래서 당신은 **목표를 세분화**해야 한다.—큰 목표를 작은 목표로 나누면, 해야 할 일이 바로 패닉존에서 스트레치존으로 이동된다. 그래서 기꺼이 행동하고 싶어진다. 믿기지 않는다면 주의 깊게 관찰해 보라. **거의 모든 행동 전문가들은 해체 작업의 달인이다.**

이 원칙을 숙달하면 컴포트존에서 스트레치존으로 이동하기 위한 전략인 **목표를 구체화**시킬 수 있다. 컴포트존 안에서 행동의 가장 큰 특징은 머리를 쓰지 않고 반복한다는 것이다. 이 상태에서는 습관과 느낌에 따라 일을 하기 때문에 특별히 집중하지 않아도 된다. 그래서 쉽게 주의가 산만해진다. 이런 식으로 집중하지 못하면 무엇을 하든 큰 진전을 이루지 못한다.

스트레치존 연습의 큰 특징 중 하나는 집중하는 포인트가 있다는 것이다. 집중하는 포인트가 많아지고, 세밀해질수록 우리의 집중력은 더욱 높아지고, 더 분명하게 업그레이드 효과가 난다. 그러므로 컴포트존에서 벗어나는 가장 좋은 방법은 바로 이러한 지점을 발견하고, 모으는 것이다. 이것이 매 행동마다 기억해야 할 작은 목표이기도 하다. 예를 들어, 피아노 연습을 할 때 반복만 하는 대신 가장 많이 실수하는 부분만을 연습해 보는 것이다. 단어를 외울 때는 그냥 반복하며 외우는 대신 읽은 후에 책을 덮고 스스로 테스트를 해 보고, 실수한 단어를 찾아내어 틀린 단어들을 완전히 마스터할 때까지 이를 계속 반복하는 것이다.

목표가 분명해지면 '극도의 몰입'은 자연스럽게 이룰 수 있게 된다. 그 후 셀프 테스트, 반성, 오답노트 등을 통해 피드백을 얻는다. 이런 식으로 자신이 집중하는 핵심 포인트와 작은 목표를 지속적으로 최적화해 나가는 것이다.

학습은 단지 열심히만 한다고 되는 것이 아니며, 성장 역시 꼭 '의지력으로 고군 분투'해야 이루어지는 것이 아니다. 그저 컴포트존 가장자리에 서 있는 것, 조금씩 조금씩 바깥으로 확장해 나가는 것이다. 여기에 시간의 힘이 더해지면 당신은 분명히 저절로 탈바꿈 될 것이다.

심도
– 딥러닝, 인생에서 몇 안 되는 좋은 출로

후스Hu Shi 胡適(1891-1962, 중국 현대 작가)의 영어교사이자 출판인 왕윈우 Wang yunwu선생은 다음과 같이 영어 작문을 독학했다고 한다.

명저자의 영어 명작을 찾아 여러 번 읽은 후 중국어로 번역한다. 그리고 일주일 후, 중국어로 번역한 문장을 다시 영어로 번역해 보는데, 번역하는 동안 절대 영어 원문을 보지 않는다. 번역이 완료된 후에 다시 원문과 비교해 보면서 내가 번역한 부분의 오류, 실수와 불완전한 부분을 찾아 낸다.

이와 같은 반복적인 연습을 통해 왕윈우 선생은 영어에 대한 탄탄한 내공을 쌓을 수 있었다. 그렇게 견고한 기초 위에 후에는 영어 교육과 번역 분야에 종사할 수 있었다. 오늘날보다 기술과 정보가 훨씬 덜 발달했던 그 시대에는 오히려 제한된 학습 조건으로 인해 사람들은 차분하고 깊이 있게 학습할 수 있었다.

그로부터 수십 년이 지나 우리 사회는 거대한 변화를 겪었고, 인류는 유례없는 물질과 정보의 풍요 시대로 접어들었다. 오늘날에는 아주 적은 사람들만이 왕원우 선생처럼 주도적으로 진지하고 깊게 공부한다. 심지어 어떤 이들은 요즘에는 공부를 그렇게 힘들게 고생스럽게 할 필요가 없다고, 다양한 방식으로 쉽게 지식을 얻을 수 있다고 말하기도 한다. 예를 들면 매일 오디오북을 듣고, 유명인의 강연에 참석하고, 유명인의 칼럼을 읽거나 특정 자기계발 커뮤니티에 가입하는 것 등 유용한 정보도 많고, 쉽고 효율적인 방법이 있지 않냐고. 이렇게 꾸준히 해나가면 분명히 성과가 있을 것이라고 말한다.

불행히도 이것은 단지 환상일 뿐이다. 기술과 정보가 엄청난 발전을 이룬 세대임에도 불구하고 인간의 학습 메커니즘은 그에 맞춰 빠르게 변하지 못했기 때문이다. 우리 두뇌의 작동 모드는 수백 년 전과 거의 동일하다. 더 나쁜 소식은 풍부한 정보와 다양한 방법이 편리함을 가져다 주었지만 심화 학습 능력은 크게 저하시키고 있고, 이러한 경향은 점점 더 뚜렷해지고 있다는 점이다.

빠르고 간단하고 편한 방법들이 어려운 것을 피하고 쉬운 길을 찾고, 빠르게 성공하고 싶어하는 사람들의 본성을 더 증대시켰고, 이성뇌의 잠재력을 억제했다. 그래서 심화 학습의 능력은 전적으로 이성뇌의 높은 수준의 지원에만 의존하게 되었다.

나는 소수의 지식인 엘리트들이 여전히 핵심적인 어려움에 직면하면 심도있는 연구를 하고, 콘텐츠를 생산하기 위해 열심히 노력하고 있다는 것을 알고 있다. 반면 대다수의 정보를 받는 군중들은 항상 가벼운 수준의 학습을 즐기고, 콘텐츠를 소비하고 있는 모습을 보게 된다. 만약 자신의 진짜 소망이 시대의 조류 속에서 한 자리를 차지하고 싶은 것이라면 하루빨리 가벼운 학습의 환상을 버리고, 심화 학습 역량을 갈고 닦아야 할 것이다. 시대에 역행해야 희소한 인재가 될 수 있고, 그렇지 못하면 인생의 길은 점점 더 좁아질 것이다.

딥러닝은 무엇인가?

1946년 미국 학자 에드가 다이어Edgar Dyer는 '학습 피라미드' 이론을 제안했다. 이후 미국국립행동과학연구소National Training Laboratory에서도 실험을 통해 '학습 피라미드' 보고서를 발표했는데, 이 보고서에서는 인간의 학습을 수동적 학습과 능동적 학습의 두 가지로 나눈다.(그림 5-1참조)

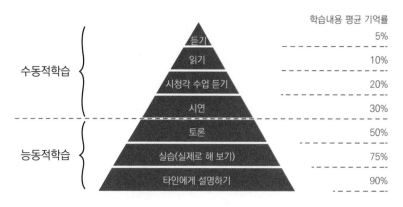

[그림 5-1 학습 피라미드]

수동적 학습은 강의 듣기, 읽기, 시청각 수업, 시연 등으로 학습내용의 평균 기억률은 5%, 10%, 20%, 30%이다.

능동적 학습은 토론, 실습, 타인에게 가르치기 등으로 학습활동의 평균 기억률이 50%, 75%, 90%까지 높아진다.

이 모형은 학습 방법의 각 단계별 대비를 훌륭하게 보여준다. 우리 자신의 학습을 돌아보면, 우리 또한 서로 다른 단계별 수준으로 명확하게 나눌 수 있다. 독서로 예로 들면, [그림 5-2]처럼 얕은 독서부터 깊은 독서로 다음과 같이 나눌 수 있다. 오디오북, 책읽기, 책읽기+황금문장 발췌, 책읽기+마인드맵/독서노트, 책읽기+행동하기, 책읽기+행동하기+타인에게 가르치기 순이다.

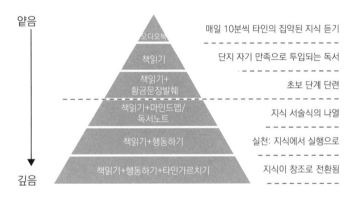

[그림 5-2 독서피라미드]

현재 많은 오디오북이 있는데, 10분 정도면 요약된 책 한 권을 들을 수 있다. 우리가 하루에 한 권씩 듣는다고 가정하면, 1년에 300권이 넘는 책을 들을 수 있다. 이렇게 편리하고 참신하고 압축된 학습 방법은 쉽고 효율적으로 보이지만, 실제로는 수동적 학습의 가장 얕은 레벨이다.

더 좋은 것은 책을 직접 읽는 것이다. 하지만 읽은 후 회고하거나 생각하는 과정이 없이, 읽는 과정에만 만족하는 지식습득은 학습 내용에 대한 기억률이 매우 떨어진다. 며칠이 지나면 바로 자신이 읽은 내용이 기억나지 않을 것이다. 더 나쁜 일은 이런 식의 방법이 사람들로 하여금 맹목적으로 독서의 속도와 독서의 양만을 추구하게 만든다는 것이다. 사람들은 스스로가 부지런하게 노력했다고 느끼게 되지만, 사실은 낮은 레벨에서의 노력은 더 많이 시도할수록 손해가 더 커질 뿐이다.

또 이런 사람들도 많다. 스스로 책을 읽고 독서노트나 마인드맵을 작성한다. 하지만 안타깝게도 그들의 독서노트는 책의 내용을 그대로 배껴 정리한 것으로 요약본에 가깝다. 이렇게 정리한 많은 사람들은 마치 책에 있는 지식이 모두 머릿속에 들어간 것 같아 만족감을 느끼고, 자신이 단순히 옮기는 작업만 했다는 사실을 깨닫지 못한다. 분명 이 방법은 어느 정도 능동적인 학습에 속하지만 단순한 지식 서술의 나열일 뿐이지 높은 수준의 지식 전환과는 매우 다르다.

더 아랫 단계는 책을 읽고, 책의 내용을 실천하는 것이다. 책 속 한 두 부분이 생활 속에서 변화를 주었다는 것은 놀라운 일이다. 이 때부터 책에 담긴 지식이 전환되기 시작한다.

알고 있는 것을 행동으로 옮긴다는 것은 커다란 발전이다. 여기에 스스로 아는 것 또는 행하는 것을 다른 사람에게 알려주고, 행동하게 하는 것은 또 다른 별개의 일이다. 자신이 알고 있는 것을 다른 사람에게 명확하게 설명하는 것을 시도해 보면 정말 쉽지 않다는 것을 알게 될 것이다. 분명 자신은 이해를 했다고 생각했는데, 설명할 때는 말이 제대로 나오지 않는다. 만약 당신이 알고 있는 것을 글로 써 보라고 하면 어떨까? 당신은 아마 어디서부터 글을 써야 할지조차 모를 것이다.

이런 어려움을 마주할 때야 말로 딥러닝이 진정으로 시작되는 순간임을 꼭 기억하라! 당신은 **필수적으로 기존 지식을 활용해서 새로운 지식을 해석**해야 한다. 그렇기 때문에 새로 배운 지식을 명확하게 설명할 수 있다는 것은 그것을 자신의 지식 체계에 접목시켰고, 동시에 다른 사람을 가르칠 수 있는 수준에 도달했고, 이제 새로운 지식을 창출할 수 있게 되었다는 것을 뜻한다.

루오쩐위Luo Zhenyu, 작가, 인문학자는 자신의 공부방법을 언급한 적이 있다. "저는 매일 다섯 편씩 독서를 통해 배운 것을 적었습니다. 길게 쓰는 것이 아니라 단지 몇 줄만 적었습니다. 진정한 학습은 단추를 끼우는 것과 같은데, 새롭게 알게 된 지식을 원래 알고 있던 지식 구조에 끼우는 일이라 생각합니다. 매일 다섯 편의 독서 감상문을 쓰는 것은 저의 원래 지식 구조가 새로운 지식에 강제적으로 반응하도록 하는 것이고, 그런 다음 이런 반응을 글로 써내려 가면 단추 끼우기 과정이 끝나는 것입니다."

딥러닝은 '단추 끼우기'가 핵심이다. 하지만 대부분의 사람은 '지식 습득'만 할 뿐 '지식 끼우기' 단계를 소홀히 하기 때문에 학습 과정이 불완전하다. 어떤 사람들은 단추 끼우기를 어느 정도 시도하지만, 충분히 깊게 단추를 끼우지 않기 때문에 수준 높은 결과물이 나오지 못하고 학습의 깊이도 떨어진다.

얕은 학습은 입력만으로도 만족되지만, 심화 학습은 **출력**에 중점을 둔다. 생각에서 말, 다시 문장으로 표현하는 것은 망상을 나무와 같은 구조로 만든 다음 선형적인 글자로 바꾸는 것이다. 생각을 기체 상태에서 액체 상태로, 그런 다음 고체 상태로 바꾸는 것과 같다.—고체 상태가 되어야 그제서야 진짜 자기 것이 된다. 결국, 어떤 지식이라도 기억에서 사라지는 것은 피할 수 없고, 이러한 손실은 항상 있어 왔다. 자신이 배운 것을 고체로 만드는 과정을 하기 싫어한다면 이 지식들은 시간이 지남에 따라 흔적도 남기지 않고 사라져 버릴 것이다.

자신의 것이 있으면 가르쳐야 한다. 가르치기와 단추 끼우기는 서로를 더 강화시키고 선순환을 만든다. 『암흑시간』의 저자 류웨이펑은 '가르치는 것'이 '최고의 공부'라고 말했다. 만약 당신이 어떤 것에 대해 명확하게 설명할 수 없다면 십중팔구 당신은 완벽하게 이해하지 못한 것이다. 가르치는 것의 가장 높은 수준은 외계인도 알아들을 수 있을 정도로 가장 간결하게 설명하는 것이다.

그러므로 강제로 양질의 지식을 습득하고, 새로운 지식을 끼우고, 다시 자신의 언어나 글로 다른 사람을 가르치는 것이 바로 딥러닝의 길이다.

딥러닝 어떻게 할 것인가?

딥러닝의 3단계 ;
① 고품질의 지식을 습득한다.
② 새로운 지식을 심도 있게 연결한다.
③ 성과를 내어 타인을 가르친다.

이런 종류의 학습은 빨리 배우고, 더 많이 배우는 것에서 오는 안정감을 포기해야 한다. 더 많은 시간을 투자해야 하고, 더 어려운 상황을 마주해야 하고, 때론 고통스러울 수도 있다. 하지만 올바른 행동은 종종 본성에 반하는 경우가 많고, 처음에는 불편하고 어렵다고 생각하는 일이 실제로 이익을 가져오는 경우가 많다는 것을 믿어야 한다. 편안하고 쉬운 일의 결과가 좋지 않은 경우가 많다. 우리는 아래 방법을 통해 점차 개진해 나갈 수 있다.

첫째, 가능한 스스로 지식을 탐구하는 것이다. 예를 들면 우리는 고전과

원작, 심지어 학술 논문을 읽을 수 있다. 고전의 지식은 이미 그 가치가 입증되었으며 집중적으로 읽을 가치가 있다. 우리는 '몇 분 안에 책 독파하기', '하루에 한 권 읽기', '△△강좌'의 환상을 포기해야 한다. 이러한 방법들이 어떤 깨달음을 줄 수도 있지만, 결국엔 산산조각으로 흩어지고 말 것이다. 스스로 탐구하는 것은 매우 고통스럽지만 깊은 이해가 주는 진정한 쾌감이 있다. 이는 피상적으로 지식을 얕게 흡수하는 것보다 몇 배는 더 편안한 느낌이다. 학습은 결코 남이 해줄 수 없다. 장기적으로 보면 결국 스스로 채굴할 수 있는 능력을 갖추어야 한다.

둘째, 배운 내용을 최대한 자신의 말로 적어보는 것이다. 좋은 책을 한 권 읽을 때마다 글쓰기를 통해 저자의 생각을 자신의 언어로 재구성하고, 단순히 내용을 요약하기보다는 최대한 자신의 경험과 지식, 입장을 결합해서 해석하고 확장하는 데 최선을 다하라. 단순한 지식을 풀어 쓰는 것은 깊은 연결의 효과를 얻을 수 없고, 오래된 지식을 새로운 지식에 대입하고 전환해서 깊이 연결해야 한다. 이런 재구성을 통해서 우리 자신이 가장 영감 받은 부분을 취하기도 하고, 다른 관점을 포기할 수도 있다. 기회가 된다면 주제나 관점을 다듬는 데 충분한 시간을 할애할 수도 있다. **세심하게 다듬은 작품은 다른 사람에게 감동을 줄 수 있는데, 이 영향력은 사고의 깊이가 얕은 글을 매일 쓰는 것보다 훨씬 더 크다.** 게다가 글쓰기는 복리 효과를 가지고 있어 우리가 쓴 글은 언제든지 다른 사람이 읽을 수 있다. 점점 더 많은 이들에게 전달될 수 있고, 간접적으로 토론과 소통, 타인을 가르치는 목적을 달성할 수 있다.

셋째, 삶을 성찰하는 것이다. 학습은 단순히 책을 읽는 것에 그치는게 아니라, 인생 경험도 깊게 배울 수 있다. 예를 들어, 『열심히 공부하라』라는 책의 저자인 청지아Cheng Jia는 성찰을 매우 강조한다. 그는 매일 아침 약

2시간 동안 복기하며 반성하고, 직원들에게도 그렇게 하도록 요구한다고 한다. 그는 책에서 많은 페이지를 할애하여 성찰의 방법과 이점을 설명하고 있다.

'사람과 사람 간의 격차는 나이에서 오는 것도 아니고, 경험에서 오는 것도 아닙니다. 바로 경험을 요약하고 성찰하고, 승화시키는 능력에서 나옵니다.'

나는 이 이념에 영향을 받아 2017년 2월부터 매일 때로는 몇 문장, 때로는 수천 자를 쓰며 성찰해 오고 있다. 끊임없는 성찰을 통해 기대하지 않았던 많은 것들이 명료해지고, 모호했던 많은 개념이 많이 명확해졌다. 겉보기에 관련 없어 보이는 많은 것들이 실제로는 근본적인 연관성을 갖고 있었음을 알게 되었다. 지속적인 성찰로 삶의 세세한 부분에 대해 감지 능력이 갈수록 강해졌으며, 삶에서 점점 더 많은 것을 얻게 되었다. 이 부분의 내용에 대한 착상과 구상 역시 평소의 성찰에서 나왔다. 만약 나에게 꼭 필요한 습관을 추천해 달라고 한다면 매일 성찰하는 것을 강력히 말하고 싶다.

딥러닝의 이점

딥러닝은 우리를 덜 성급하게 만들고, 이성을 단련시키는 것 외에도 경계를 넘는 역량을 향상하는 것과 같은 많은 이점이 있다. 고전 『당신의 인생에서 가능한 일』에서 말하길, 인간의 능력은 지식, 기술, 재능의 세 가지로 분류된다고 한다. 지식은 가장 전수되기 힘든 것으로 당신이 의학박사라 하더라도 마파두부를 만드는 건 모를 수 있다. 기술은 통상 70%의 일

반 기술과 30%의 전문 기술로 구성되어 있는데, 전수되기에는 더 좋다. 재능면에서는 직업 간의 경계가 완전히 무너진다.

이는 왜 일부 사람들이 쉽게 경계를 넘을 수 있는지 설명해준다. 그들은 딥러닝으로 이미 특정 분야에서 일할 수 있는 능력을 갖췄고, 이러한 재능을 다른 분야에도 적용할 수 있기 때문이다. 그래서 남보다 적은 시간으로 지식과 기술을 숙달하고 해낼 수 있다. 하지만 이와 반대로 특정 재능이 없으면 다른 분야로 전환할 때 근본적인 지식과 기술을 개발하기 위해 새롭게 시작해야 한다. 이는 매우 어렵다.

딥러닝은 더 많은 영감을 준다. 아인슈타인은 특허청으로 출근하던 중 베른의 시계탑을 보고 갑자기 하나의 가설을 세울 수 있었다. '버스가 빛의 속도로 움직인다면 차 안에서 바라보는 시계탑의 바늘은 정지해 있을까?' 이 가설은 20세기의 가장 위대한 발견 중 하나인 특수 상대성 이론이다. 독일의 화학자 케쿨레는 매우 피곤한 상황에서 꿈을 하나 꾸었는데, 뱀의 입이 꼬리를 물고 있는 꿈이었고, 이는 벤젠의 분자구조를 발견하는 중요한 단서가 되었다. 사람들은 과학자들의 직관과 영감에 감탄하지만, 아인슈타인과 케쿨레에게 딥러닝 능력이 없었다면 이러한 직관과 영감을 얻지 못했을 것이다. 자신의 분야를 충분히 깊이 탐색해 들어갔을 때만 잠재의식의 도움으로 영감이 떠오를 수 있다. 비록 우리가 과학자는 아니지만, 딥러닝을 통해 우리도 의외의 놀라움을 얻을 가능성을 더 크게 할 수 있다.

동시에 **딥러닝은 우리가 서로 다른 사물에서 더 많은 연결을 보게 하고, 통찰력을 얻게 한다.** 나는 언제 한 번 딸을 데리고 영화《서유기: 딸의 왕국》을 보러 간 적이 있다. 영화에서 딸 왕국의 왕과 당승이 생사를 경험한 후, 왕이 당승에게 말하는 장면이 나온다. "꿈을 꾸었노라. 몇 년 후에 당신의 모습은 장발에 나처럼 늙게 변해 있었고, 행복하지 않았다." 이는 왕이 감정을 억제하며 당승을 서쪽으로 보내기로 하는 합리적인 결정을 내리는 장면이었다. 나는 바로 '이건 미래관점이잖아?'라고 생각했다. 왕은 미래관점에서 현재를 바라보며 결정을 내린 것이었다. 나는 큰 감동을 느꼈는데, 바로 일주일 전에 딱 미래 관점에 대한 한 편의 글을 썼었기 때문이다. 《당신의 행동력을 살리기 위해 무엇을 해야 하는가?》라는 글이었는데, 이 글을 쓰기 전이었다면 난 이런 느낌을 받지 못했을 것이다. 물론 내 딸이 본 것은 단지 국왕은 너무 아름다웠고, 손오공이 너무 웃겼다는 것뿐이었다.

만약 한 분야에서 충분한 지식을 축적했다면 사람들의 주의를 산만하게 하는 영화나 TV, 연예계 가십, 뉴스 이슈 등을 보더라도 높은 수준의 인지를 동원하고, 유용한 사고를 연결해서 더 깊고 독특한 견해를 만들어 낼 수 있다.

내가 아는 한 많은 진지하고 엄숙한 어른들도 오락거리를 하며 시간을 보내는 것을 좋아한다. 예를 들어 리쌰오라이Li Xiaolai, 중국 최고의 비트코인 갑부이자, 베스트셀러 저자는 영화 보는 것을 좋아한다. 나는 그들은 한가한 시간에 있을 때도 본능뇌와 감정뇌의 원초적인 욕구를 충족시키기보다는 무의식적으로 인지와 관련되고 영감을 얻을 수 있는 이성뇌가 여전히 지배적인 상태라고 감히 말하겠다.

오락이 분명 가치가 없는 것도 아니고, 얕은 지식도 의미가 있지만, 전제는 분명한 인지적 깊이가 갖춰져 있어야 한다는 것이다.—**심도 아래의 대역폭은 그제야 효과가 있다.**

얕은 학습을 정당화하라

심화 학습에 대해 너무 많이 이야기했다. 그렇다면 우리는 인터넷상의 지식 칼럼, 프리미엄 강좌, 오디오북 등 상품을 어떻게 대해야 할까? 철저한 거부 하거나 거리를 두어야 할까? 나는 그럴 필요는 없다고 생각한다. 심화 학습과 얕은 학습은 사실 충돌하지 않고, 얕은 학습도 그만의 가치가 있기 때문이다. 그러므로 관건은 그 둘의 가중치 관계를 뒤집지 않는 것이다. 우리는 새로운 정보를 이해하기 위한 입문용으로 얕은 학습을 사용할 수 있다. 하지만 여기에 성장을 위한 요구 사항을 적용할 수는 없다. 가장 합리적인 태도는 얕은 학습에 열려 있는 동시에 심화 학습에 집중하는 것이다.

주목할 만한 몇 사람을 선택하고 그들과 계속 연락하라. 그들이 공개하는 귀중한 정보 중 일부는 우리를 더 넓은 세상으로 이끌어 주겠지만, 어쨌든 결국 우리는 스스로 읽고 생각하고 실행해야 한다.

만일 이 책이 당신에게 닿았고, 당신에게 새로운 시각을 주었다고 해도 당신이 궁극적으로 심화학습의 능력을 획득할 수 있는지는 오직 당신 자신의 행동에 달려 있으며, 누구도 대신할 수 없다.

연결
– 고수의 '블랙박스'

누군가가 "특별한 노력을 들이지 않고도 빨리 똑똑해질 수 있나요?"라고 묻는다면, 대게 "헛된 꿈을 꾸지 마세요!" 라고 타박받을 것이다. 그러나 나는 진짜 빨리 똑똑해지는 방법을 찾았다!

장지강ZHANG JIGANG은 누구인가?

당신은 그를 알지 못할 수도 있지만, 그의 작품 《천수관음》은 분명히 본 적이 있을 것이다. 2005년, 청각 장애와 언어 장애가 있는 배우 21명이 중국 중앙 텔레비전 방송국의 춘절 특집 프로그램에 출연하여 시각적 충격이 큰 무용 작품 《천수관음¹》을 선보여 사람들을 놀라게 했다.

이 아이디어는 장지강 감독이 1996년 산시운강석굴, 오대산, 총산사 대북전 등의 풍경을 수집하던 중 떠올랐고, 작업을 다듬는 데 7년이 걸렸다고 한다. 장지강은 2008년 베이징 올림픽 개막식의 부감독이기도 했고,

---

1. 천수관음(千手觀音)은 중국 장애인예술단의 유명 공연으로 청각
장애인 21명이 천수천안관세음보살(천수관음)을 표현한 공연이다.
천수천안관세음보살은 1000개의 손을 가지고 있다는 관세음보살.
왼쪽 QR코드로 공연영상을 볼 수 있다.—편집자 주

개막식 공연에서의 '환상의 오륜기'는 바로 그의 아이디어였다.

이 아이디어의 탄생 이야기는 정말 신기하고 흥미롭다. 당시 올림픽 준비 감독팀은 '지금까지 한 번도 본 적이 없고, 한 번도 들어 보지 못한 것'이라는 요구 사항을 충족시키기 위해 오랜 시간 고민해왔지만 좋은 아이디어를 떠올리지 못하고 있었다. 베이징 올림픽 조직위는 감독들이 원활하게 일 할 수 있도록 각 감독에게 스테레오와 TV, 화이트보드를 갖춰 주었다.

장 감독은 토론을 하다 "화이트보드를 좀 지우고 다시 방안을 계속 논의하죠."라고 말했다. 그런데 화이트보드의 글자가 지우개로 지워지지 않았다. 장 감독은 화이트보드에 결함이 있다고 생각하고, 바로 사람을 시켜 올림픽 조직위원회 행정 부서에 연락을 해서 내용을 전달하도록 했다. 10분이 지나고 다녀온 사람이 말하길, "감독님, 우리가 정말 멍청하네요. 새 보드의 비닐 필름을 떼지 않았던 거더라고요!"라고 했다. 모두는 박장대소했다. "아! 그런 것이구나!" 하고 보드의 얇은 비닐 필름을 찢으려 할 때, 장지강은 갑자기 "잠깐! 움직이지 마!"라고 외쳤고, 모두가 의아하게 여기고 있을 때 그가 말했다.

"올림픽 오륜기 아이디어가 드디어 탄생했어!"

올림픽 개막일에 전 세계 사람들은 이 광경[1]을 볼 수 있었다. 29개의 커다란 불꽃 발자국이 새 둥지를 향해 가다가 마지막 큰 발자국이 새둥지 위에 퍼졌다. 하늘 가득한 불꽃이 마치 무수한 별처럼 땅으로 떨어졌고, 지

기존에 없던 새로운 오륜기 등장 모습을 직접 영상을 통해 확인해 보시길!
오륜기 등장부분 16:15—편집자 주

상의 LED가 중앙을 향해 모여 올림픽 오륜기 패턴을 형성했다. 전 세계 사람들은 오륜기 패턴이 LED로 표시되는 것은 알고 있었지만, 오륜기 패턴이 '뜯겨' 공개될 것이라고는 누구도 생각하지 못했을 것이다.

이것은 바로 창조의 대가들이 사용하는 일반적인 방법이다. 눈에 띄지 않게 멀리 있는 A를 바로 옆에서 해결해야 하는 B에 연결한 후 사람을 놀라게 하는 역량으로 폭발시키는 것이다.

연결, 이것은 고수의 비결이지만, 형식이 보이지 않아 알기 어려워 꼭 블랙박스 같다. 오늘 우리는 함께 이 블랙박스를 열어 '연결'이라는 신비로운 무기를 폭로하고, 모두가 이용할 수 있도록 해서 더 많은 고수, 대가가 나올 수 있도록 해 보자.

연결이 없으면 학습도 없다

연결은 기본적인 능력으로 높은 수준뿐만 아니라 낮은 수준에서도 경험할 수 있고, 사람들의 일상생활과도 밀접한 관련이 있다.

예를 들어, 학습과 관련하여 많은 사람은 이런 식의 패턴을 좋아한다. — 책을 읽고 공유한다. 때때로 새로운 단어와 신개념을 던져 사람들이 대단하다고 느끼게 하고, 스스로가 박식하다고 선언하는 식이다. 그러나 이런 학습 효과는 매우 제한적이다. 좋지 않다는 것이 아니라 너무 피상적이다. 글을 쓰고, 끊임없이 새로운 지식을 배우고, 메모하고, 마인드맵을 그리고, 즐겨찾기로 소장하고, 수시로 모멘트*위챗의 기능으로 인스타그램의 스토리 기능과 유사에 게시한다.

『이렇게 독서를 하면 충분합니다』라는 책에서 저자 자오저우ZHAO

ZHOU는 독서를 위한 세 가지 단계를 제안했다.

▷ 자신의 말로 알게 된 것을 다시 쓰기. 자신에게 영향을 준 정보의
　포인트를 찾기
▷ 자신의 관련 경험을 적고, 생활 속 다른 지식과 연결하기
▷ 응용하기. 그것을 행동으로 바꾸어 자신을 확실하게 변화시키기

이것이 효과적인 독서의 세 단계이고, 딥러닝의 세 가지 수준은 다음과
같다.

▷ 정보 포인트를 알기
▷ 정보 포인트를 연결하기
▷ 행동과 변화

정보 포인트를 아는 것이 가장 얕은 수준이다. 완벽하고 깊이 있는 학습
은 '연결'과 '행동'을 포함한다. 그러나 많은 사람은 첫 번째 단계에서 바
로 멈추곤 한다. 심리적으로는 만족하기 때문이거나 학습에 세 가지 수준
이 있다는 사실 자체를 모르기 때문이다. 그래서 그들은 일 년 내내 지식
의 바다에서 헤엄치지만, 발전은 하지 못한다. 이중 가장 근본적인 장애물
은 새로 배운 지식 포인트가 고립되어 있다는 사실을 인지하지 못하는 것
이다. **새로운 지식이 아무리 대단하고 충격적이라고 해도 기존 지식과 충
분히 연결되지 않으면 오래가지 못한다.**

앞서 나는 루어쩐위Luo Zhenyu의 '단추 끼우기' 학습 방법을 언급했다.
고수들의 학습은 일반적으로 새로운 지식 습득에 만족하지 않고, 새로운

지식에 '단추 끼우기'를 하는 것에 더 많은 관심을 기울인다. 이 단추 끼우기 과정이 바로 연결이다. 고립된 지식은 모래알과 같아서 연결을 통해서만 탑을 쌓을 수 있고, 견고한 지식 결정체가 될 수 있다. 궁극적으로 자신의 인지 시스템을 구축할 수 있게 된다. (그림 5-3 참조)

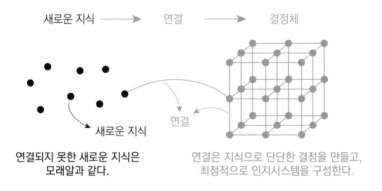

새로운 지식 ⟶ 연결 ⟶ 결정체

새로운 지식

연결되지 못한 새로운 지식은
모래알과 같다.

연결

연결은 지식으로 단단한 결정을 만들고,
최정적으로 인지시스템을 구성한다.

[그림 5-3 연결은 학습의 핵심]

인류 두뇌의 학습 원리를 알고 있다면 이 그림으로 쉽게 대뇌의 뉴런 작동 모습이 떠오를 것이다. 동작을 배우는 것이든, 공식을 암기하는 것이든 본질은 대뇌의 신경세포들을 연결해 나가는 과정이기 때문이다. 신경과학 용어로 설명하자면, 수많은 반복적인 활동을 통해 대뇌의 원래 서로 관련이 없었던 두 개 또는 그 이상의 뉴런이 강한 연관성을 맺는다. 이 과정이 없다면 뇌세포가 아무리 많더라도 똑똑해질 수 없다.

이런 이유로 나는 종종 사람들에게 글쓰기를 권유한다. 단순히 책만 읽을 때는 새로운 지식을 습득하는 것으로 만족하기 쉽다. 하지만 일단 글쓰기를 시작하면 새롭게 배운 지식을 억지로라도 연결해야 하므로 글쓰기는 딥러닝으로 가는 자연스러운 길이 된다.

살펴보면 사람들은 연결의식의 강약에 따라 자신도 모르게 두 그룹으로 나뉜다.—절대 다수는 사물을 고립적으로 보는 데 익숙하고, 많은 시간을 정보를 수집하고 소유하는데 쓰는 것을 좋아한다. 다른 개척자 그룹은 정보 들을 서로 연결하는 것을 좋아해서 자신도 모르게 더 똑똑해진다.

나랑 관련이 없는건 내 알 바가 아냐

연결을 충분히 활용하면 확실히 사람의 능력이 빠르게 향상될 수 있지만, 이것이 언제 어디서나 보고 듣는 모든 것을 연결해야 한다는 의미는 아니다. 그것은 가능하지도 않고 필요하지도 않다. 세상에 무수한 것들을 어떻게 모두 연결할 수 있다는 말인가? 그러므로 우리는 연결할 때 가장 절실한 요구 사항에 확실하게 집중해야 한다. 모든 것은 나 자신과 관련이 있다.

이와 관련하여 『생활 속의 경제학 – 내 안의 경제학자를 발견하라』의 저자인 타일러 코웬Tyler Cowen은 좋은 예시를 보여주었다. 타일러 코웬은 10권의 책을 읽을 때, 때때로 이 중 한 권만 처음부터 끝까지 읽는다고 한다. 한 기자가 타일러 코웬의 독서 과정을 보고 이런 기사를 썼다.

한 번은 코웬이 새 책을 잔뜩 들고 공항에서 비행기가 이륙하기를 기다리고 있었다. 그는 책장을 넘기면서 기자들과 이야기를 나누고 있었다. 두 시간 후, 비행기가 이륙하려 하고 있었고, 그의 책 보기도 거의 다 끝이 났다. 그는 한두 권만을 남긴 채 나머지 책은 기자에게 주면서 말했다.

"관심 있으시면 가져가시고, 필요 없으면 그냥 버리세요."

보통 사람들은 책을 다 읽지 않으면 저자에게 미안해하거나 자신이 쓴 돈이 아깝다는 맘을 갖는다. 그러나 경제학자 코웬은 이렇게 하는 것이 낫다고 말한다. 왜냐하면, 자신과 관련이 있는 내용만이 자신에게 유용하기 때문이다. 집중력 시간이 아주 짧은 시대에는 모든 책을 읽을 필요도, 책에 있는 내용을 모두 읽을 필요도 없다.

기억해야 할 것은 아무리 좋은 책이라도 내용을 모두 기억할 수는 없다는 것이다. 돌이켜보면 자신과 관련된 견해와 지식은 잘 잊어버리지 않고, 자신을 변화시킨 관점은 더 확실히 인상 깊게 남아 있다. 이것은 앞의 내용이 증명한다. **지식의 획득은 양이 아니라 그것이 자신과 얼마나 관련이 있는지, 그리고 이 연결이 얼마나 충분한지에 달려 있다.** 다른 사람에게 유용한 것이 자신과는 관련이 없을 수도 있으므로 그럴 땐 과감하게 포기하고, '자신과의 관련성'이라는 선별 원칙으로 파악하면 연결 효율성이 크게 향상될 수 있다.

물론 무시할 수 없는 더 중요한 조건이 숨겨져 있다. 명확한 목표나 강력한 욕구가 있어야 한다. 장지강 감독이 불상과 춤을 연결하고, 얇은 필름막으로 올림픽 오륜기의 모습을 연결할 수 있었던 이유는 그들이 예술가이고 창작에 대한 강한 욕구가 있었기 때문이다. 마치 손에 망치를 쥐니, 다른 물건들이 못으로 보이기 시작하고, 못질 할 물건들이 더 많아지는 것과 같다. 혼란스럽고 목적이 없는 사람은 다양한 상황과 지식에 노출되어도 어떠한 유익한 연결도 보지 못하고, 아무리 열심히 노력해도 밑 빠진 독에 물 붓기가 되고 만다.

연결 능력을 얻는 법

고수가 되는 일은 신기한 게 아니다. 블랙박스를 열 수만 있다면 우리도 고수가 될 기회가 있다. 연결 능력은 사람들의 진화를 가속화하고, 지렛대를 얻도록 해 준다. 위의 내용을 종합하면 몇 가지 실현시킬 수 있는 방법을 쉽게 정리할 수 있다.

첫째, 손에 든 망치 - 나는 당신이 어떤 것에 대한 충분한 열정과 애정이 없고, 극도의 몰입과 사고도 없어서 어떤 일도 당신에게 아무 의미가 없을까봐 두렵다. 그렇다면 어떤 도구도 의미가 없을 것이다. 내가 10년 전 장지강의 인터뷰 프로그램을 봤을 때, 만약 내 손에 글쓰기라는 '망치'가 쥐어져 있지 않았다면 그의 이야기는 다시는 기억하지 못했을 것이다.

둘째, 충분한 투입 - 지식과 경험이 풍부할수록 연결에 성공할 확률이 높아진다. 지식과 경험을 독서를 통해 얻든, 실생활 경험을 통해 습득하든지는 상관없다. 텅 빈 머리와 맥아리 없는 삶을 살면서 멋진 연결을 만들어 낸다는 것은 상상하기 어렵다. 아무리 재주 있는 부인이라도 쌀이 없으면 밥을 지을 수 없다는 말이 있다. 집에 재료가 가득할 때 재주 없는 부인이라도 몇 가지 음식을 해낼 수 있는 것이다. 그러므로 더 많이 경험하고, 더 많이 보고, 더 많이 성찰하라. 삶은 헛된 길이 아니며 모든 걸음 하나하나가 중요하다.

셋째, 항상 호기심을 갖기 - 와트는 왜 냄비 뚜껑이 열에 밀려 올라가는지 궁금했고, 뉴턴은 왜 사과가 땅에 떨어졌는지 궁금했다. 세상에서 가장 위대한 철학은 만물에 있다. 눈에 띄지 않는 작은 것일수록 연결을 통해 심오한 깨달음을 얻을 수 있다. 그러나 다 큰 어른에게는 이는 결코 쉽지 않은 일이다. 자신을 정화하지 않고, 아이 같은 순수함을 유지하지 못해서 우리에게 일어나는 이상한 모든 일을 당연하게 여기고 외면할까 두렵다. 그래서 성장은 단순히 인지능력을 향상하는 것뿐만 아니라, 일종의 자기 수양이다.

마지막, 자주 말하기 - 한 번 들으면 잘 잊혀지지 않는 말들이 있다. 나는 리샤오라이Li Xiaolai의 '이 원리는 어디에 사용될 수 있을까?'라는 이 문장을 항상 기억하고 있다. 많은 고수는 모두 이렇게 공부한다. 예를 들어 카오스대학Chaos University설립자 리샨요우Li Shanyou는 책을 읽으면서 유용한 지식을 보게 될 때마다 멈춰서 이 이론으로 설명할 수 있는 다른 현상은 무엇인지 생각하며 연결점을 찾는다. 그는 이 이론으로 설명할 수 있는 5가지 현상을 찾을 때까지 멈추지 않는다고 한다.

그들은 모두 의식적으로든 무의식적으로든 이 사고 원칙을 따른다. 통찰력을 얻거나, 관점을 이해하거나, 지식을 배울 때마다 그것이 자신에게 닿아 효율성을 극대화할 수 있는 방법을 찾는다. 이것이 바로 주도적으로 다른 곳과 연결하는 것이다. 그래서 이 문장을 주문처럼 항상 스스로 물어보길 바란다.

'이 원리는 또 어디에 사용될 수 있을까?'

모든 것은 주도적으로 이뤄진다

와트는 냄비뚜껑을, 뉴턴은 사과를, 아인슈타인은 시계를, 케쿨레는 뱀을 연결했다. 위대한 방법론은 항상 존재해 왔지만, 아주 소수의 사람만 이를 사용했다. 우리가 블랙박스를 연 이상 이젠 그것을 외면할 수 없다. 운에 따라서는 블랙박스에 들어갈 수도 있다!

우리는 아주 어릴 때부터 '연결'이라는 단어를 배웠고, '연결'이라는 말을 수도 없이 들어왔다. 하지만 그것이 실질적인 성장을 위한 사다리라고 누가 생각이나 했을까? 오늘부터 새롭게 이를 인지하고, 주도적으로 활용하자. 이를 전달하고, 더는 감추거나 모호하게 두지 말기 바란다. 나는 누군가가 그것을 주도적으로 사용함으로써 다른 이들과는 다른 변화를 가져올 것이라고 확신한다.

내가 미래의 눈으로 바라 보니까, 성장의 길에 통찰력있는 고수들이 계속 나타나는 게 보이는 것 같다.

시스템
– 개인의 인지 시스템 구축, 사실 매우 간단하다

사람이 대단한지는 어떻게 판단할 수 있나?

만일 한 사람이 자신이 직면하는 각종 문제를 해결할 수 있는 지식 시스템을 가지고 있다면, 이는 대단한 사람이 분명하다.

예를 들어, 당대 위대한 투자 사상가로 알려진 찰리 멍거Charlie Munger는 투자 판단의 다양한 문제를 다루는 수백 가지 사고 모델을 가지고 있었다고 한다. 레이 달리오Ray Dalio, 유명 기업인의 지식 시스템에는 삶과 일에 대한 500개 이상의 원칙이 포함되어 있으며, 그가 마지막으로 쓴 유명한 책 『원칙』은 500페이지가 넘는다. 많은 저명한 임원, 정치 지도자, 작가, 대단한 학자 등이 이런 예에 포함되어 있다. 지식 시스템은 그들의 승리 비결이다. 만약 우리가 그들의 지식 시스템을 빌릴 수 있다면 우리도 빠르게 발전할 수 있을까?

이것은 정말 좋은 생각이다.

고수의 지식 시스템을 연구하는 것이 요즘 유행하는 학습 방식이기도 하다.—어떤 사람들은 개념 담론에만 열중해서 어떤 어떤 모델이 있다며 마치 이를 알고 나면 완벽한 지식 시스템을 갖추게 되는 것처럼 이야기한다. 어떤 사람들은 비교적 부지런하게 그들의 책을 읽고, 마인드맵을 그리며 자신이 '완벽한' 프레임을 정리해 냈음에 기뻐하기도 한다. 어떤 사람들은 여러 장점들을 취하고, 다른 사람의 지식 시스템을 보물처럼 다루며 심지어 서로를 통합하면서 스스로 모든 것을 꿰뚫어 보고 있다고 느낀다.

겉으로 보이는 아름다움은 아름다움이고, 현실은 현실일 뿐이다. 많은 과정과 노력을 거쳤지만, 그들은 여전히 복잡한 문제를 풀지 못하고, 진전이 거의 없다. 새롭게 알게 된 지식 외에는 모든 것이 평소와 똑같다는 것을 깨닫는다. 마지막으로 그들은 그 이유를 다음과 같이 결론 내린다. 지식 시스템을 구축하는 것은 매우 어려운 일이며, 현재 축적된 지식으로는 충분하지 않으니, 좀 더 여러 가지 지식을 쌓은 후에 다시 시도해 보자고...

사실, 개인의 지식 시스템을 구축하는 것은 아주 간단하다. 너무 간단해서 믿기지 않을 수도 있지만, 내가 말하는 것을 듣고 나면 결코 허풍이 아님을 알게 될 것이다. 여기에는 과학적인 근거뿐만 아니라, 나 자신이 실천해서 나온 성과도 있다. 자, 이제 기대에 찬 모습으로 색다른 개인 지식 시스템을 구축하는 여정을 시작해 보도록 하자.

지식과 인지의 차이

이 장의 제목을 자세히 주의 깊게 다시 보면 내가 '지식 시스템'이 아니라 '인지 시스템'이라고 쓴 것을 발견할 수 있을 것이다. 내 눈에는 '지식'과 '인지'가 다르다. 이 차이를 어떻게 표현해야 할까? 완웨이강Wan Weigang 선생님의 한 구절을 빌리고 싶다.

시험에서 높은 점수를 받았다고 해서 지식이 있다고 할 수 없다. 식사자리에서 높은 수준의 대화를 할 수 있다고 해서 지식이 있다고 할 수 없다. 이러한 상황에서는 지식이 유용하기는 하지만, 구체적인 득실이 달린 것은 아니므로 단지 지력 게임일 뿐이라고 할 수 있다. 상황이 불분명하고, 무엇을 해야 할지 아무도 알려주지 않을 때, 잘못된 판단으로 인해 좋지 않은 결과가 초래될 수 있을 때 지식으로 아이디어를 낼 수 있다면 그제야 진정으로 지식이 있다고 말할 수 있다. 기억하라! 실용적인 지식이 지식이 아니고, 실제적인 결정을 내리는 데 도움을 줄 수 있을 때 그제야 당신의 지식이라고 할 수 있다.

이 글을 보고 난 깊은 감동을 받았다. 사람들이 가진 지식에 대한 고정관념을 깨뜨렸기 때문이다. (나를 포함하여) 많은 사람이 갖고 있던 개념 안의 지식은 책에 나오는 개념, 공식, 원리, 사례, 근거 등으로 매우 체계적인 것이었다. 당시 우리는 적어도 두 가지를 굳게 믿고 있었다. 하나는 '학문적 지식시스템'은 확실하고 보편적이며, 누구나 배우고 참고할 수 있다는 것이라는 것이다. 또 하나는 학문의 대가나 명사가 지식 시스템이나 지식구조에 완전히 정통하기 때문에 우리가 그들의 지식 시스템을 참조하는 것이 지름길이라는 생각이다. 학습 단계에서 이 두 가지 견해에 대해 반박할 내용은 거의 없기 때문에 사람들은 관성적으로 이렇게 생각하고 있었고, 자신의 '개인지식 시스템'을 탐색할 때에도 별 생각 없이 이런 관념을 계속 이어갔다. 그저 가장 권위 있고 확실한 인지 체계를 찾아 배우고, 그냥 복사하면 되는 것이다.

이 생각은 우리가 '지식'과 '인지'를 혼동했음을 의미한다. 그래서 많은 사람이 다른 사람의 인지 시스템과 자신이 실제로 원하는 것의 차이를 무시하고 그저 '가장 우수한 인지 체계를 찾아 통째로 배우는 것'을 기준으로 삼아 버리는 결과를 낳았다. **왜냐하면, 개인적인 성장의 목적이 이미 '판단과 선택'이 아닌 '알고 이해하는 것'이 되어 버렸기 때문이다.** 완웨이깡이 말한 것처럼 진정한 지식은 아는 것이 아니라 이를 사용하여 올바른 판단과 선택을 하고 실질적인 문제를 해결하는 데 있다. 이것이 '학술지식시스템'과 '개인 지식시스템'의 중요한 차이점이다.

그러므로 개인 성장 영역에서 가장 우수하고, 가장 확실하고, 가장 권위 있는 인지 시스템이란 것은 없으며, 단지 우리의 현재 상태에 가장 알맞는 인지 시스템만 있을 뿐이다. 즉, 지식이 반드시 인지능력을 가져오는 것은 아니며, 인지능력에 반드시 유효한 지식이 포함되어 있는 것도 아니다. 우리의 실제 문제를 해결하고, 변화시키고, 판단하고 선택하고 행동하게 만드는 데 도움을 주는 유효지식은 이 장에서 중점적으로 다룰 내용이다. 지금부터는 혼란을 피하고자 '지식 시스템' 대신 '인지 시스템'을 사용하겠다.

자신을 감동하게 하는 법을 배울 것

초보자들은 자신의 인지 시스템을 갖고 싶어한다. 하지만 수중에는 단편적인 정보만 갖고 있기 때문에 이를 통합해 복잡한 상황을 대처하기 어렵다. 이를 자각하지 못한 채 '지식'과 '인지'를 쉽게 혼동하고, 학문적 지식을 습득하는 방법으로 타인의 인지 시스템을 대한다. 타인의 인지 시스템을 모방하는 데 심취하고, 심지어 이를 완전히 정복하지 못하면 이전의 모든 노력이 물거품이 될 수도 있다는 생각을 하기도 한다.

이런 생각을 하고, 걱정하는 사람들이 많은데, 그들의 공통점은 **형식적인 완벽함을 너무 의식한다는 것이다.** 예를 들어, 많은 독자들과 내가 독서 방법에 대해 토론할 때, 대부분 이렇게 이야기했다. 자신은 책을 다 읽을 때마다 저자의 생각을 체계적으로 정리하고, 독서 노트를 쓰고, 책의 핵심 내용을 뽑고, 마인드맵까지 그린다고 했다. 이 정도는 해야 스스로 진짜 책을 잘 읽었다는 생각이 든다면서 말이다. 그리고는 나에게 이렇게 묻는 것이다. "당신은 평소에 어떤 마인드맵 도구를 쓰시나요?"

이때 나는 어떻게 대답해야 할지 모르겠다. 왜냐하면, 책을 읽을 때 마인드맵을 그리지도 않고, 작가의 핵심 생각을 뽑아 정리하지도 않기 때문이다. 책을 읽을 때 내가 유일하게 하는 것은 **감동적인 지점을 찾는 것뿐**이다. 마음에 와닿는 부분을 표시하고, 여백에 연상되어 떠오르는 생각들을 많이 적으려고 한다. 책을 다 읽은 후에는 며칠을 보낸 후, '이 책의 어느 부분이 가장 감동 포인트였어?' 하고 다시 자문한다. 이 포인트는 이론이 될 수도 있고, 사례일 수도 있고, 심지어 한 문장일 수도 있다. 그 부분이 정말로 나에게 감동을 주고, 실질적인 변화를 가져왔다면 이 책은 충분한 가치가 있는 것이고, 그 외 내용은 다 잊어버려도 상관없다. 전혀 아쉽지 않다. 저자의 인지 시스템과 생각 구조가 나와 무슨 상관이란 말인가!

많은 이들이 나의 이런 독서 방법을 알고 놀라워한다. 그들이 보기엔 이 방법이 신뢰하기 어렵고, 시간을 낭비하는 것 같다고 했다. 여기 확실하게 참고할 만한 완벽한 시스템을 말해줘도 그들은 멀리서 찾으려고 한다. 설마 내가 그들을 속일까? 만약 당신이 이런 생각을 하고 있다면 조금만 인내심을 갖고 기다려 달라. 내가 말한 이 방법의 과학적 근거도 말해 볼테니 말이다.

능력 순환의 법칙에 따르면 인간의 능력은 비약적으로 발전할 수 없으며 단지 현재를 기초로 해서 조금씩 바깥으로 확장되는 것이고, 확장하기 가장 좋은 영역은 컴포트존의 가장자리이다.

인지도 하나의 능력이기에 동일 원칙을 따른다. 인지서클의 가장자리에 있는 지식은 우리의 실제 욕구와 가장 가깝고 가장 밀접해 있다. 그래서 자신을 감동하게 만들기 쉽고, 기존 지식과의 연결도 더 쉽게 이루어진다. 타인의 인지 시스템 안에 다양한 지식이 있고, 아무리 일리가 있다고 하더라도 자신의 인지나 욕구와 너무 동떨어져 있으면 이는 패닉존에 있는 것과 마찬가지다. [그림 5-4 참조]

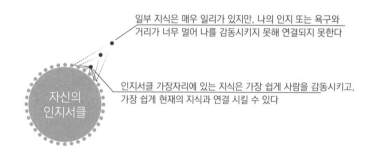

【 그림 5-4 인지서클 가장자리에서 확장하는 것이 가장 효과적 】

타인의 인지 시스템이 자신의 인지서클과 맞지 않는다면 모든 것을 받아 들이겠다며 모방하는 것은 학습효과도 한계가 있고, 시간 낭비가 될 뿐이다. [그림 5-5 참조]

생각해 보자. 당신이 읽은 책, 작성한 메모와 마인드맵의 내용 중에서 지금 기억나는 것은 얼만큼인가? 대부분은 이미 다 잊어버리지 않았나? 다시 묻겠다. 이런 지식 중에서 어떤 것이 일상에서 실제로 사용할 수 있는가? 아마 더 대답하기 어려울 것이다.

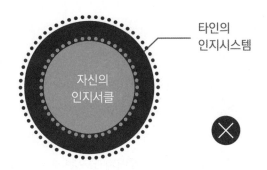

[그림 5-5 전체를 모방하는 것은 자신에게 맞지 않는 경우가 많다]

우리는 다른 사람의 인지 시스템 전체를 통달할 필요가 없다. 단지 자신에게 가장 감동적이었고, 자신의 욕구에 가장 가까운 지식만을 배우면 된다. [그림 5-6 참조]

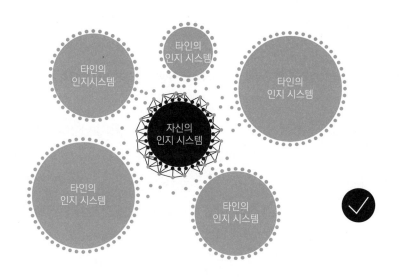

[그림 5-6 타인의 인지 체계에서 '감동한 조각'을 연결하는 인지 체계를 구축]

'감동한 조각'들은 자신과 밀접하게 결합하여 천천히 자신의 일부가 되고, 결국 자신만의 인지 네트워크를 만들어 갈 수 있다.

체계의 본질은 독특한 시각으로 흩어져 있는 독립적인 지식과 개념 또는 관점을 이 세계의 방법과 기술에 결합하는 것이다. 더 자세히 들어가 살펴보면 모든 사람의 인지 시스템은 다르다는 것을 발견하게 된다. 전문가들도 자신의 관심사를 바탕으로 이 분야에서 자신에게 감동을 주는 정보를 끊임없이 수집하고, 이를 가공하고 결합하여 자신만의 고유한 인지 시스템을 만드는 것이다. 그래서 우리도 세상의 유일한 인지 시스템을 구축하려고 노력해야 한다.

이것이 '개인인지시스템' 구축의 진정한 모습이다.—**각각의 인지 시스템을 분해하여 가장 감동적인 포인트 또는 덩어리를 취한 다음, 이를 자신의 인지 네트워크에 연결하는 것.**

이를 깨닫게 되면 우리가 왜 좋은 책을 읽고, 고급 강좌에 등록했지만 상상했던 큰 변화를 이룰 수 없었는지 그 이유를 이해할 수 있게 된다. 그 책의 목차와 그 강좌의 강의 계획서는 시스템의 향기로 넘쳐 흐르지만, 우리 자신의 인지와 욕구에 밀접하게 부합되지 않거나, 배운 후에도 쓸 일이 없었기 때문이다. 이를 이해했으니, 앞으로는 당신이 다양한 종류의 시스템 형태에 빠지지 않을 것이라 생각한다. 책을 읽고 나서 내용을 다 기억하지 못하는 것에 대한 죄책감과 자책감도 느끼지 않을 수 있을 것이다.

우리 자신의 인지시스템이 계속해서 향상되면 원래는 멀리 있었던 지식이 상대적으로 가까워질 수 있다. 이것이 또한 우리를 감동하게 만든다. 그러니 지식을 잠시 포기하는 것을 두려워하지 말라. 계속 배우는 한 우리는 아무것도 잃지 않을 것이다. 이 관점에서 보면 우리는 형식을 깨고 모든 것에서 배울 수 있다. 배우는 것이 독서든, 강의든, 아니면 자기 성찰이든, 타인과의 대화 등 무엇이든 간에 우리에게 감동을 주고 실질적인 문제를 해결할 수 있는 한 그것은 모두 당신의 성장 방식에 도움을 줄 것이다. 이런 성장은 효율적일 뿐만 아니라 매우 '현실적'이며, 학습에 대한 불안감도 없앨 수 있다. **감동이 있다면 배움의 기회가 온 것이다!**

감동이 최고의 필터이다

우리 잠재의식의 지각능력은 완벽한 학습의 필터로 사용할 수 있다.— 감동의 느낌을 통해 우리는 자신의 욕구에 가장 밀접하게 결합할 수 있는 내용을 식별할 수 있다. 이 내용들을 단단히 챙겨 스스로 컴포트존 가장자리에 가서 효율적으로 빠르게 성장할 수 있다.

지금까지는 이 방법을 정리한 사람이 없는 것 같아 **'감동 학습법'**이라고 내가 명명하겠다. 나는 '감동 학습법'을 사용해 책을 읽고, 성찰하고, 개인의 인지 체계를 구축하는 데에 큰 도움을 받았으며, 효과는 너무나 분명했다.

나는 성장하고 싶은 사람이라면 모두 매일매일 성찰하는 것을 추천한다. 성찰은 자기 삶의 세세한 부분에 대한 감지능력을 향상시킨다. 그래서 하루가 물처럼 흘러가 버리지 않도록 한다. 매일 성찰한다는 의미는 일반적인 일기처럼 기록을 남기는 것이 아니라 매일 가장 내게 감동적이었던 일에 대해 주의를 기울이는 것이다. 그게 좋은 영감이든 나쁜 경험이든 상관없이 이를 아주 자세하게 쓴다. 감동 포인트가 인지의 결정체로 바뀔 수 있다면 우리 삶의 질과 밀도는 성찰하지 않는 사람들을 크게 뛰어넘을 것이다. 정보의 홍수 속에서 '감동'은 홍수의 충격을 피할 수 있는 정말 최고의 필터이다. 이를 통해 우리는 홍수를 피해 품위 있게 지상을 걸을 수 있을 것이다.

감동만으로는 아직 부족하다

모든 감동이 다 효과적인 것은 아니다. 우리가 좋은 문장을 봤을 때 처음에는 깊이 감동하여 저장도 해 놓지만, 시간이 지나면 하나도 기억나지 않는 것과 같다. 아마도 당신에게 책을 읽을 때 감동한 부분을 표시해 보라고 하면 페이지에 많은 줄이 그어져 있을 것이다. 하지만 분명히 이 내용들을 당신 삶에 전부 적용하지는 못할 것이다. 감동했지만, 사용할 수 없다. 이는 약장에 반창고를 준비해 두었지만, 막상 손가락을 베었을 때에는 어디에 둔지 떠오르지 않아 반창고를 사용하지 못하는 것과 같다. 이런 식이면 감동하지 않은 것과 도대체 무슨 차이가 있다는 것인가?

단지 '감동적'이었다는 것일 뿐 아무런 차이가 없다. 그 이유를 이해하기 위해 [그림 5-7]을 살펴보자.

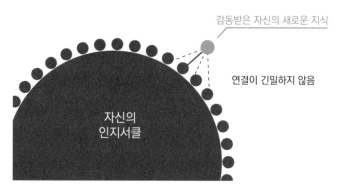

[그림 5-7 '감동'이 긴밀한 '연결'을 의미하는 것은 아니다]

새로운 지식이 우리의 인지서클 가장자리에 가까워질 때 감동을 할 수 있지만, 감동이 꼭 긴밀한 연결을 의미하는 것은 아니다. 시간이 지나 강화되지 못하면 새로운 감동 포인트는 한동안 머물렀다가 다시 '날아가' 버릴 가능성이 높다. 이를 잃지 않고, 자신의 체계 일부로 만들기 위해서는 그것이 발생하는 관계와 연결하는 방법을 생각해야 한다. 이런 연결은 많이 이뤄질수록 좋은데, 주로 다음 세 가지 방법으로 이것이 가능하다. (그림 5-8 참조)

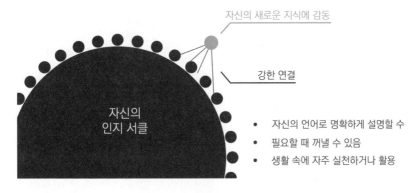

[그림 5-8 새로운 지식을 효과적으로 연결하는 세 가지 방법]

첫째, 새로운 지식을 자신의 언어로 새롭게 해석하는 것이다. 그러면 원래 지식 체계가 새로운 지식에 반응한다. 자신의 언어로 지식, 원리, 어떤 일에 대해 명확하게 설명해서 지나가는 사람도 이해할 수 있게 할 수 있다면 내용의 80~90%는 당신의 일부가 될 수 있다. 항상 표출하는 사람이 빠르게 성장한다. 그 이유는 그들이 멈추지 않고, 새로운 지식과 오래된 지식 사이를 연결하기 때문이다.

둘째, 필요할 때 자연스럽게 지식을 꺼내는 것이다. 꺼내지 못하는 지식

은 단지 감동만 받은 것일 뿐이다. 예를 들어 나는 루어쩐위Luo Zhenyu의 60초 음성 공유를 자주 듣곤 한다. 하지만 글을 쓸 때 60초 음성 공유에서 들은 내용 중 꺼내 쓸 만한 아이디어 포인트를 얻는 경우는 매우 적고, 대부분은 곧 잊어버린다. 나는 "어떤 지식은 정말 대단한데, 왜 저에겐 전혀 인상 깊지 않을까요?" 라는 질문을 종종 받는다. 당시에는 정말 감동했더라도 필요할 때 전혀 떠오르지 않는것은 이는 '단지 감동'만 받은 것이기 때문이다. 그것은 우리의 진짜 욕구와 거리가 멀리 떨어져 있다는 것을 뜻한다. 그러므로 그냥 포기해도 괜찮다고 말하고 싶다.

만약 당신이 책을 읽거나, 글을 쓰거나, 대화할 때 아이디어가 떠오르면, 비록 구체적인 내용이 분명하게 기억하지 못하고, 단서가 약하더라도 이런 내용에 각별히 주의를 기울여야 한다. 왜냐하면 필요할 때 꺼낼 수 있는 지식이야말로 당신이 정말로 감동을 받은 지식이기 때문이다. 당신과 소중한 연결이 생겼으므로, 당신은 그것을 적극적으로 연결하고 더 강화할 방법을 찾아야 한다.

많은 사람이 책을 읽을 때 책의 내용을 이해했는지에만 초점을 맞추고, 마음 속에 떠오르는 아이디어를 무시하는 경우가 많다. 사실은 이러한 아이디어가 매우 귀중하다. 이를 보내버리면 우리의 학습 효과는 크게 떨어진다.

세 번째는 이 지식을 생활 속에서 자주 실천하거나 활용할 수 있어야 한다는 것이다. 실천은 강한 연결을 만드는 최고의 방법이다. 배움은 알기 위해서가 아니라 실제적인 변화를 만들어 내기 위한 것이다. 그 지식을 사용하여 그러한 원칙을 실천하면 관련된 내용이 당신의 시야에 계속 들어오게 될 것이다. 그때쯤이면 당신은 인지상의 강자가 될 수 있을 뿐만 아니라 행동하는 부분에도 대단한 사람이 될 수 있을 것이다.

정리해 보겠다. 이제 당신은 읽기, 쓰기, 성찰, 습관 함양, 실천, 인지 체계 구축 등과 같은 소위 학습 성장이라고 부르는 본질이 모두 **컴포트존 가장자리에서 조금씩 외부로 확장되는 것**임을 알게 되었을 것이다.

이것을 깨달았다면 이제 모든 게 단순해질 것이다!

인증
– 인증으로는 미래가 없다

요즘에는 학습과 성장이 일반적인 관행이 되었다.

집에서든, 학교에서든, 직장에서든, 자신을 향상하기 위해 애를 쓴다. 그리고 목표를 달성하기 위해 '인증' 트렌드도 등장했다. 미라클모닝 인증, 운동 인증, 달리기 인증, 독서 인증, 외국어 공부 인증 등 하고 싶다는 생각이 드는 거의 모든 영역에서 인증을 하고 있는 사람들을 찾을 수 있다.

이것은 꽤 좋은 방법인 것 같다. 큰 목표를 작은 목표로 나누고, 매일 노력의 궤적을 확인할 수 있고, 행동에 대한 자신감도 높일 수 있다. 더욱이 큰 목표를 매일의 작은 임무로 나누니, 쉽고 고통스럽지 않아 보이기도 한다. 성공은 단지 시간문제인 것 같다.

그런데 뭔가 이상하다. 독자 아지안 씨는 자신이 느낀 곤혹스러움에 대해 이렇게 말했다.

"전 자기 계발을 위해 다섯 가지의 인증 계획을 세우고, 매일 열심히 했거든요? 그런데 하나의 인증 목표가 틀어져 버리면 다 던져버리고 싶고, 더는 하기 싫어지더라고요."

이것은 그녀의 욕심일까? 아니면 완벽주의 성향이 있는 것일까? 모두 아니다. 사실, 이 현상 뒤에는 숨겨진 심리적 메커니즘이 있다. 그것을 명확하게 보기 위해 우리 주변에 있는 인증하는 사람들을 주의 있게 살펴보자. 그들은 매일 매우 열심히 인증하고 노력하지만, 그들 중 뭔가를 달성하고 수확한 사람은 아주 극소수일 뿐이었다. 대부분의 사람에게 인증 챌린지는 열정 그득한 오락의 향연일 뿐, 얼마 못 가 그들은 수확 없이 중단하거나 또 다른 인증 챌린지에 참여한다.

이렇게 말하면 인증 챌린지를 하는 많은 사람이 기분 나빠할 테지만, 아직 화내지 말고 좀 더 들어보길 바란다. 내가 합리적인 해석과 더 나은 방법을 제안해 보겠다. 사실, 나는 인증 챌린지를 반대하는 것은 아니지만, 몇 가지 상황에서 구별하는 법을 반드시 배워야 한다고 생각한다.

동기의 이동, 동력의 왜곡

'위챗스포츠'에 대해서는 모두 알고 있을 것이다. 이 기능을 사용하면 매일 걷는 걸음 수로 순위가 나온다. 순위에 드는 것이 어려운 일은 아니지만, 일단 순위 안에 들어가기 시작하면 변화하기 시작된다. 운동을 좋아하든 싫어하든 상관없이 거리, 골목, 공원으로 가서 걷고 달리는 무리에 합류하기 시작한다. 바람이 불고 비가 오더라도 그들의 열정을 말릴 수 없다. 이것은 언뜻 보기에 좋은 일이다. 매일의 순위를 보며 열정을 동기부여하고, 건강도 유지할 수 있을 뿐만 아니라 사교 활동도 할 수 있다는 것이 얼마나 좋은 일인가? 하지만 여기에 문제가 있다.

왜냐하면 순위가 시작된 순간부터 사람들의 운동 동기가 자신도 모르게 이동하였기 때문이다. 이전의 동기는 순전히 신체 건강과 운동이 가져다주는 기쁨을 즐기기 위한 것이었다면 이제는 자신도 모르게 순위를 올리는 것이 목표가 되었다. 심지어 이러한 목적을 달성하기 위해 장비를 사들이거나 소프트웨어를 사용하여 걸음 수를 늘리기도 한다.

인증 활동도 마찬가지이다. 처음 사람들의 행동 동기는 모두 자신의 학습과 성장에서 나오는 것이었다. 오늘부터 미라클 모닝을 하고, 아름다운 해를 보며 즐겁게 지내기, 운동으로 아름다운 몸매를 갖기, 독서를 통해 지식인이 되는 것...시작할 때에는 막 자신감과 의욕이 넘친다. 이런 목표를 가지고 참여하기 시작한 인증 챌린지는 의지력이 좀 부족하더라도 계속 행동할 수 있도록 해주니, 금상첨화였다. 그러나 일단 인증 챌린지를 시작되면 여기에 임하는 심리상태가 고정되어 버린다.

시간이 지날수록 열정은 줄어들고, 동기는 약해지며 학습과 성장의 어려움이 점차 커진다. 이를 지속하기 위해서는 더 강한 의지력이 필요한데, 의지력을 더 지속할 수 없다면 어떻게 될까? 그냥 포기할까? 포기하는 것은 당신이 그것을 할 수 없다고 모든 사람에게 알리는 것을 의미한다. 이 얼마나 창피한 일인가!

고통에 빠지지 않기 위해 우리의 뇌는 자기 보호 모드를 활성화한다. 그래서 힘들때 적극적으로 인지를 조정하여 스스로 변명하게 한다.

"공부가 너무 힘들어. 하지만 인증하는 건 어렵지 않으니, 우선 오늘은 인증만 하자! 인증한다고 해서 내가 정한 목표를 완료하지 않겠다는 건 아니니까!"

"인증하는 걸로 목표가 완성된다면 왜 이 쉬운 걸 하지, 어려운 걸 택하겠어? 그러니 너무 무겁게 생각하지 말고 인증만 해! "

이것이 뇌의 '설명 시스템' 로직이다. 우스꽝스럽기는 하지만, 강력한 본성이 이성으로 하여금 이런 해석을 하게 하고, 어떤 사람들은 이를 진심으로 받아들이곤 한다. 그래서 인터넷으로 자동 만보기를 구매해서 집에 앉아 보폭 수를 늘려 순위 1등을 만드는 사람이 있는 것이다. 어떤 사람들은 아침 5시에 알람 시계가 울리자마자 일어나서 미라클 모임에 인증을 한 후, 다시 잠을 잔다. 어떤 사람은 책을 펴서 읽지도 않고, 사진만 하나 찍은 다음, 모임에 사진을 올려 '오늘 여기까지 책을 읽었어요'라고 인증한다.

물론 다소 극단적이고, 소수 사람의 행동이지만, 대부분 사람은 의지력이 약해지기 시작하면 인증 챌린지를 완료하기 위해 무의식적으로 기준을 낮춰버린다. 이젠 많이 하고 조금 하고, 잘 하고 못 하고는 더 이상 중요한 게 아니다. 가장 중요한 것은 인증을 완료하는 일이다. 이러한 방식으로 사람들의 인내 동기는 '학습 자체'에서 '인증 작업 완료'로, '내부 욕망'에서 '외부 형태'로 이동한다.

독자 아지안씨가 하나의 인증챌린지를 멈추면 왜 더는 행동하기 싫어지는지에 대해 의문이 든 것은 자신의 학습 동기가 이미 이동했음에도 이를 깨닫지 못했기 때문이다. 그의 관심이 학습 과정을 열심히 지속해서 목표를 이루는 것에 있는 게 아니라, 인증 기록을 지속해서 인증을 완성하는 것에 있었기 때문이다. 사실 학습적인 면에서 생각해 보면 가끔 중단한다고 한들 그게 무슨 상관이란 말인가?

좀 더 '중독'된 사람들은 학습 동기가 이동하고, 심지어 학습의 목표도 바뀌어 버린다. 그들은 처음에 어떤 일을 하는 것의 의미를 기억하고 있다. 예를 들어, 처음엔 영어를 공부하는 목표가 외국인과 유창하게 대화하는 것이었지만, 시간이 지나면서 하루에 단어 20개 외우기로 목표가 단순화된다. 기계적으로 인증하는 것이 목표가 되어 버리고, 자신이 왜 공부를 하고 있는지 잊어버린다. 그때부터 인증을 위해 공부하는 상황에 빠지게 된다.

인지 폐쇄, 효능 저하

이렇게 단순히 인증에만 의존하는 것은 행동 동기를 이동시킬 뿐만 아니라 행동의 효능도 감소시킨다. 이는 또 다른 중요한 심리적 메커니즘—인지 폐쇄의 욕구에서 비롯된다.

인지 폐쇄 욕구란, 사람들이 '모호한 문제에 직면했을 때 그 문제에 대한 명확한 답을 찾고자 하는 욕구'를 의미한다. 예를 들어, 고대에는 어떻게 비가 내리는지 몰랐기 때문에 비의 문제를 폐쇄할(끝낼) 수 없었고, 사람들은 고통스러웠다. 그래서 고대인들은 천둥신, 번개신, 용왕을 이용하여 비의 원인을 해석했다. 이러한 설법은 아무런 근거가 없었지만, 사람들의 인지 폐쇄 욕구를 만족시켰다. 이 개념은 행위로 확장할 때도 마찬가지로 적용된다. **어떤 일이 오랫동안 끝나지 않으면 심리적으로 항상 그것에 대해 걱정하게 되고, 곧 끝날 것이라고 기대하고 싶어진다. 그리고 일단 일을 끝나면 이 일의 동기는 즉시 0이 되는 경향이 있다.**

예를 들어, 상사가 당신에게 어떤 일을 하라고 하면 당신은 그것을 끝내기 전까지 항상 그 일에 대해 신경이 쓰일 것이고, 당신의 머릿속은 그것에 대한 세세한 내용으로 가득 차 있을 것이다. 그런데 상사가 됐다고 말하는 순간 이 문제는 바로 끝나버린다. 일이 완료되면 뇌는 원래 차지했던 기억 공간을 빠르게 비워버리고, 행동에 대한 동기 역시 사라진다.

우리의 이런 사고방식은 인류의 두뇌가 확실한 것을 좋아하고, 모르는 것이나 불확실한 것은 좋아하지 않는 것이 원인이다. 그래서 인증 챌린지 활동은 해치워야 하는 임무같은 사고방식이 같이 딸려오게 되고, 인증할 때마다 하나의 임무를 폐쇄하고 싶은 욕구에 직면하게 되는 것이다. 이는 처음에는 큰 문제가 되지 않지만, 일단 동기가 이동하면 사람들의 심리도 변화가 생겨 문제가 될 수 있다.

예를 들어, 매일 20개의 단어 외우기 인증을 해야 한다고 하자. 그런데 오늘 시간이 부족해서 우선 인증 챌린지를 완료하기 위해 대충 몇 번 훑어본것으로 공부를 다 했다고 하고, 우선은 임무를 끝내는 것이다(임무폐쇄욕구). 이렇게 하지 않으면 계속 생각이 나고, 마음이 불편하다. 또는 만약 시간이 넉넉해서 그 날은 일찍 20개의 단어 암기를 끝내고 인증 챌린지를 완수했다면, 인증 후에는 바로 학습 동기가 0으로 떨어지고, 더 깊이 탐구해 볼 생각을 하지 않는 것이다.

이것이 인증 심리의 특징이다.—할 수 없을 땐 그냥 다 한 척을 하고, 완료하면 그 즉시 멈춰버린다. 이런 태도로 공부를 하다면 강한 주도성을 갖기 어렵다. 결국 임무를 끝내 버리고 싶다는(임무폐쇄욕구) '임무 심리'에 사람들이 집중하게 되는 것은 완료 상황, 그 자체가 되어 버린다. 결국 진심으로 해야 하는 임무 자체에 대한 큰 열정은 사라진다.

임무 심리 태도와 몸 마음 분리

임무 심리 태도는 군대와 같은 특정 분야에서는 아주 유용하다. 군인은 극강의 임무 의식을 가져야 하지만, 개인의 학습과 성장 분야에서는 이를 택해선 안 된다.

예를 들면, 끝낼 시간이 얼마나 남았는지 항상 생각하면서 달리고, 마지막 몇 페이지가 남았는지 항상 생각하며 책을 읽고, 몇 개를 더 외우면 끝나는지 계속 생각하며 단어를 외우는...이런 심리 태도는 주의력을 분산시켜 일의 본질에 온 마음을 투입하기 어렵게 만든다. 그래서 그 안의 요령과 앎의 재미를 깨닫기 어렵게 한다. 달릴 때 몸과 마음, 손발의 느낌을 느낄 수 없고, 책 속 인물들의 생각과 감정을 깊이 이해할 수 없으며, 단어들 사이의 깊은 연관성을 체화할 수 없다. 마치 뒤에서 '빨리! 빨리! 더 빨리! 빨리 끝내세요!'라고 독촉하는 목소리가 들리는 것 같다.

현대인들이 행복감을 느끼기 힘든 이유는 빠른 속도와 조급한 심리 때문이다. 이러한 상태에서는 삶의 과정을 즐길 수 없게 되어 몸과 마음이 긴장과 불안으로 가득하게 된다. 결국 우리의 몸과 마음은 마비되고, 분열되고 만다.

유발 하라리는 『호모데우스』라는 책에서 인간 존재의 의미에 대해 매우 깊은 성찰을 했다. 생명의 의미를 이야기할 때 그는 이런 깨달음을 말했다. '나와 이 세상 사이에는 언제나 몸의 감각이 있다.'

즉, 개인의 삶의 본질적인 의미는 몸과 마음의 합일과 선(禪), 철학, 과학을 포함한 진실한 생명 과정에 대한 자각에 있다. 적어도 학습에서는 몸과 마음의 합일과 극도의 집중력이 매우 중요한 전제조건이다. 사람들은 오직 이 상태에서만 학습 활동 중에 상세하고 강렬한 긍정적인 피드백을 받을 수 있다. 그러나 임무를 그저 완료하겠다는 심리 태도(임무 심리 태도)는 몸과 마음이 하나 된 상태를 파괴한다. 이런 나쁜 경험은 사람들이 학습 활동에 대해 혐오감을 갖게 하고, 악순환을 만든다.

여기까진 본 당신은 집중력과 감정에 영향을 미치지 않도록 스스로 임무 심리 태도를 없애고 싶을 것이다. 그러나 세상에는 직접 추구하면 얻을 수 없는 이상한 것들이 있다. 예를 들어, 잠을 자고 싶다고 생각할수록 잠들기가 더 어려워진다. 잠은 그저 몸의 긴장을 푸는 것으로 평화롭게 잠들 수 있다. 집중도 마찬가지다. 집중해야지 생각하면 할수록 산만해지기 쉽고, 마음을 다해 사물 자체에 대해 생각하고 경험하면 자연스럽게 집중할 수 있게 된다. 또 다른 예가 바로 아름다움이다. 옷을 차려입고 뽐내는 노력을 할수록 인위적으로 보이기 쉽지만, 조용히 한 가지에만 집중하면 진정한 아름다움이 나타난다. '큰 아름다움은 스스로 알지 못한다.'는 말처럼, 임무 심리태도를 없애는 방법은 바로 눈 앞에 있는 일에 온 마음으로 집중하는 것이다.

두 가지 전략, 쉬운 변화

이 글 하나를 보고, 나의 뜻을 함부로 판단해선 안 된다. 처음에 말했듯이 나는 실제로 인증 챌린지를 반대하지 않는다. 많은 경우 인증 챌린지가 실제로 우리가 계속 행동하고 습관을 형성할 수 있도록 돕는 좋은 도구가 될 수 있다고 생각한다. 그리고 이것이 바로 많은 사람이 인증 챌린지를 좋아하는 이유일 것이다. 하지만 내가 강조하는 것은 인증에만 전적으로 의존하게 되면 인지 함정에 빠지기 쉽다는 것이다.

현실의 인증 커뮤니티는 대부분 부스팅 기간이 끝나면 곧바로 주도적으로 동기를 조정하지 못한다. 그 안에 깊게 빠져 해를 인지하지 못한다. 물론 배움과 인증을 서로 잘 결합할 수 있는 사람들도 있다. 그들에게는 특별한 비결이 아니라, 그들의 행동 동기가 변하지 않기 때문이다.—그들에게 인증은 명확히 학습 활동의 부속품일 뿐이다.

그럼 그들은 어떻게 한 것일까?

즉각적인 변화를 만드는 작은 방법 하나는 **인증 대신 '기록'**을 하는 것이다. 매 학습이 끝나면 행동을 기록하고, 인증을 통한 타인들에게 하는 전시는 삼간다. 학습 과정을 기록하면 자신의 학습 궤적을 볼 수 있을 뿐만

아니라, 주간 검토도 쉬워진다. (그림 5-9 참조)

	월요일	화요일	수요일	목요일	금요일	토요일	일요일	반성
1주차	✓	✓		✓				3/7
2주차		✓	✓		✓	✓		4/7
3주차	✓	✓	✓		✓		✓	6/7
4주차	✓	✓			✓	✓		4/7

[그림 5-9 인증 대신 기록하기]

인증과 비슷해 보이지만, 이렇게 하면 인증을 해야 한다는 임무 압박감이 사라지고, 임무를 완수하는 것보다 활동 그 자체에 집중할 수 있다. 인증의 제한이 없어 스스로 느슨해지는 않을까 걱정할 필요는 없다. 결국, 우리는 전보다 더 나아지고 싶어 한다. 학습과 성장 활동의 본질에 집중하고, 재미를 경험하면 강한 학습 동기가 유지하면서 수동적 학습을 능동적 학습으로 바꿀 수 있다. 인증챌린지와 기록은 그 차이는 매우 미묘하므로 주의 깊게 이해해야 한다.

동시에 기록은 임무를 설정할 때 새로운 전략을 사용한다.—**하한을 설정하고, 상한을 두지 않는 것이다.**

예를 들어 원래는 하루에 20개 단어를 인증했다면 이는 임무의 상한치를 둔 것이다. 그리고 이를 달성하는 것은 쉽지 않다는 것을 예상할 수 있다. 그래서 임무를 완성하자마자 안도의 한숨을 쉬고, 심리상태는 '마침내 끝냈어!가 된다.

기록의 방법은 이제 이것을 5개의 단어[1]를 외우는 것으로 임무를 조정해 보는 것이다. 쉽게 달성할 수 있는 하한선을 두는 것인데, 이 방법의 이점 은 다음과 같다.

당신은 목표를 달성해야 한다는 부담감이 없이 바로 학습 상태에 들어 갈 수 있고, 의욕적으로 계속 공부를 더 해 나가고 싶게 만든다. 결국, 목표 이상으로 단어 하나를 더 익히면 이는 추가적인 수확이 되고, 이때 심리 태도는 완전히 달라진다. 몸과 마음은 더 쉽게 몰입되고, 임무를 언제 끝 낼지에 대해서는 걱정하지 않는다.

이 전략의 지혜는 임무 폐쇄 욕구를 피하는 것이다. 재미만 있다면 어려 움을 느낄 때까지 계속 학습할 수 있다. 구체적인 상한선이 없으므로 인증 챌린지 방식보다 이 새로운 전략의 능동성이 훨씬 강하다. 그리고 능동성 은 지속해서 동기를 얻을 수 있도록 한다.

게다가 이 전략은 항상 자신을 컴포트존 가장자리에 머물도록 하는 의 도적인 연습의 원칙과도 매우 일치한다. 이렇게 하면 매번 조금 어렵지만, 너무 어렵지 않을 정도로 배울 수 있기 때문이다. 이와 비교해서 인증챌린 지는 고정된 목표를 항상 마주하므로 쉽게 지루해지고, 그래서 결국 포기 하게 된다.

물론 이 전략은 내가 생각해 낸 것이 아니라 『습관의 재발견Mini Habit』 이라는 책에서 영감을 받은 것이다. 저자 스티븐 기즈Stephen Guise는 좋은 습관을 기르기 위해 매일 팔굽혀펴기를 한 번만 하고, 책은 한 페이지만 읽고, 하루에 50단어만 쓰도록 했다. 이 부담 없는 습관 형성 방법은 결국 그가 몸매를 멋지게 가꾸고, 독서 습관을 기르고, 자신의 책을 쓰는 데 도

---

1. 여기의 5개라는 목표 임무는 '하한을 설정하고 상한을 두지 않는' 방법을 설명하는 예시일 뿐이다. —편집자 주

움이 되었다. 그는 이 방법은 너무 간단해서 실패할 수 없다고 말한다. 개인적으로 테스트해 본 결과, 효과가 있었다. 당신도 시도해 보길 바란다.

학습에서는 내재적 동기를 유지하는 것이 가장 중요하다. 동기를 유지하는 일은 인증 챌린지를 하는 것보다 더 어렵다. 이 어려운 일을 한다면 반드시 얻는 게 있을 것이다. 그리고 이것이 성공의 요구 조건에 더 가깝다. 물론, 동기를 유지하는 것만으로는 충분하지 않다. 진정한 성공을 원한다면 동기를 부여하는 방법도 배워야 한다.

피드백
— 진정한 공부가 무엇인지 알려줄 시간이다

『인지 업그레이드』의 저자 리우추안Liu Chuan은 어렸을 때 피아노를 신기하게 배운 경험이 있다. 그는 전자 피아노로 피아노를 시작했는데, 보통 사람들이 4~5년이 걸려 딸 수 있는 10급 시험을 2년 만에 합격했다고 한다. 더욱 신기한 것은 그가 10급을 통과할 때까지 음악이론 지식은 전혀 배운 적이 없고, 선생님도 그에게 이론을 배우도록 하지 않았다는 것이다. 그렇다면 그의 선생님은 도대체 어떻게 가르친 걸까?

"선생님께서 왼손을 먼저 시범을 보여주시고, 다음에는 오른손을 시범 보여주신 후, 다시 두 손을 같이 연주해 주셨어요. 이렇게 그 곡이 어떤 모습인지 대략 보여주셨죠. 그럼 저는 다음 주까지 이 모습이 나올 수 있도록 열심히 연습했고, 주말에 검사를 받았어요. 통과하지 못하면 또 계속 연습을 했고, 통과하면 다음 곡으로 넘어갔어요. 이렇게 2년을 하니까 그동안 연습한 곡으로 10급에 도달하더라고요. 학습 과정에서 음악 이론을 배운 적은 전혀 없었습니다."

오늘날까지도 리우추안은 음악 선생님께 매우 감사하다고 했다. 그는 음악 이론은 모르지만, 다른 사람들에게 완벽하고 멋진 연주를 들려줄 수 있고, 칭찬과 찬사를 받는 데는 전혀 문제가 없다. 이런 식의 피드백을 통한 교육은 그에게 자신감을 주었고, 그가 피아노 연주의 즐거움에 빠져들 수 있도록 해 주었다.

지금 다시 생각해 보면 얼마나 많은 아이들이 음악이론, 운지법, 음률, 리듬 등의 기본이론을 배우느라 지루한 기초연습을 참고 해 왔을까 싶다. 부모들은 다른 사람 앞에서 연주하도록 하기 위해서가 아니라, 높은 레벨을 따기 위해 아이들에게 반복 연습을 시키는 경우가 대부분이다. 아이들은 오랫동안 외부로부터 긍정적인 피드백을 받아 보지 못하기 때문에 점차 마음속에는 저항감이 생기고, 피아노 연습은 그냥 꼭 해야만 하는 임무가 되어 버린다. 부모들은 많은 돈을, 자녀는 많은 시간을 쓰지만, 결국 '입문부터 포기까지'의 길을 걷게 된다.

둘을 비교해 보면 **시기적절하고 지속적인 긍정적 피드백의 여부가 학습 효과의 차이를 만들어 내는 핵심**임을 어렵지 않게 발견할 수 있다.

리우추안의 피아노 학습 경험으로 돌아가 보겠다. 사실 리우추안의 성취는 전혀 신기한 게 아니다. 왜냐하면 우리 각자는 어린 시절부터 이렇게 말하고 걷는 법을 배웠기 때문이다. 중국어를 배울 때 병음 규칙과 글자 발음 공부로 시작해서 말하는 법을 배우지 않았고, 역학의 원리와 근육 조절을 배워서 걷는 법을 익힌 사람은 없다. 우리는 계속 모방하고 연습을 해서 바로 말하고, 걸었다. 상황 안에서 계속 피드백을 받았고, 즐거움을 경험했고, 수정은 거의 없었다. 결국, 원리를 모르는 상황에서 우리는 말을 했고, 걸을 수 있었고, 게다가 모두 꽤 잘 해냈다.

신이 우리에게 생명을 주었을 때 이렇게 강력한 학습법도 함께 주었지만, 우리는 우리도 모르는 사이에 그것을 잊어버렸다. 문명과 이성이 도래한 이후에 인간의 학습은 점차 원리와 기초 중심의 체계적인 학습으로 전환됐다. 이러한 방식은 효율적인 것처럼 보이지만, 투입과 연습에만 너무 집중해 있다. 출력과 피드백을 등한시하고, 학습 과정을 고통스럽고 재미없게 만들었다. 세상은 너무 오래 고통스럽게 공부해 왔다. 이제 공부 본연의 모습으로 돌아갈 때이다.

피드백이 없으면 배움도 없다

실생활 속에서 대다수 사람은 출력과 피드백에 대한 인식이 부족하다. 매우 이성적이고 심지어 평범한 사람들보다 인내심도 많고, 스스로 동기부여하면서 계속 열심히 노력하는 사람이더라도 최종적으로는 고통과 실패가 남는 상황이 많다.

여러 사례들이 있다. 대학교 2학년 학생이 내게 이렇게 말했다. 자신은 일주일에 6일 동안 매일 아침부터 밤까지 공부하고, 단 하루만 쉰다고 했다. 이렇게 열심히 하지만 결국 얻은 건 무력감과 피로뿐이라고 하소연했다. 또 다른 독자인 푸친 여사 또한 삶을 이겨내기 위해 쉬지 않고 노력해 왔다고 했다. 그녀는 요가, 글쓰기, 벨리댄스, 영어회화, 그림, 다도 등 다양한 걸 계속 배웠지만, 마음은 여전히 만족스럽지 못하며 자신의 가치를 느낄 수 없다고 말했다.

학교에 있든 직장에 있든 이런 비슷한 곤경에 처한 모든 학습자는 스스로 열심히 하고 계속 배우면 성공할 수 있다고 믿는다. 하지만, 현실은 항상 그들을 실망하게 한다. 그들은 빨리 무언가 결과를 만들어 내 본다거나 (출력), 피드백을 받아 본다거나, 다른 방식으로 동기부여를 해 보겠다는 생각은 거의 하지 않는 것같다. 아마도 사람들이 만든 학습 체제 안에 오랜시간 있었기 때문일 것이다.

어떤 이들은 '원리를 건너뛰고 바로 행동에 옮기는' 방식이 효과가 있다는 것을 믿지 않는다. 그들은 이 방법이 단지 교묘한 요령일 뿐이며, 강한 끈기와 인지만이 학습의 정도라고 생각한다.

이러한 관점에 대해 뇌 과학자들의 의견은 다르다. 뇌 과학자들은 지속적인 긍정적 피드백이 본능뇌와 감정뇌의 강력한 행동력을 실제로 자극할 수 있다고 말한다. 왜냐하면 인간의 본능뇌와 감정뇌는 사고하지 않고, 근시안적이며 어리석어서 자주 게임, 휴대폰, 음식, 게으름에 빠지지만, 본능뇌와 감정뇌의 **초 강렬한 욕망과 감정적 역량은 행동력에 있어서는 아주 귀중한 자원이기 때문이다. 만약 학습에 재미를 느낄 수만 있다면 강한 행동력이 나오기 쉽고, 오락에 빠지듯 학습에도 흠뻑 빠질 수 있다.**

우리의 이성뇌는 똑똑하고, 멀리 볼 수 있지만, 힘이 약해 직접 전투에 참여하는 데에는 적합하지 않다. 그래서 이성뇌는 총명함으로 전략을 수립하는 일을 하고, 본능뇌와 감정뇌가 지속적으로 강력하고 긍정적인 피드백을 받아 즐겁게 목표를 향해 달려가도록 해야 한다. (그림 5-10 참조)

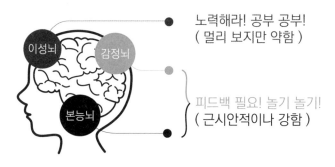

노력해라! 공부 공부!
(멀리 보지만 약함)

피드백 필요! 놀기 놀기!
(근시안적이나 강함)

[그림 5-10 본능뇌와 감정뇌는 학습의 엔진]

따라서 **과학적 학습 전략은 맹목적으로 노력하고, 이성뇌가 고통스럽게 '공부, 공부!' 하며 노력하도록 하는게 아니라, 본능뇌와 감정뇌가 결과물을 만들어 내고(출력), 피드백을 받으면서 '놀 수 있도록' 유도하는 것이다.** 이는 직관에 어긋나는 것처럼 보일 수 있지만 좋은 학습자와 나쁜 학습자를 구분하는 무형의 분수령이다.

작품 의식을 가져야만 미래가 있다

다음과 같은 인지가 있으면 사람은 빠르게 변할 수 있다.—명확하고 강렬한 작품 의식이 있고, 출력과 적용을 더 크게 중시한다. 작품을 다듬는 데 전력을 다하고, 주도적으로 외부의 피드백을 받는다.

예를 들어 예전에는 영어를 공부할 때 매일 인증하는 방식을 택했지만, 이젠 직접 적용하는 것을 선택할 수 있다. 아름다운 글로 직접 번역하거나, 영어 문서를 검색하거나, 영어 원문을 읽거나, 휴대전화 언어를 영어로 설정하는 것식으로 말이다. 물론 이렇게 하는 것이 더 어려울 수 있겠지만, 어려운 문제를 해결하기 위해서 당신은 또 관련 지식을 보강할 방법을 생각하게 될 것이다. 그리고 당신의 모든 학습 행동은 즉각적인 피드백을 얻을 수 있게 된다.—스스로 혹은 다른 사람이 문제를 해결하는 데 도움을 주든, 가치 있는 작품을 만들어 내든 이를 통해 받은 피드백은 필연적으로 강렬한 성취감과 행동을 지속하고 싶은 욕구를 불러일으킨다.

이는 또한 이전 장의 인증 챌린지 문제의 사고를 개선시켜 준다. 새로운 학습 동기를 만들고 싶다면 무조건 인증하는 식의 방법을 포기하고, 직접 적용하거나 작품이나 결과물을 만들어서 피드백을 받는 방법을 생각해야 한다.

나에게 출력에 대해 질문을 하는 독자가 있다면 나는 이렇게 조언할 것이다. 무언가를 만들거나, 말하거나, 글을 쓰거나, 영상을 공유하라고 말이다. 계속 공부만 하고, 아무것도 생산해내지 않고, 아무 피드백이 없는 공부는 고통스러울 뿐만 아니라, 열에 아홉은 실패할 것이다.

여기까지 말했으니, 이제 강한 자들이 자주 하는 말을 여러분들도 이해할 수 있을 것이라 생각한다.

▷ 가르치는 것은 가장 좋은 학습이다.
▷ 쓰는 것은 가장 좋은 학습이다.
▷ 출력이 다시 입력을 만든다.
▷ 작품으로 말하라.

앞서 나간 자들은 모두 같은 자질을 갖고 있다. 그들은 배울 때 상식을 따르지 않고, 그것이 새로운 지식이든 기술이든 직접 적용해 보고, 직접해 본다. 물론, 처음에는 잘 적용이 안 되고, 잘 하지도 못하지만, 그들은 결국 뭔가를 만들어 내고, 다시 버리고, 피드백을 받고, 계속해서 다듬고 대체한다. 이것이 정말 가장 빠르게 배우는 방법이다!

나는 글을 쓰는 2년 간의 과정 중에 이를 매우 깊이 체감했다. 내 컴퓨터에는 독자들의 댓글을 캡쳐해서 모아 둔 폴더가 있다. 모두 나에 대한 칭찬, 긍정, 공감과 감사들의 댓글들이다. 이러한 캡쳐를 갖고 있다는 것은 내가 자기애가 넘쳐서도, 잘난 척하고 싶어서 그러는 것도 아니다. 이러한 피드백이 나의 행동 능력에 미치는 영향이 얼마나 중요한지 느끼고 있기 때문이다. 이런 메시지의 캡처본을 볼 때마다 나는 동기부여가 되고,

컴퓨터 앞에 몇 시간을 앉아 있어도 피곤한 줄 모른다. 나는 이것이 내 감정뇌를 작동시키는 원동력이라는 것을 알고 있다. 만약 내가 쓴 글에 대한 어떠한 피드백도 얻지 못한 채, 의지력과 긴 시간에만 의존했다면 지금의 내가 이곳까지 올 수 있었을지는 장담 못하겠다. '가치 정하기 - 작품 다듬기 - 피드백 받기' 이것이 내가 계속해서 글을 써 나가는 진정한 전략이자 진짜 동력이다.

구디엔Gu Dian은 책 『도약』에서 고수들의 국면 타파 전략을 다음과 같이 설명했다.—자신만의 고부가가치 영역을 찾는다.→ 어떤 분야에서 우두머리가 된다.→ 우두머리 효과의 추진력을 빌려 점점 큰 분야의 우두머리로 이동하며 도약한다.

최고의 자리에 서는 가장 좋은 방법은 가치가 있는 작품을 만들고, 계속 다듬고, 이를 피드백을 받는 데 활용하는 것이다. 작품과 작품의식 없이는 아무것도 논할 수 없다.

고통도 일종의 피드백이다

'작품을 만들고 피드백을 받는다'라는 이해가 쉽지만, 자신의 글을 공유했을 때 비난이나 조롱을 받으면 어쩌지? 공격을 받아서 자신감이 더 떨어지지 않을까? 하는 걱정을 하는 젊은이들이 많다. 하지만, 다음 세 가지를 명확하게 생각해 본다면, 다음 걸음을 내딛는 게 어렵지 않을 것이다.

첫째, 현재 자신의 능력 범위 안에서 최선을 다해 가능한 한 최고의 모습으로 작품을 다듬어야 한다. 미완성 된 것을 함부로 공유하라는 것이 아니다. 만약 아무렇게나 사진을 찍고 글을 쓴다면 별로 가치도 없고, 사람들의 흥미도 당연히 생기지 않을 것이다. 칭찬도 없을 것이다. 당신은 당신의 작품을 마치 자식처럼, 매번 외출하기 전에 가능한 한 아름답게 꾸며 사람들의 눈길을 끌도록 해야 한다. 이런 요구조건은 분명 당신의 능력을 컴포트존의 가장자리에서 빠르게 성장하도록 할 것이다. 이것은 의도적인 연습의 기본 원칙에 부합한다.

다음으로는 당신보다 능력이 부족한 사람들에게 선보일 수 있는 공유 전략을 만드는 것이다. 당신이 작품을 진지하게 다듬으면 누군가는 당신이 자신보다 낫다고 분명히 생각할 것이고, 이때 당신에게 칭찬이 날아올 것이다. 당신보다 더 뛰어난 사람들은 당신을 공격할 시간이 없는 경우가 많으므로 비웃음을 받을까 봐 걱정할 필요가 없다.

마지막으로 공격을 냉정하고 객관적으로 처리한다. 공격을 받는 상황을 결국 피할 수 없을 것이다. 나도 그렇다. 때때로 일부 독자들로부터 공격적인 메시지를 받는데, 이땐 냉정하고 객관적인 자세를 유지하는 것이 매우 필요하다. 만약 상대방의 메시지가 감정적인 공격만 있고, 다른 내용은 없다면 그냥 웃으면서 무시하면 된다. 이는 상대방이 당신을 질투하고 있고, 당신에 못 미친다는 것을 보여주는 것이다. 왜냐하면, 그 사람은 더 좋은 작품이나 관점을 제시하지 못하기 때문에 그저 감정만 분출하고 당신을 함부로 하는 것뿐이다. 억지로 생트집을 잡는 것은 누가 못하는가? 그러나 내용 중에 근거가 있고, 당신의 문제를 정확하게 지적하고 있다면 이를 진지하게 받아들여야 한다. 왜냐하면, 이러한 비판은 최고의 피드백으로 문제에 대해 더 명확하게 생각하고, 작업을 더 완벽하게 만드는 데 도움이 되기 때문이다. 정말로 성장하고 싶은 이들의 눈에는 이런 비판은 공격이 아니라 얻기 힘든 귀한 보물이다!

모든 고통은 하늘이 준 성장 팁이다. 몸이 불편하고, 감정이 우울하고,

학업 성적이 떨어지고, 사업을 실패하는 등 그것이 무엇이든 고통이 생겼다는 것은 우리에게 어디에 문제가 생겼는지 알려 주고, 노력해야 할 방향을 알려 주는 것은 아닐까 생각한다. 하지만 많은 사람은 우울한 감정에 빠져 종일 걱정만 하면서 자신을 허비하고 남에게도 상처를 준다. 당신의 심리 태도가 충분히 열려 있다면, 생활 중의 고통과 좌절에 감사할 수 있을 것이다. 결국 이보다 더 직접적인 피드백은 없다.

수동적 학습에서 피드백을 받는 방법

나는 이런 주제를 이야기할 때 학생들의 감정을 고려해야 한다. 학생들은 보통 이렇게 생각하고 있을 것이다. 직장에 있는 사람들이야 능동적으로 공부 할 수 있는 충분한 자유시간이 있지만, 자신들은 제한된 시간 내에 수동적으로 공부할 수밖에 없다고 말이다. 수동적 학습은 내용을 선택할 수도 없고, 학업 부담도 크다. 이런 상황에서도 '피드백 전략'이 유용한가? 라고 묻는다면 나는 역시 그렇다고 말하고 싶다.

"전혀 걱정하지 마세요. 피드백이야말로 수동적 학습의 승리 비결이니까요."

내가 알기로는 많은 학생이 학업 성적을 끌어올리기 위해 계속 반복하는 공부법을 선택한다. 그 결과 성적 향상이 제한적일 뿐만 아니라 동기도 부족하고, 공부가 매우 기계적이라고 느낀다. 당연히 이런 단순한 입력 방식의 학습은 질 낮은 노력이다. 이와 달리 공부에 정말 능숙한 학생들은 종종 자체 테스트를 통해 주도적으로 피드백을 생성한다.

그들은 단어를 외울 때 전체가 눈에 '익숙해 보이도록' 하나하나 반복해서 보는 게 아니라, 책을 덮고 스스로가 뜻과 발음, 철자를 정확하게 말할 수 있는지 테스트한다. 듣기 연습을 할 때도 매일 반복해서 대충 알아 듣는 듯 착각하도록 '익숙하게' 만드는 게 아니라, 돌아가서 원문과 비교하여 이해하지 못하는 부분을 반복해서 다시 분명하게 듣는다.

암기 및 독해 공부에서는 셀프 테스트가 최고의 피드백이다. 할 수 있는지 없는지를 테스트를 통해 즉시 명확하게 알 수 있고, 사각지대를 확실하게 제거해 스스로를 학습 컴포트존 가장자리에 머물게 할 수 있다. '책을 펴면 할 수 있고, 책을 덮으면 망한다'라는 식의 피드백 없는 노력은 수동적이고, 낙오의 주 요인이다. 『How to Learn』의 저자인 바버라 오클리Barbara Oakley도 다음과 같이 분명하게 밝혔다. "주도적으로 돌아가서 테스트해 보는 것은 최고의 학습 방법 중 하나이며, 가만히 앉아 수동적으로 자료를 반복해서 읽는 것보다 훨씬 낫다!"

그 외 상위권 학생들의 오답 노트 역시 학습 피드백의 가장 좋은 표현이기도 하다. 그들은 테스트를 통해 미처 놓쳤던 부분에 다시 집중한다. 그렇게 학습의 스트레치존에서 돌아다니면서 자연스럽게 가장 빠른 진전을 이룬다. 상위권 학생들이 상위권인 것은 그렇게 태어났기 때문이 아니라, 피드백을 통해 자신의 사각지대를 해소함으로써 남들보다 한 발 앞서 나가고, 한 발을 뗄 때마다 더 많은 칭찬과 인정을 받을 수 있었기 때문이다. 같은 반 친구들은 그가 대단하다고 생각하고, 그 자신도 자신이 '천재'라고 생각하기도 한다. 알게 모르게 '작은 긍정적 피드백'이 '큰 긍정적 피드백'을 가져오고, 그들의 학습은 선순환에 들어간다.

아주 많은 학생들이 오답 노트에 주의를 기울이지 않고, 글을 쓰지 않거나 쓴 후에 읽어보지 않는다. 또 보는 것이 고통스러워서 고개를 돌려 회피하고 다시 컴포트존 안으로 들어가 버린다. 자신의 감정뇌가 학습의 즐거움을 경험해 보기 전이라면 우리는 먼저 우리 자신을 밀어붙여야 한다.

당신의 삶이 평범하지 않기를 바란다

나는 TV 시리즈 《사병돌격》을 보는 것을 좋아하는데, 특히 이 신을 좋아한다.

쉬산더우Xu Sanduo는 기름 관리를 위해 원격 5교대에 배치되어 근무했고, 예상치 못한 일만 발생하지 않는다면, 그의 군 경력은 곧 끝나 집으로 돌아갈 예정이었다. 그러나 우직했던 쉬산더우는 막사 앞의 빈터 길을 고치기로 결심했다. 아무런 의도 없이 내린 결정이었고, 무의식 중에 '작품'을 만들어 낸 것이다. 이 '작품'은 텅 빈 황무지에서 단연 돋보였고, 추후 실제 조종사의 관심을 끌었다. 그 후 이 소식이 지휘관의 귀까지 전해졌고, 쉬산더우는 주목을 받아 특수부대 병사로서의 경력이 시작되었다.

이는 고전적인 전환 이론을 증명한다.— 작품을 다듬어 작은 무리의 꼭대기에 올라선다.→더 많은 관심을 받아 더 큰 무리의 꼭대기로 이동한다.→ 시스템의 추진력을 빌어 삶의 도약을 이룬다.

쉬산더우는 본능적으로 행동하여 이렇게 의도치 않았던 피드백을 받았지만, 이 원칙을 의도적으로도 사용한 셈이 되었다. 지금부터는 아무도 모르게 혼자 고군분투하며 조용한 결과물을 만들지 말라. 그렇게 피드백을 못 받는 선택을 하지 말길 바란다. 이런 식으로는 한평생 배운다고 하더라도 진정한 성장과 기회를 결코 얻을 수 없다. **진정한 공부와 성장은 '열심히 노력하고, 또 노력하는 것'이 아니라 '피드백을 받고, 또 피드백을 받는 것'이다.** 출력을 멈추지 않으면서 계속 피드백을 받는다면 삶에 실질적인 변화를 가져올 수 있다.

당신이 이제부터 더 변화하고, 당신의 삶이 더는 평범하지 않기를 바란다!

＊특별설명

리우추안의 피아노 학습 이념, 즉 원리를 건너뛰고 직접 피아노를 연습하는 것은 학습 초기 단계에만 적합하다. 이 방법을 사용하면 빠르게 60점에 도달할 수 있지만, 중급 또는 고급 단계에 도달하면 여전히 체계적으로 원리를 학습해야 한다.

피드백의 법칙은 일관성이 있다. 언제든지 피드백을 만들고, 교환할 수만 있다면 당신은 자신도 모르게 깊게 탐구할 수 있게 된다.

휴식
- 당신이 성공하지 못한 건, 너무 열심히 애를 쓰기 때문일지도

대학원 졸업논문을 준비하고 있는 여학생이 내게 조난 신호를 보냈다.

"제가 처음 대학원 입시 준비를 시작했을땐 이전에 한 번도 보지 못했던 끈기와 인내력을 봤었어요. 매일 공부만 생각하고, 밥 먹으면서도 오디오를 듣고, 몇 달간 매일 새벽 5~6시에 일어났었어요. 그런데 과정이 너무 길어져서 그런건지 피로가 쌓인 것 같아요. 지금은 자제력이 지난 몇 달같지 않아요. 때때로 너무 피곤하면 좀 쉬어야겠다는 생각이 들고, 소설을 조금만 본다는 게 너무 빠져서 통제력을 잃어 버릴 때도 있어요. 막 아무것도 신경 쓰고 싶지 않고, 아무 생각도 하기 싫어요. 정신 차려 보면 벌써 3, 4일이 지나 있고, 시간을 낭비했다는 사실에 자책해요. 불안해지기 시작하고요. 이런 제가 너무 이해가 안 가요. 다른 학생들은 책 보다 피곤할 때 게임 두 판만 딱 하고 금방 다시 공부에 전념할 수 있는 것 같은데, 저는 잠시 쉬기만 하면 딱 지옥에 떨어져 버리는 것 같아요..."

이 장면, 아주 익숙하지 않은가? 우리는 학교에서든, 직장에서든 평범한 사람들보다 더 고통을 참아내고 열심히 하면 성공할 수 있을거라 생각하고, 자신을 다그치며 최고가 되겠다고 결심한다. 이렇게 하면 분명 선생님이나 회사 대표가 나를 자랑스러워 할 것이고, 반 친구들과 동료들에게는 롤모델이 될 것이라 생각한다. 그래서 뼈를 깎는다는 정신으로, 채팅도 참고, 게임도 하지 않고, 시간 낭비하지 않고, 지쳐도 정신을 더 차려서 하나라도 더 공부하도록 자신을 다그친다.

그러나 영웅적인 시작이 영웅적인 결말로 이어지지는 않는다. 고통스러운 자해를 계속 하지만, 학업 성적은 그다지 눈에 띄게 향상되지 않았을 뿐더러 자신감마저 사라진다.―이렇게 열심히 했는데, 안 된다니! 나는 공부랑은 맞지 않는 사람인가 봐!

실제로 학교에서든 직장에서든 주의 깊게 관찰해 보면 이런 상황이 분명 있다. 어떤 사람은 매우 애를 쓰며 열심히 하고, 매우 부지런하고, 바쁘지만 평범한 결과물을 낸다. 그런데 어떤 사람은 일하면서 놀기까지 하는데 뛰어난 결과물을 내고, 어떤 일도 다 수월하게 해낸다. 여기에는 분명히 여러 가지 이유가 있을 것이다. 이를 테면 학문적 기초나 학습 습관, 내면의 동기 등등 과 같은 것들 말이다. 하지만 이것들 외에 노력의 관점에서 자세히 살펴볼 가치가 있다. 어쩌면 여기에 놀라운 무언가가 있을 수 있다.

주도적인 휴식의 비밀

'의도적 연습의 4가지 요소'를 기억할 것이다.―**명확한 목표, 고도의 몰입, 효과적인 피드백, 스트레치존에서의 연습.**

효과적인 학습의 핵심은 의지력과 인내심으로 치열하게 경쟁하는 것이 아니라 '고도의 몰입'이다. 그리고 몰입을 지속하려면 에너지가 필요한데, 우리의 에너지는 마치 물통처럼 제한이 있다. 어떤 사람은 더 많은 양을 갖고 있고, 어떤 사람은 더 적은 양을 갖고 있다. 어려운 일에 에너지를 소모하게 되면 에너지 통의 수위는 천천히 줄어든다.

문제는 바로 여기에 있다. 계속해서 분초를 다투며 애를 쓰며 쉬지 않으면 그들의 에너지 총량이 지속적인 하향 곡선을 보인다는 것이다. (그림 5-11 참조)

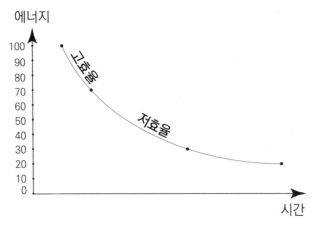

[그림 5-11 애쓰며 노력하는 사람의 에너지 변화 곡선]

즉, 처음에는 상태가 좋고 효율적이지만, 에너지가 70% 이하의 수준 정도로 소모되면 집중력이 잃기 시작하고, 사고 속도가 느려진다. 만약 계속 에너지가 소비되면 학습 효율성이 더 감소하고, 쉽게 주의가 산만해진다.

하지만 애를 쓰는 사람들에게는 이런 신호가 이제 의지력을 발휘할 때라고 알려주는 것처럼 느낀다. 배움과 성장은 원래 고통스러운 것이니 조금 피곤하다고 쉬면 안 되고, 의지력을 발휘해서 계속 해 나가야 한다.—이것이 소위 노력이고, 열심히 하는 것 아닌가? 그래서 그들은 조금의 시간도 낭비하지 않고, 고통 속에서 앞으로 나아가는 것이 노력의 표시라고 생각한다. 그래서 더 고통스러울 수록, 더 오래 할 수록, 더 힘들수록, 더 감동한다. 그렇게 그들이 택하는 전략은 멈춰 휴식을 취하는 게 아니라, 남들이 하지 못하는 노력을 하고, 졸음이 쏟아질 때 정신을 차리는 것이다.

애쓰며 노력하는 사람들은 겉으로는 엄청나게 부지런한 것 같지만, 효과는 갈수록 떨어진다. 그 과정에서 재미보다 고통이 더 커진다. 게다가한 번 긴장을 놓으면 다시는 에너지를 투입하고 싶지 않을 정도로 심하게에너지가 빠져 버리기 때문에 편안한 오락 활동에 더 쉽게 빠질 수 있다.

반면, 여유롭게 공부를 잘 하는 이들은 학습할 때 **과도하게 에너지를 쓰지 않고, 힘이 부족하다고 느낄 때마다 멈춰서 주도적으로 휴식을 취한다. 이로 인해 에너지 통의 수위는 빠르게 상승한다.** [그림 5-12]에서 볼 수있듯이 그들의 에너지 곡선은 물결 모양이며 이 선순환은 에너지 수준을높게 유지한다.

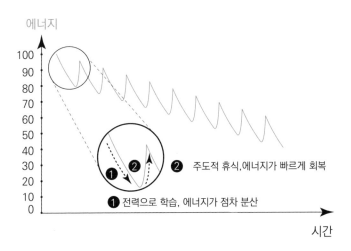

[그림 5-12 여유로운 사람들의 에너지 변화 곡선]

에너지 수준이 70% 이상인 영역을 고효율의 학습 영역으로 간주하고 둘을 비교해 보면, 여유로운 사람의 고효율 학습 구간이 열심히 하는 사람의 고효율 학습 구간보다 훨씬 크다는 것을 쉽게 확인할 수 있다. (그림 5-13 참조)

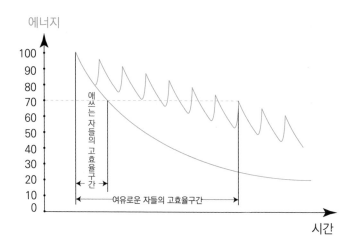

[그림 5-13 고효율 학습 영역 비교]

이 곡선은 '주도적인 휴식'의 의미와 장점을 잘 설명하고 있다. 시간이 지남에 따라 장점이 더 누적되어 이들이 다른 사람들보다 앞서는 것은 당연하다. 그리고 앞서가는 사람들은 실제로 매우 편안하다. 이것은 애를 쓰는 것을 믿고 있던 사람들에게는 분명히 충격적인 인지적 반전일 것이다.

집중력의 위기

고효율 학습의 핵심은 고도의 집중력을 유지하는 것에 있는 것이지, 의

지력에 의존하여 애써 버티는 것이 아니다. 긴 시간을 집중할 수 있는 사람이 경쟁에서 승리할 수 있다. 그런데 정보화 시대가 되면서 집중력의 질이 나빠지고 있다.

2018년 8월, 나는 SNS로 '학습과 성장에 대해 어려움' 과 관련해 온라인 설문 조사를 했고, 총 338명의 응답을 받았다. 설문조사에 참여한 표본이 충분하지는 않지만, 설문조사 결과에도 분명한 추세를 확인할 수 있었다.

예를 들어 가장 높은 표를 받은 두 가지 어려움은 '자주 걱정한다, 환상, 불안에 빠져 있다'(168표)와 '항상 산만하고, 집중력을 유지하지 못한다'(167표)였다. 둘 모두 집중력 분산의 표현이다. 집중력이 흐트러져서 고민하는 사람들이 적지 않고, 고도의 집중력을 유지하는 것이 희소한 능력이 되었음을 볼 수 있다.

리다자오LiDazhao, 혁명가 선생님께서 일찍이 우리에게 가르쳐 주신 것은 공부할 땐 착실하게 공부하고, 놀 땐 신나게 놀라는 것이었다. 하지만 그 시대에는 학습과 정보의 양이 상대적으로 적었기 때문에 우리는 쉽게 공부와 놀이를 따로 집중할 수 있었다. 둘의 경계도 명확했다. 그런데 지금 사람들은 대량의 정보 간섭과 엄청난 경쟁 압력에 직면해 있다. 이런 상황에서 대다수의 사람들은 본능적으로 더 애쓰고, 더 노력하라고 스스로에게 말하지만, 이 보다 더 과학적인 모델인 **'고도의 집중력+주도적 휴식, 이를 반복하는 것'**이 있다는 것을 아는 사람은 거의 없다.

결국, 집중을 유지하려면 의지력에 기대는 것이 아닌, '혈액 보충'을 위한 주도적인 휴식이 필수이다. 에너지가 충분해야 집중력을 유지할 수 있다. 그렇기 때문에 집중력이 흐트러졌다고 느껴지면 즉시 펜을 내려 놓고, 졸리지 않을 땐 바로 침대에서 나와야 한다. 생활 속에서 가장 해선 안 되는 것이 이미 분명하게 집중력이 흐트러졌음에도 강제로 버티면서 자체 에너지를 계속 소모하는 것이다. 이보다는 '고도의 집중+주도적 휴식'의 모델을 따라 최대한 짧은 시간의 극도로 집중력을 유지하도록 최선을 다하고, 피곤함을 느끼면 주도적으로 멈추는 것이 더 현명한 생활이자 학습 전략이다.

이 전략은 또한 스트레치존에서 연습하는 원칙과 매우 부합한다. 왜냐하면, 사람이 약간 피곤함을 느낀다는 것은 지금 에너지 컴포트존 가장자리에 있다는 것을 의미하는 것으로 이때 주도적으로 휴식을 취하고 혈액을 회복하면 에너지 사용 효율을 극대화할 수 있다. 의지력에 의존해서 버티고 있는 집중력이 부족한 사람들은 실은 자신을 에너지의 패닉존에 놓은 것이다. 그래서 즐거움보다는 고통을 더 많이 경험하게 된다. (그림 5-14 참조)

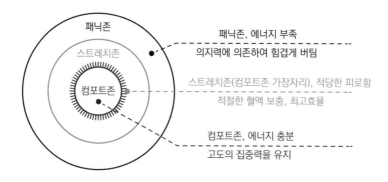

[그림 5-14 스트레치존에서의 연습, 집중력 효율이 가장 높음]

학습 스트레치존에 대해서 학습과 일의 내용에 대한 난이도를 조절하는 것도 집중력을 확보하는 중요한 방법이라는 점을 말하고 싶다. 너무 쉬운 내용은 지루해서 집중력이 흐트러지고, 너무 어려운 내용은 두려워서 피하고 싶어진다. 그래서 '뛰어들면 충분히 얻을 수 있는' 학습이나 일을 선택하는 것이 집중 상태에 들어가는 가장 쉬운 방법이다. (그림 5-15 참조)

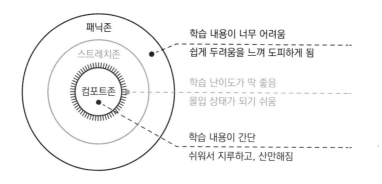

[그림 5-15 스트레치 존에서의 학습 난이도 조절]

어떤 사람들은 이렇게 묻기도 한다.

"현실에서 '딱 맞는 일'이 어디 쉽게 있습니까? 설마 선생님과 대표님 앞에서 이것 저것 까다롭게 고를 수 있다고 생각하는 건 아니죠? 실제로 이건 하기 어려워요."

나의 답은 여전히 가능하다는 것이다. 학습 내용을 새롭게 설정할 수 있고, 난이도를 적절하게 조정하거나, 목표를 보다 구체적인 작은 목표로 나누어서 일의 난이도를 줄일 수 있다. 스트레치존 범위 안에서 난이도를 조절하는 방법을 생각하면 된다. 아무리 까다로운 임무라도 상관없다. 우리가 머리를 쓰기만 하면 항상 주도적으로 조정할 수 있는 여지를 찾을 수 있다.

의지력 상실의 원인

그렇다면 왜 어떤 학생은 논 다음 아무 미련 없이 바로 공부에 투입될 수 있는데, 왜 어떤 학생은 의지력을 놓자 마자 무너지는 것일까? 원인은 역시 에너지의 부족때문이다.

에너지는 어느 정도 의지력과 동의어이기도 하다. 에너지가 충분하면 사람들은 어려움에 직면했을 때 두려움이 줄고, 유혹에 대한 저항력도 더 강해진다. 그러나 에너지가 부족하면 어려움을 마주하기 힘들 뿐만 아니라, 유혹에 대한 저항력도 약해진다. **어려움을 극복하고, 유혹에 저항하다 보면 의지력이 모두 소모되는 것이다.**

우리가 긴 하루 일을 마치고 지쳐서 집에 돌아오면 가장 먼저 하는 일은 당연히 소파에 쓰러지는 것이다. 그리고는 위챗을 확인하고 틱톡을 스크롤하면서 가벼운 정보들로 정신의 마사지를 받는다. 다른 일들은 모두 하기 귀찮다. 만약 감정적 파동까지 경험했다면 에너지 고갈로 인한 영향은 더 오래간다.

그러므로 **진정한 절제의 고수는 전력투구만 하는 사람이 아니다. 주도적으로 휴식을 취하면서 균형을 유지하는 데 능숙한 사람이다.** 이런 사람들은 에너지를 쓰든, 에너지를 채우든, 감정적 파동에 직면하든, 에너지를 의도적으로 높여 풍요의 상태를 유지하면서 에너지의 결핍 상태로 들어가는 것을 피한다. 하루의 마무리가 가까워질수록 우리는 자신의 에너지와 기분이 어떤지에 더 주의를 기울여야 한다. 결국, 우리는 에너지로 일련의 유혹을 막아 내야 하고, 실수로 위험한 상황에 빠지지 않도록 해야 하기 때문이다.

당신을 구할 수 있는 '뽀모도로'

많은 사람이 고도의 집중력을 갖길 원하지만, 솔직히 이런 능력은 갖고 싶다고 그냥 가질 수 있는 게 아니다. 그래서 이를 희소한 능력이라고 하는 것 아니겠는가? 집중력의 질을 높이는 데에는 개인의 생활 환경, 관심 분야의 일치, 자신의 동기, 학습 배경, 습관의 축적 등 다양한 요인이 영향을 미친다. 그렇다면 이러한 조건이 부족한 평범한 사람들은 어떻게 고도의 집중력을 얻을 수 있을까?

간단하면서도 보편적인 방법은 위에서 언급한 '고도의 집중력+주도적 휴식'의 행동 패턴을 적극적으로 기르는 것이다. 구체적인 방법은 이렇다.—공부나 일을 시작하면 최선을 다해 고도의 집중력 상태를 유지하려고 노력한다. 집중력을 유지하는 시간이 아주 짧더라도 이는 의미가 있다. 그러다가 자기 스스로 에너지가 부족해서 주의가 산만해진다는 것을 일단 발견하면, 주도적으로 멈추고 조정한다.

물론 보조 도구도 있다. 시간 관리 분야에서 유명한 뽀모도로 기법이 있다. 이는 이탈리아인 프란체스코 시릴로Francesco Cirillo가 1992년에 창시한 것으로, 그 핵심은 25분 동안 고도의 집중을 하고, 5분 동안 휴식하는 것이다. 이 작업 방법은 고강도 인터벌 트레이닝과 비슷하다.

사실 나는 오래전부터 뽀모도로 기법에 대해 알고 있었지만 계속 편견을 갖고 있었다.—첫째, 이런 엄격한 시간 관리가 너무 융통성이 없다고 생각했다. 한창 열정적으로 하고 있는데 중도에 멈출 수 없지 않은가? 두 번째는 실제 적용 중에 분명 각종 방해가 있기 때문에 정확한 시간을 맞춰서 한다는 것이 현실적이지 않다고 생각했다.

그런데 '주도적 휴식'의 원리를 이해한 순간, 가장 먼저 떠오른 게 뽀모도로 기법이었다. 왜냐하면, 이 기법은 **고도의 집중, 주도적 휴식, 순환 반복**이라는 공부벌레 모델의 모든 특징에 부합했기 때문이다.

이 부분의 내용을 잘 이해하기 위해 국내 시간 관리 전문가인 리셴의 블로그에 소개된 방법도 열심히 공부했다. 그녀가 추천하는 뽀모도로 타이머도 사서 실험해 보았다. 솔직히 말해서 이 방법과 도구는 정말 대단했다! 읽기와 쓰기를 시작할 때마다 타이머 버튼을 누르고, 시간을 보지 않고 25분이 지나 삐 소리가 날 때까지 완전히 집중했다. 중간에 중단해야할 아주 특별한 일이 있지 않은 한 다른 모든 일은 제쳐 두었고, 그런 건 집중 시간이 끝난 후에 처리했다. 시간이 되면 바로 책을 덮거나 키보드에서 손을 떼고 5분간 휴식했다. 이 5분 동안은 창 밖을 내다 보거나, 옷을 정리하거나, 상자를 접는 등 독서나 글쓰기와 관련이 없는 일을 하였다. 휴대전화를 보거나 게임을 하는 것 같은 수동적으로 집중력을 쓰는 일들은 계속 에너지를 소모하기 때문에 추천하지 않는다.

일정 기간 연습한 후에는 나의 공부 지구력이 이전보다 훨씬 높아졌고, 업무와 공부 효율성도 크게 향상되었음을 알게 됐다. 관건은 늦게까지 적극적으로 시간을 계획할 수 있었고, 오락,정보에 거의 빠지지 않았다는 것이다.

물론 25분은 참고용 기준일 뿐이다. 우리는 자신의 사고 인내력에 따라 작업 시간을 설정하면 된다. 어떤 사람은 30분 동안 집중할 수 있지만, 다른 사람은 15분만 집중할 수 있다. 자신의 피로함의 가장자리에 도달하면 주도적으로 멈추면서 자신의 집중 시간을 설정하면 된다. 그리고 이 '주도적 멈춤'의 행동은 단호해야 한다. 에너지 분산 자체가 불분명하다 보니, 많은 사람들이 단호히 멈추려 하지 않아 손해를 보는 경우가 많다. 주도적으로 휴식을 취하는 것은 주도적으로 물을 마시는 것과 같다. 갈증이 심할 때 물을 마시면 실제로는 너무 늦다. 에너지를 높은 수위로 유지하려면 주도적으로 멈추는 것을 배워야 한다. 이것이 핵심이다.

모두가 공부나 일을 할 때 방해받지 않을 수 있는 이상적인 조건을 갖고 있지는 않을 것이다. 하지만, '고도의 집중력+주도적 휴식' 모드를 지킨다면 어떤 상황에서도 그 효과는 분명 만족스러울 것이다. 당신이 몇 분이라도 일단 시작하면 최선을 다해 집중력을 유지하고, 관련 없는 모든 일을 옆에 제쳐둬라. 애쓰는 것은 거시적인 태도이고, 휴식은 미시적인 지혜이다. 학습에 있어서 보통 사람들의 전략은 '재능이 부족하니 더 열심히 노력한다'인 경우가 많다. 다행스럽게도 우리는 학습의 비결이 전적으로 노력에 있는 것이 아니라 "놀 수 있는 것"에 있다는 것을 이미 알았다. 당신도 앞으로의 학습과 성장에서 자신의 수준과 스타일에 맞게 놀 수 있다면 다른 사람들 눈에 띄는 잘 하는 사람이 될 수 있을 것이다.

6장

행동력

- 행동이 없으면
세상은 개념일 뿐이다

명확함
– 당신의 행동력을 재구성하는 하나의 개념

　사람들은 종종 나의 강한 행동력을 칭찬한다. 그들은 내가 이 나이에 본성을 극복하고, 유혹에 빠지지 않고, 모두가 늦게까지 휴대폰을 볼 때, 일찍 일어나서 운동하고, 독서하고, 글도 쓰고 하는 게 대단하다고 말한다.

　"저우링은 자제력이 대단히 강한 사람이야!"

　하지만 사실 그렇지 않다! 겉으로 볼 때만 그런거다! 사실 나는 자제력이 절대 강하지 않고, 오히려 남보다 편안하고, 간단하고, 신기하고, 재미있는 걸 더 좋아하는 사람이다. 예전에도 그랬지만, 지금도 일단 핸드폰을 열기만 하면 나는 거기에서 빠져 나오지 못한다.

　나도 예전에는 하루 종일 게임을 하고, 웨이보_{중국의 인스타그램}를 보고, 요즘 가장 뜨거운 이슈에 끊임없이 빠져 있었다. 자기 계발에 대한 생각은 전혀 없었고, 매일 일어나면 가장 먼저 하는 일이 휴대폰을 집어 드는 것이었다. 항상 편안한 상태에서 하루를 시작하길 바라다 보니, 결과적으로는 늘 사소한 일에 시간을 낭비해 버렸다. 특히 완전한 자유 시간이 생기면 나는 거의 아무것도 하지 않는다는 것을 나중에 알게 되었다.—분명히 더 중요한 일이 있다는 것을 알았지만, 머릿속에서는 항상 재미있는 것을 먼저 하자고 했다. 삶의 급류에 제멋대로 떠내려가는 배처럼 방향을 전혀 통제할 수 없는 그런 혼란스러운 상태였다.

어느 날, 나는 극도의 자책감을 느낀 후 나 자신을 구하기로 결심했다. 그때 떠오른 가장 좋은 방법은 강한 자제력을 키우는 것이었다. 자제력만 있으면 현재 상황을 바꿀 수 있다고 생각했다. 그래서 여러 가지 방법을 시도했지만 모두 실패했다.—인간의 관성은 너무 강력했다!

수많은 실패를 경험하면서 마침내 내가 깨달은 것은 본성과 맞설 수 있는 방법이 없다는 것이었다. 강한 자제력이 강한 행동을 뜻하는 것이 아니라는 것도 막연하게 느꼈다. 연구를 하면서 이 추측이 맞다는 것을 계속 확인할 수 있었다. 진짜 행동력은 전적으로 자제력에서 나오는 것이 아니었다. 이것을 이해한 후 나는 나의 행동력을 재구성하기 위한 새로운 메커니즘을 사용하기 시작했고, 그렇게 천천히 또 다른 나로 다시 태어날 수 있었다.

매일이라는 소중한 선물

어쩌면 당신은 깨닫지 못할 수도 있지만, 매일 아침 우리는 '맑은 집중력'이라는 선물을 받는다. 어제 무엇을 했든, 잠을 자고 일어나면 에너지는 항상 '다시 시작'된다. 그러나 많은 사람들은 이를 진지하게 받아들이지 않고 하루를 시작할 때 휴대폰으로 소식이나 흥미로운 내용을 보다가 점점 더 그 안으로 빠져들곤 한다. 이건 마치 귀중한 선물을 그대로 땅에 던져 버리는 것과 같다. 이대로 계속 간다면 운명은 당연히 호의를 베풀지 않을 것이다.

왜 이렇게 말을 할까? 생명은 복잡한 시스템이고, 좋은 것과 나쁜 것 각자의 기능 방식이 있기 때문이다. 『ESG와 세상을 읽는 시스템 법칙

Thinking in Systems』의 저자 도넬라 H. 메도즈Donella H. Meadows는 세상에는 '강화 회로'라는 기본 시스템 법칙이 있다고 말한다. 이것은 두 아이가 싸울 때 한 아이가 주먹으로 때리면, 다른 아이는 더 세게 걷어차면서 둘의 반응이 점점 더 강화되고, 폭력성도 더 커지는 것과 비슷하다. **집중력의 사용도 이 규칙처럼 최초의 선택이 자동 강화의 방향으로 행동에 영향을 미친다.**

예를 들어, 우리가 일어나서 가장 먼저 하는 일이 휴대폰으로 정보를 보는 것이라면, 스크롤을 내릴 때마다 흥미로운 뉴스, 재미있는 동영상, 눈길을 끄는 제목들에 우리의 관심이 갈 것이다. 그럴 때마다 클릭하고 싶은 강력한 욕구를 만들어 내서 회로를 더 강화시키고, 집중력이 한없이 분산된 상태가 되고 만다. 동시에, 일단 감정이 편안하고 재미있는 상태에 적응하면, 더 편안하고 재미있는 정보를 얻고자 하는 감정 강화 회로가 만들어진다. 이렇게 하루를 시작하면 집중력과 감정은 바로 감정 강화 회로에 영향을 받게 되고, 어렵거나 지루한 일을 해야 되는 상태로 들어가는 것은 쉽지 않게 된다. (그림 6-1 참조)

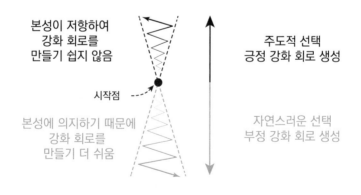

[그림 6-1 집중력의 강화 회로]

반대의 상태로 들어갈 수도 있다. 일어나서 휴식과 오락의 끌림을 의도적으로 피하고 독서, 운동, 중요한 일을 먼저 할 수 있다면 우리의 에너지는 수렴 상태에 있게 되어 자동으로 점차 강화된다. 예를 들어, 일어나서 먼저 운동을 하면 정신이 맑아지고 에너지가 넘쳐 이 상태에서 중요한 일을 하는 것이 매우 순조롭다. 일을 할수록 순조롭고, 상태도 더 좋아지고, 회로도 점차 강화된다. 또 다른 예는 일찍 일어나서 책을 읽으면, 머릿속에 질문과 영감이 더 많아지고, 독서 열망이 더 생기는 회로가 점차 강화될 수 있다. 이처럼 행동 회로가 일단 강화되면 우리는 효율적이고 만족스러운 상태에 들어갈 수 있는데, 이 기회를 크고 작은 뉴스 오락거리에 집중력을 쓰고 싶을까? **집중력 강화 회로가 긍정 회로인지 부정 회로인지의 방향은 거의 당신의 최초 선택에 따라 결정된다**는 건 이젠 너무 뻔한 이야기일 것이다.—처음이 중요하다!

[그림 6-2]에서 볼 수 있듯이 강화 회로의 시작점에서 유리한 선택을 하는 데 쓰게 되는 자제력은 최소이고, 일단 부정 강화 회로가 만들어져 버리면 이를 바꾸는 건 쉽지 않다.

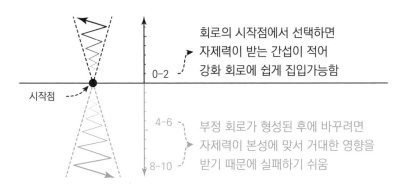

[그림 6-2 강화 회로 시작 점이 선택 난이도가 가장 낮다]

만약 당신이 틱톡에 빠져 있을 때에는 다시 잡념 없이 일하고 공부하는 것이 그리 쉽지 않을 수 있다! 좋은 강철은 칼을 만들기 위해 써야 하는 것처럼 **시작 단계에서 스스로 중요한 일을 먼저 하도록 해서 일단 긍정 강화 회로에 진입하도록 해야 한다. 그럼 당신은 훨씬 강력한 행동력을 가질 수 있다. 이것이 자제력을 강화하고, 행동성을 향상하는 비밀**이다. 그리고 이 비밀은 누구에게나 적용 가능하다.

명확함이 행동력의 힘이다

비밀을 아는 것만으로는 충분하지 않다. 결국 아는 사람은 많아도 실제로 그것을 행동으로 옮길 수 있는 사람은 아주 적다. 내일은 일찍 일어나서 운동하고, 책을 읽고, 중요한 일을 하려고 분명히 계획했지만, 다음날 눈을 떴을 때 귀신 들린 듯 핸드폰을 집어 든다. 카톡 메시지, SNS, 유튜브, 연예소식을 보다 눈 깜짝할 사이에 30분이 흘러가고, 당신은 여전히 침대에 누워 있다. 실제로 뭔가 새로운 일이 일어나지도 않았지만, 다시 앱을 켜서 뭔가 놀랄 만한 건 없는지 보고, 자극이 소진되어 지루해지기 시작하면 느릿느릿 침대 밖으로 나오지만, 머리가 띵 하다. 공허함을 채우고 싶은 마음에 더 많은 자극이 필요로 하는데, 지금 중요한 일을 할 생각이 들겠는가?

아는 것과 실천하는 것 사이에는 아주 큰 갭이 있다. 그 갭은 무엇일까?

답은 앞서 언급한 '모호함'에 있다.

내 추측이 맞다면, 당신 머릿속에 있는 소위 '중요한 일'이란 것은 운동이나, 독서 또는 어떤 중요한 일과 같은 대체로 무엇을 하겠다는 생각들일 것이다. 그런데 내일 일어나자마자 달리기부터 할 것인지, 독서부터 할 것인지가 불분명하고, 정확히 자신이 무엇을 할지 모른다. 달린다면 어디에서 뛸 지, 몇 킬로미터를 달릴지, 어느 정도 시간을, 어떤 옷을 입을지, 만일 날씨가 좋지 않으면 어떻게 해야 할지에 대해 정확히 모른다. 독서라면 도대체 무슨 책을 읽을지, 어디서부터 시작할지, 얼만큼 읽을지에 대해 불명확하다. 중요한 일은 어느 부분을 해야 하는지, 어떤 도구를 준비해야 하고, 뭐가 필요한지 등 **모든 것을 다 대략적으로만 알고 있을 뿐이고, 이는 행동력 향상에 매우 치명적이다.**

그러므로 아는 것만으로는 충분하지 않고, 또 다른 능력이 필요하다.— **명확함, 즉 목표를 세분화하고 구체화하는 능력이다. 행동력은 명확함의 지원을 통해서만 재구성될 수 있다.**

명확함을 높이는 기술

위의 내용을 알게 되었으니, 머릿속이 훨씬 분명해졌을 것이다. 하지만 어디서부터 시작해야 할지는 전혀 감이 안 잡힐 것이다. 너무 걱정하지 마라. 명확함을 확립하는 것은 그리 복잡하지 않다. 다음 두 글자로 실현 가능하다. '**쓴다!**'

맞다. 그냥 쓰면 된다. [그림 6-3]의 나의 '노트 방법'을 참고해 보자.

①

제 1단계 :
A5 사이즈 종이를
반으로 접는다.

---

② ㅗ018. 8. ㅗ

① 글쓰기 〈명확함〉　④ 택배 찾아 오기
② 독서 〈사피엔스〉　⑤ 라이틀 그림 제작
③ 매일 성찰　⑥ 기차표 예약하기

제 2단계 :
그 날의 모든 일에 대해 적고,
중요도에 따라 번호를 매긴다.

일을 적는 것만으로도
머릿속을 정리할 수 있고,
목표가 아주 명확하게 변한다.

---

③ ㅗ018.8.ㅗ

① 글쓰기 〈명확함〉　④ 택배 찾아오기
② 독서 〈사피엔스〉　⑤ 라이틀 그림 제작
③ 매일 성찰　⑥ 기차표 예약하기

5:30~7:00 달리기+샤워 [1h]
△ 7:00~7:30 독서 30m (30m)
△ 8:00~8:30 성찰 30 (30m)
8:30~10:00 줌 화상회의
△ 10:00~11:30 독서 1h30(1h20)
11:50~12:30 모바일 기차표예약
12:30~13:00 오침
13:00~15:30 글쓰기 2h30 (2h)
15:30~16:30 이론시험
△ 16:30~17:30 글쓰기 1h (50m)
……　야간배정생략
△ 8h10m (6h50m)+[1h]
비고 : △ 8:10 : 8시간10분, 자기계발로 계획하기
(6:50) : 6시간50분, 학습할 수 있는 시간
(1:00) : 1시간, 운동을 위한 시간

제 3단계 :
가능한 모든 정보를 토대로
일정의 구체적 시간 구간을
써 보면서 자신의
예측 능력을 높인다.

학습이나 자기계발에 쓸 수
있는 시간을 계산해 보면
마음에 인식이 생긴다.

---

④ ㅗ018.8.ㅗ　해야 하는 일

① 글쓰기 〈명확함〉　④ 택배 찾아오기
② 독서 〈사피엔스〉　⑤ 라이틀 그림 제작
③ 매일 성찰　⑥ 기차표 예약하기

계획완료	실제완료
5:30~7:00 달리기+샤워 [1h]	5:50~7:10 달리기+샤워 [50m]
△ 7:00~7:30 독서 30m (30m)	△ 7:10~7:30 독서 20m (20m)
△ 8:00~8:30 성찰 30m (30m)	△ 8:00~8:30 성찰 30m (30m)
8:30~10:00 줌 화상회의	8:30~10:00 줌 화상회의
△ 10:00~11:30 독서 1h30 (1h20)	△10:00~11:30 독서 1h30 (1h10)
11:50~12:30 모바일 기차표예약	11:50~12:30 기차표예약
12:30~13:00 오침	12:30~13:00 오침
13:00~15:30 글쓰기 2h30 (2h)	13:00~16:00 글쓰기 3h (2h30)
15:30~16:30 이론시험	16:00~17:30 이론시험
△ 16:30~17:30 글쓰기 1h (50m)	17:30~18:30 저녁+택배수거
…… 야간배정생략	…… 야간배정생략
△ 8h10m (6h50m)+[1h]	△ 4h30m (6h)+[50m]

스스로를 자제하지 못하겠으면 먼저 중요한 일을 할 것.
그렇지 않으면 중요하지 않은 일이 내 시간을 쳐묵든다!
(6/456) 17:19~18:41 3호차14B　비고

[사진 6-3 일정계획표]

1단계 : A5 종이를 반으로 접는다.

2단계 : 그날 해야 할 일을 모두 적어 머릿속을 비우고, 중요도에 따라 순서를 정한다. 이렇게 하면 목표가 명확하게 보인다.

3단계 : 사용할 수 있는 모든 정보를 수집하여 페이지 왼쪽에 예측 시간을 쓴다. 그런 후 아래쪽에 '계획한 자기계발 시간'과 '학습(또는 업무)이 가능한 시간'을 통계 낸다. 이렇게 시간도 명확해졌다.

4단계 : 페이지 오른쪽에 그날의 실행 상황을 기록하고, 하루가 지난 후 학습 시간과 학습 성과를 갖고 통계를 내 본다. 시간 활용 효율성이 일목요연하게 보인다.

전체 페이지는 다음과 같은 4개 부분으로 나누어 한자 '工'의 형태가 된다.

(1) 할 일 항목

(2) 계획 완료

(3) 실제 완료

(4) 비고

이 방법은 시간 관리 수첩의 주요 기능을 거의 포함하고 있으며, 메모도 언제든 할 수 있다. 비고란에는 영감이나 정보를 언제든 기록할 수 있고, 다 쓰면 버리면 된다. 수첩의 형식 때문에 에너지를 쓸 필요가 없고, 시간과 돈도 거의 들지 않는다.

[사진 6-4]와 같이 2017년 2월부터 시작한 이 노트를 지금까지 벌써 9권 정도 사용했다. 일관된 계획과 기록을 통해 나는 자유 시간을 점점 더 잘 통제할 수 있게 되었다. 나는 충분히 스스로 자제할 수 있게 되었고, 다음에 무엇을 해야 할지, 무엇이 가장 중요한지 항상 알고 있다. 온갖 종류

의 소식들에 휩싸여도 자기 알림을 통해 빠르게 빠져나올 수 있게 되었고, 이 모든 것은 명확함의 힘으로부터 얻은 이익이다.

　나는 많은 사람들에게 이 방법을 알려 주었지만 대부분의 사람은 하고 싶어 하지 않았다. 그들은 첫째, 이 방법이 너무 구식이고, 둘째, 머릿속으로 생각하는 것만으로도 충분해서 글로 적을 필요가 전혀 없다고 생각했다. 그러나 현실은 해 보지 않으면 이 방법의 이점을 알 수 없다. 이점을 인식하지 못하면 자연스럽게 이 방법은 쓸모가 없다고 느낄 것이다. 그래서 진짜 해 본 사람들만 직접 **써 보는 것과 써 보지 않는 것은 완전히 다르다**는 것을 깨닫게 된다. 많은 경우 사람 사이의 실제 격차는 마지막 그 작은 행동 위에서 생겨난다.

[사진 6-4 내가 사용한 노트]

2019년 5월 6일, 독자 에이미는 내게 이런 댓글을 남겼다.

"매일 해야 할 일들을 진지하게 다 적었더니, 효과가 너무 좋았어요. 이

전에도 이와 비슷한 방법을 알긴 했었지만, 그땐 진지하게 받아들이지 않았고, 직접 써 보지도 않았어요. 그런데 2019년 5월 1일부터 저는 이 일을 진지하게 받아들여 행동하기 시작했고, 이런 식으로 통제력이 생긴다는 것을 체감할 수 있었어요. 그리고 완료를 못 하는 것에 대해서도 조급해하거나, 두려워하거나 걱정할 필요가 없더라고요. 중간에 계획을 조정하더라도 큰 방향은 항상 내 통제하에 있으니까요."

쓰면 마법 같은 효과가 나타난다. '쓰는 것'으로 우리의 작업 기억을 정리할 수 있기 때문이다. 머릿속에 있는 모든 생각과 기분을 쏟아내면 머릿속이 깨끗해지고, 동시에 생각도 정리되면서 명확해진다. 이 상태에서는 우리는 '선택할 필요가 없는' 상태에 진입하게 되어 과정 중에 생각하거나 선택하려고 에너지를 쓸 필요가 없다.

행동력은 모호함을 가장 두려워한다. 만약 우리 마음속에 계속 모호한 선택지가 있다면 우리는 끊임없이 선택해야 하는데, 선택한다는 것은 굉장히 에너지를 많이 소모하는 일이다. 우리의 대뇌는 에너지를 아끼기 위해 무의식적으로 가장 익숙하고, 가장 확실한 옵션(쉽고, 즐겁지만 중요하지 않은 일)을 선택한다.

이 외에도 사람들은 대개 다음과 같은 질문을 한다.

"계획을 너무 타이트하게 짜면 스스로 너무 융통성이 없어지게 되는 건 아닐까요?"

그렇지 않다. **계획을 짜는 목적은 계획을 엄격하게 따르는 것에 있는게 아니라 단지 스스로 이를 인식하도록 하는 것에 있기 때문이다.** 그날의 계획이 바뀌어도 괜찮다. 이 계획표가 있다면 임시적인 작업을 처리한 후, 스스로가 빠르게 정상적인 궤도로 돌아올 수 있다. 그러나 이 계획표가 없다면 아마도 당신은 목표와 시간이 모두 모호한 상황에서 오락거리를 선택할 것이다. 따라서 계획을 짜는 일은 매우 효과적이다. 방해가 생기면 제때 계획을 조정하기만 하면 된다.

이 형식은 특히 비교적 자유 시간이 많은 사람들에게 적합하며, 실내에서 일하는 사람들에게도 잘 맞는다. 만약 당신이 가끔 밖으로 나가야 한다면 이를 거울 삼아 유연하게 적용하여 목표를 명확히 할 수 있다. 나는 밤에 잠자리에 들기 전, 10분간 이 작업을 하는 것을 좋아하고, 다음 날 아침에 몇 분동안 이 내용을 돌아 보고 하루를 시작한다. 일을 하는 과정 안에서도 수시로 확인하고 조정한다.

하루를 처음 시작할 때는 시간을 좀 써서 어떤 임무가 가장 중요한지 파악하고, 그것에 전념하라. 이런 식으로 하면 작업 효율성은 상상할 수 없을 정도로 높아질 것이다.

성장은 체계적인 프로젝트

여기까지 인지와 방법이 모두 명확해졌다. 당신은 이제 기뻐할 수도 있지만, 나는 여전히 다음의 내용을 당신에게 일깨워주고 싶다. (이 방법을 지푸라기라도 잡는 심정으로 쓰면 안 된다.)

행동력을 높이는 일은 단순히 '중요한 것부터 하기'나 '명확하게 만들기'와 같은 단일 측면으로는 가능하지 않다. 성장은 체계적인 프로젝트이며, 필연적으로 여러 요소가 같이 작용하여 나온 결과이다. 예를 들어, 인생의 목표가 부족한 사람이 맹목적으로 행동력을 추구하는 것은 나무에서 물고기를 찾는 것과 같다.

어느 정도 자신이 좋아하는 일이 있는 것이 본연의 행동력보다 훨씬 더

중요하다. 일단 열정이 있으면 '중요한 것부터 하기'와 '명확하게 만들기' 등의 각종 특성이 저절로 따라올 수 있기 때문이다. 따라서 명확하게 하는 것 외에도 목표를 찾는 감지 능력, 자유를 통제하는 매칭 능력, 만물을 이끄는 메타인지 능력 등등을 갖춰야 하고, 이들을 연결해야만 그제서야 내면 깊은 곳으로부터의 진정한 자기 성장을 할 수 있다.

모든 것은 '명확하게 생각하는 것'에서부터 시작한다

당신이 게으르고, 늘어지고, 공허한 감정 속에서 움직일 수 없는 것은 대부분 당신의 뇌가 모호한 상태이기 때문이다. 대뇌는 자신이 원하는 것이 무엇인지 모르거나, 동시에 하고 싶은 일이 너무 많으면 이 중 가장 달성하고 싶은 목표가 무엇인지 알지 못한다.—또는 목표는 알고 있지만, 그것이 구체적으로 언제, 어떤 방식으로 달성할지 모를 때도 그렇다.

어떤 상태에 있든 펜과 종이를 꺼내서 목표와 시간을 적기만 하면 당신의 메타인지 능력은 빠르게 향상되고 의욕이 넘치게 된다. 또다시 다음 문장으로 귀결된다.—인지가 명확할수록, 행동은 더 확고해진다.

아인슈타인은 이렇게 말했다.

"내 생사를 결정짓는 질문에 답할 시간 한 시간이 주어진다면, 나는 이 질문이 도대체 정확히 무엇을 묻고 있는지 알아내는 데 55분을 쓰겠다. 일단 질문을 정확하게 파악하면, 질문에 답하기에 5분은 충분하다."

현명한 사상가는 모두 '명확하게 생각하는 것'이 모든 것의 핵심임을 알고 있다. 그들은 '명확하게 생각하는 것'에 누구보다 기꺼이 시간을 투자한다. 반면, 평범한 사람들은 정반대로 삶의 사소한 것들에 휩쓸려 다니는 것을 좋아하는데, 이는 힘들지 않기 때문이다. 그래서 보통 사람의 눈에는 '알기는 쉽지만, 행하기는 어려운 것'이 현명한 사람들의 눈에는 '알기는 어렵고, 행하기는 쉬운 것'으로 비친다. 이 부분을 우리가 눈여겨 볼 필요가 있다.

나는 당신이 정말 명확하게 생각하다면 주도적인 실천이 가능해지고, 자신의 행동력을 재구성할 수 있다고 믿는다. 나를 믿고, 일단 한번 시도해 봐라. 정말 느낌이 다를 것이다!

바보
– 세상은 득실을 따지지 않는 바보에게 보상을 준다

한 사람이 환상을 끊고, 실행에 옮기는 출발점은 어디일까? 나는 이 생각을 계속해 왔다. 계속 생각하다가 불가사의하게도 너무도 당연한 답을 얻었다.—우리가 운이 좋게도 '바보'가 될 때...

책을 잔뜩 사 놨지만 읽지 않고, 여러 강의를 등록했지만 보지도 않고, 마음속에 셀 수 없이 많은 욕망을 품고 있는 사람 중엔 자신이 주도적으로 어떤 일을 해본 적이 거의 없을 거라는 데에 나는 내기를 걸 수 있다. 이를테면 일찍 일어나고, 헬스나 독서, 글쓰기, 그림 그리기 같은 습관이 없고, 좋은 성적을 받아 보거나 창업, 높은 소득을 얻어본 적 등등 이런 것을 해본 경험이 없다. 이는 내가 많은 사람들을 경험해 보면서 나온 판단이다.

물론 나는 내기를 좋아하는 사람도 아니고, 모든 것에는 예외가 있다는 것도 잘 안다. 그래서 평소에는 절대적이라는 말은 거의 하지 않는다. 그럼에도 내가 '내기'를 꺼낸 이유는 당신의 관심과 사고를 끌어내고 싶었기 때문이다. 현실에는 나아지고 싶다는 마음을 품고, 하루종일 사방팔방 자신이 해야 할 것을 열심히 찾아다니는 사람들이 너무 많다. 그러나 결과는 나아지지도 않을 뿐만 아니라 오히려 불안감이 더 커진다.

나도 이걸 다 경험했기 때문에 당신의 마음속에서 무슨 일이 일어나는지 잘 알고 있다. 그 당시 내 마음에는 두 가지 생각이 있었다.—하나는 '반드시 확실한 결과를 알아본 후에 한다'라는 것이었다. 전망이 불확실하고 불안정하면 다른 사람이 말하는 게 아무리 일리가 있다고 하더라도 시도하려 하지 않았다. 두 번째는 어떤 원리나 방법이 '나를 빨리 변화시킬 수 없다면 그것은 최적의 방법이 아니다'라는 생각이었다. 그래서 더 좋은 방법을 계속 찾아다녔다.

그 당시에 나는 이렇게 생각하는 게 꽤 똑똑하다고 생각했다. 지금 돌아보니 너무 되바라진 생각이었다. 이런 생각을 갖고 있었기 때문에 성장의 과정에서 장애물을 만났을 때 보이지 않는 문이 가로막고 있는 것처럼 아무리 애를 써도 넘지 못했던 것이었다.

그러던 어느 날, 우연히 장벽을 허물고 그 문을 넘어갈 수 있게 되었다. 그러자 모든 것이 변하기 시작했다.

성장의 역설

2016년 9월, 나는 앱에서 구독한 리샤오라이Li Xiaolai의《경제적 자유로 가는 길》칼럼을 읽고, '모든 단어를 놓치지 않고 읽기只字不差'라는 그의 독서 방법[1]을 따라 책을 읽으며 한 가지 결심을 했다.—책의 문장 전부를 키보드로 베껴 써 보기로 한 것이다. 1년 52주, 일주일에 4일, 하루에 약 2

---

1.   '只字不差'독서법 ; 유명 저자 리샤오라이의 독서법으로 한 자, 한 자를 놓치지 않고 읽으면서 저자의 의도를 이해해 보는 독서법이다. 구체적인 방법으로 천천히 읽기, 베껴 쓰기, 책 분야를 가리지 않고 읽기 등이 있다.- 번역자 주

시간씩 이 방식으로 책을 읽었다.

이전에 나는 이렇게까지 집중해서 책을 '읽어본' 적이 없었다. 이를 실천하면서 나는 글쓰기에 대한 이해와 함께 차원, 가치, 복리, 인내, 메타인지, 비탄력적 수요 등과 같은 일련의 중요한 개념에 대해 극도로 진지하게 사고해 볼 수 있었다.

2017년 2월, 나는 청지아成甲 Cheng Jia의 『열심히 공부하기』를 읽고, 책속의 '매일 성찰' 방법에 큰 감명을 받아 실천하기 시작했다. 글을 쓰고, 또 쓰면서 160일을 연속으로 쓰게 되었고, 자연스럽게 이를 SNS 계정에 써야겠다는 생각이 들었다. 그 해 7월 공개 계정 '맑은 뇌清腦'를 오픈하였다. 160일 간의 매일 성찰을 통해 나는 진지하게 나의 상태와 목표를 들여다볼 수 있었고, 글쓰기가 나에게 가져다주는 이점을 절절하게 체험했기 때문이다. 이 습관은 지금까지 이어져 퇴고 전까지 쓴 성찰의 글이 1,000개가 넘었다. 그러다 돌아 보니 내 인생의 첫 책이 나왔다.

시작은 바보처럼 키보드를 치고, 바보처럼 문장을 썼지만, 글을 창조하는 것의 이점을 알게 되면서 점차 이 일을 주도적으로 하게 되었다. 예전에 나는 영리하게 행동하는 것을 원했기 때문에 항상 결과를 먼저 확인하고, 행동에 옮기려고 했다. 그러다 결국엔 많은 시간을 낭비했다.

이것은 정말로 성장의 역설이다. **행동을 취하기 전에 먼저 결과를 보려는 사람들은 결과를 보지 못하는 경우가 많다.** 똑똑한 사람은 결과가 불분명하니 행동하기를 꺼리고, 자신의 노력이 보상받지 못할까 봐 두려워서 영원히 같은 자리에 머문다. (그림 6-5 참조)

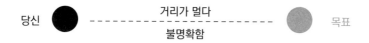

[그림 6-5 거리가 너무 멀고, 목표가 불명확하다]

명확한 원칙을 갖고, 보잘 것 없는 똑똑함에 연연하지 않으며, 득실을 따지지 않는 태도로 앞으로 나아가면 목표가 점점 더 명확하게 보인다는 것을 알게 될 것이다. (그림 6-6 참조)

[그림 6-6 가까이 다가가면 목표가 명확하게 보인다]

이 진실은 사실 아주 간단하지만, 때때로 우리는 이것을 우습게 보곤 한다. 이는 이 원칙을 이해하지 못해서가 아니라, 행동을 했을 때에만 세상을 보는 관점이 달라질 수 있기 때문이다.

우리가 주도적으로 무언가를 성취하기 전까지 우리 눈 안쪽의 세상은 2차원적이고 평면이다. 그러나 우리가 주도적으로 무언가를 성취한 후에는 곁눈질로 3차원의 세상, 입체적인 세상을 볼 수 있다. 그리고 사람과 사람 사이의 인지 수준의 차이를 알아차릴 수 있다.

입체의 세상에서는 『의식적 학습』이라는 책에서 묘사한 것처럼 같은 문제에 대해 높은 레벨의 사람과 낮은 레벨 사람의 태도는 하늘과 땅 차이다.

당신은 생활 속에서 영어가 필요하지 않기 때문에 영어를 배울 필요가 없다고 생각한다. 하지만 영어를 잘 배워야 그제야 영어와 관련된 기회가 천천히 당신 주위에 나타날 것이다. 당신은 학습이 얼마나 당신의 인생 궤도를 크게 바꿀 수 있는지 모르기 때문에 학력은 필요 없다고 생각한다. 단지 그때그때의 상황에 따라 자기 손에 여분의 종이가 있다고 생각할 뿐이다. 당신이 운동하지 않기 때문에 운동을 안 해도 된다고 말하고, 운동의 가치를 느끼지 못하는 것이다.

그렇다. 이 세상에는 인지 레벨이 있다. 낮은 인지 레벨의 사람들은 종종 상위 인지 레벨의 풍경을 보지 못하기 때문에 좁은 시각만으로 판단한다. '이러한 것이 매우 일리는 있지만, 별로 쓸모는 없는 것 같아요.'

일어나지 않은 일을 증명할 수는 없기 때문에 정말로 이러한 것들은 그들 눈에는 쓸모가 없다. 이 역설을 깨고 싶다면 행동을 시작하고, 인지력을 더 높은 레벨로 끌어 올려야 한다. 그제서야 다른 판단을 내릴 수 있다.

나는 예전부터 '명확하게 생각하는 것'의 중요성을 죽 강조해 왔지만, 우리가 아무리 머리를 쥐어짜도 여전히 명확하지 않을 때가 있다. 그때에는 선 경험자들의 가설에 따라 우선 행동을 시작하는 게 좋다. 그러면 목표의 본질에 더 가까워질 수 있고, 더 명확하게 생각할 수 있게 된다.

많은 사람이 항상 자기 삶의 목표를 찾은 후에 행동하려고 한다. 그런데 실제로는 행동하지 않으면 삶의 목표를 결코 찾을 수 없다. 결국 우리는 저차원적 인지와 경험에 의존하고 있기 때문에 자신이 정말로 원하는 것이 무엇인지 명확하게 알기란 쉽지 않다. 선 경험자의 가설을 따라 더 높은 레벨로 가면 삶의 목표가 서서히 나타날 수 있다.

생각이 중요하지만, 행동하지 않는 생각은 끝없는 후회만 남긴다.

사실, 한 번만 해보면 알게 될 것이다.—어떤 일을 성취한다는 것은 정말

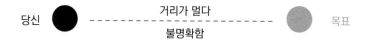

[그림 6-5 거리가 너무 멀고, 목표가 불명확하다]

명확한 원칙을 갖고, 보잘 것 없는 똑똑함에 연연하지 않으며, 득실을 따지지 않는 태도로 앞으로 나아가면 목표가 점점 더 명확하게 보인다는 것을 알게 될 것이다. (그림 6-6 참조)

[그림 6-6 가까이 다가가면 목표가 명확하게 보인다]

이 진실은 사실 아주 간단하지만, 때때로 우리는 이것을 우습게 보곤 한다. 이는 이 원칙을 이해하지 못해서가 아니라, 행동을 했을 때에만 세상을 보는 관점이 달라질 수 있기 때문이다.

우리가 주도적으로 무언가를 성취하기 전까지 우리 눈 안쪽의 세상은 2차원적이고 평면이다. 그러나 우리가 주도적으로 무언가를 성취한 후에는 곁눈질로 3차원의 세상, 입체적인 세상을 볼 수 있다. 그리고 사람과 사람 사이의 인지 수준의 차이를 알아차릴 수 있다.

입체의 세상에서는 『의식적 학습』이라는 책에서 묘사한 것처럼 같은 문제에 대해 높은 레벨의 사람과 낮은 레벨 사람의 태도는 하늘과 땅 차이다.

당신은 생활 속에서 영어가 필요하지 않기 때문에 영어를 배울 필요가 없다고 생각한다. 하지만 영어를 잘 배워야 그제야 영어와 관련된 기회가 천천히 당신 주위에 나타날 것이다. 당신은 학습이 얼마나 당신의 인생 궤도를 크게 바꿀 수 있는지 모르기 때문에 학력은 필요 없다고 생각한다. 단지 그때그때의 상황에 따라 자기 손에 여분의 종이가 있다고 생각할 뿐이다. 당신이 운동하지 않기 때문에 운동을 안 해도 된다고 말하고, 운동의 가치를 느끼지 못하는 것이다.

그렇다. 이 세상에는 인지 레벨이 있다. 낮은 인지 레벨의 사람들은 종종 상위 인지 레벨의 풍경을 보지 못하기 때문에 좁은 시각만으로 판단한다. '이러한 것이 매우 일리는 있지만, 별로 쓸모는 없는 것 같아요.'

일어나지 않은 일을 증명할 수는 없기 때문에 정말로 이러한 것들은 그들 눈에는 쓸모가 없다. 이 역설을 깨고 싶다면 행동을 시작하고, 인지력을 더 높은 레벨로 끌어 올려야 한다. 그제서야 다른 판단을 내릴 수 있다.

나는 예전부터 '명확하게 생각하는 것'의 중요성을 죽 강조해 왔지만, 우리가 아무리 머리를 쥐어짜도 여전히 명확하지 않을 때가 있다. 그때에는 선 경험자들의 가설에 따라 우선 행동을 시작하는 게 좋다. 그러면 목표의 본질에 더 가까워질 수 있고, 더 명확하게 생각할 수 있게 된다.

많은 사람이 항상 자기 삶의 목표를 찾은 후에 행동하려고 한다. 그런데 실제로는 행동하지 않으면 삶의 목표를 결코 찾을 수 없다. 결국 우리는 저차원적 인지와 경험에 의존하고 있기 때문에 자신이 정말로 원하는 것이 무엇인지 명확하게 알기란 쉽지 않다. 선 경험자의 가설을 따라 더 높은 레벨로 가면 삶의 목표가 서서히 나타날 수 있다.

생각이 중요하지만, 행동하지 않는 생각은 끝없는 후회만 남긴다.

사실, 한 번만 해보면 알게 될 것이다.—어떤 일을 성취한다는 것은 정말 쉽지 않다.

이것은 또 하나의 역설을 드러낸다.—스스로 주도적으로 어떤 일을 이뤄본 적이 없으면 어떤 일을 하는 것이 쉽다고 생각한다. 그 결과 비현실적인 욕망과 생각들이 많이 생기고, 바라는 것이 많을수록 더 아무것도 이룰 수 없게 된다. (그림 6-7 참조)

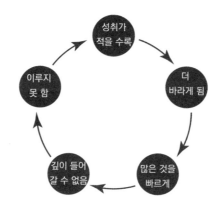

[그림 6-7 '하는 것'과 '원하는 것'의 이상한 순환]

반면에 실제로 무언가를 성취한 후에는 자신이 할 수 있는 일이 실제로는 아주 적고, 그렇게 많은 것을 바랄 수 없다는 것을 깨닫게 된다. 그래서 우리의 욕망과 불안이 줄어들거나 사라지면서 당면한 일에 더 집중할 수 있다.

모든 것은 결과에 달려 있다. 결과를 냄으로써 얻게 되는 성장의 진짜 모습을 알게 되면 '학습 불안', '3분의 열기', '알면서도 행동하지 않는 것'은 더 이상 중요하지 않게 된다. 당신은 주도적으로 환상을 끊어내어 집중하고, 진지하게 행동하게 될 것이다. 왜냐하면 이것 말고는 방법이 없기 때문이다.

스물 몇 살에 몸값이 수백만 달러인 사람을 탐내지 말고, 하루 아침에 유명해진 사람을 부러워하지 말라. 그들의 이야기가 당신을 진정으로 변화시키지 못한다면 그들은 모두 당신의 환상이다. 조금씩 나아지기 위해 착실하게 행동하는 게 훨씬 낫다. 결국 **실제 결과가 최고의 '판단'을 알려 준다.**

임계치 돌파

이러한 역설을 깨는 방법은 이득과 손실에 관계없이 먼저 행동하는 것이다. 일부 사람들은 이러한 관점에 전적으로 동의하지 않는다. 왜냐하면 그들은 행동 후의 결과가 여전히 불분명하다고 느끼고, 이점을 경험해 보지 못했으며, 욕망을 없애지도 못했기 때문이다.

만약 이런 상황이라면 먼저 자신의 행동량이 변화의 임계치를 돌파했는지 살펴보는 것이 필요하다. 노력은 일정 수준에 도달해야만 시스템에 영향을 미치기 때문이다. 노력 정도가 이 임계치보다 낮으면 당신의 행동은 효과가 거의 미미하다.

예를 들면 광고 업계에는 임계치 효과가 있다.—광고가 충분하게 보여지지 않으면 큰 효과를 낼 수 없고, 청중이 광고에 반응하려면 필수적으로 광고량이 임계치를 초과해야 한다.

행동할 때도 마찬가지이다. 집중해서 행동을 지속해야 임계치를 돌파할 수 있고, 그래야만 더 높은 레벨의 풍경을 볼 수 있다. (그림 6-8 참조)

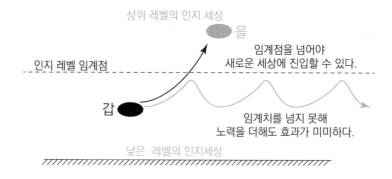

[그림 6-8 행동량으로 임계치를 돌파해야 한다]

나는 이 원리를 깊게 체험한 적이 있다. 습관을 하나 만들고 싶으면 통상 21일을 기준으로 삼으라고 하는데, 나는 최소 반년은 하려고 한다. 나는 어떤 일이든 180일 동안 꾸준히 하면 습관이 된다고 믿는다.

예를 들어, 일찍 일어나서 달리기를 시작했을 때 처음에는 조금 고통스러웠다. 하지만 그것을 극복하고 나니 일찍 일어나서 달리는 것이 내 몸과 마음에 가져다주는 놀라운 경험을 할 수 있었다. 돌이켜보면 가장 견디기 힘든 순간은 임계치를 돌파하는 그 즈음이었던 것 같다. 다행히 나는 그 시점에 포기하지 않았다.

그 후부터는 일찍 일어나서 달리지 않으면 도리어 기분이 좋지 않았다. 스스로 멈추지 않게 되었을 때, 내가 임계점을 돌파해서 새로운 레벨로 올라갔음을 알게 되었다.

이 과정과 동일하게 나는 독서와 글쓰기, 그리고 매일 성찰하는 습관을 만들었다.

합리적인 '바보'가 되라

'바보'라는 단어에 부호를 붙인 건, 이 안의 다른 의미를 갖고 있기 때문이다. 여기서 쓴 '바보'란 맹목적이고, 충동적이지 않은 확고한 원칙이 있다는 것을 의미한다. 난 이런 사람들이 바보가 아닌 반대로 진짜 똑똑하다고 생각한다.

행동력이 강하다는 것은 남들이 좋다고 해서 하는 것이 아니라 그 행동의 원칙과 근거, 의미에 스스로가 동의했음을 의미한다. 스스로 깊은 이해가 없이 단지 트렌드를 따라 간다면 그게 정말 바보인 것이다.

바꿔 말해, **당신이 느끼기에 다른 사람의 말이 일리가 있고, 근거도 있다. 스스로 당분간 반박할 것도 없고, 또 운이 좋게 자신이 지금 너무 하고 싶은 일이라면 그들의 말이 맞다고 믿고, 결단력 있게 행동하라.** (그림 6-9 참조)

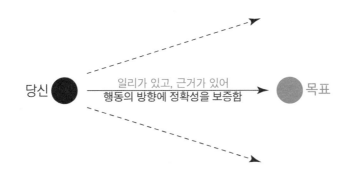

당신 ● 일리가 있고, 근거가 있어
행동의 방향에 정확성을 보증함 ● 목표

[그림 6-9 이유와 근거가 충분한 가설은 모든 진보의 시작이다]

실천을 하는 동안 당신은 자연스럽게 계속 생각을 하게 되고, 행동으로 그들의 이론을 반복적으로 검증하게 될 것이다. 실제로 목표를 이룰 때까지 **맞지 않으면 변경하고, 잘 맞으면 적용**하면서 계속 하면 된다. 그때쯤이면 당신은 그 일을 해냈을 뿐만 아니라, 자신의 이론을 깊게 탐구할 수 있게 되어서 다른 사람들 눈에 전문가가 되어 있을 수도 있다.

물론, 작은 이론만 실천하더라도 결단력 있는 사람은 더 많은 것을 얻게 될 것이다. 예를 들어, 나는 많은 독자들에게 자신의 컴포트존 가장자리에서 스스로를 향상하는 방법을 말했었다. 대부분 그것이 매우 일리가 있다고 생각했지만 행동하지 않았다. 그 중 독자 '루루대왕'은 이러한 방법론을 엄격하게 적용해서 2주만에 피아노 시험 곡의 템포 속도를 160에서 192로 높였고, 시험 전의 불안감도 사라졌다고 했다.

또 다른 예로 5장에서 뽀모도로 시계를 활용해 주도적으로 휴식을 취하는 방법을 언급했는데, 많은 사람들이 고개를 끄덕이며 일리가 있다고 말했지만, 제대로 행동이나 경험을 하는 사람은 거의 없었다. 그런데 한 어머니가 자신의 아이에게 이것을 사용하도록 했더니, 아이에게 변화가 있었다며 내게 이렇게 말했다.

"국경절 연휴 동안 뽀모도로 방법으로 아이들의 학습지도를 했는데, 매우 효과적이었어요. 아이는 스스로 알람 시계를 맞추고, 스스로 공부하고, 스스로 휴식했어요. 때로는 숙제를 단 2시간 만에 다 끝낼 때도 있었어요. 이제부터는 집에서 숙제할 때 전쟁이 일어날 일이 없어졌어요. 아이가 게임을 하는 시간이 많아졌지만, 공부할 때는 높은 집중력을 유지하더라고요. 아이에게 요 며칠의 변화는 정말이지 엄청나요!"

이처럼 어떤 사람들은 닭고기 수프[1]처럼 쓸모가 없다고 느끼지만, 어떤

---

1. 세계적인 베스트셀러 자기계발서 『영혼을 위한 닭고기스프』를 빗댄 말. - 번역자 주

사람들은 매우 유용하다고 생각한다. 만약 당신이 행동을 계속해 나간다면 이 세상이 분명 당신을 특별히 편애할 것이라고 나는 확신한다.

행동
– '원리는 알지만 행동하지 않는 것'을 어떻게 깨부술까?

이 세상의 어려운 일을 풀어내기 위해 '지행합일'은 꼭 필요한 한 가지이다.

너무도 많은 사람들이 '자신이 그토록 아는 것이 많음에도 여전히 삶은 그리 좋지 못한지'에 대해 잘 이해하지 못하고 있다. 이런 혼란스러움은 매우 자연스러운 것이며, 성장 과정 중에 모든 이가 반드시 만나게 된다.

어떤 사람들은 빠져나오지만, 어떤 사람들은 시종일관 그 안에 갇혀 있다. 빠져나오는 사람에게는 빤히 보이지만, 그 안에 갇힌 사람들은 왜 자신이 꾸준히 행동하지 못하는지에 대한 그 이유를 모른다. 이들의 마음속에는 이런 고집스러운 생각이 있다.— '내가 지금 행동하지 않는 것은 아직 최선의 방법을 찾지 못했기 때문이며, 그 방법을 찾으면 모든 것이 달라질 것이다.' 그래서 그들은 방법을 찾기 위해 길을 가면 갈수록 더 멀어져만 간다.

그들은 일리가 있는 책들을 많이 읽고, 좋은 문장을 수집하면서 스스로가 많은 것을 알게 되었다고 느끼지만, 몸을 움직여 행동할 생각은 하지 않는다. 그들은 항상 아직은 준비가 안 됐다고 생각하고, 이 방법이 최선이 아닐 것 같은 걱정, 섣불리 움직이다가 시행착오를 겪을지 모른다는 불안감을 갖고 있다. 그런데 실제는 이런 관망, 기다림 자체가 가장 비효율적이다. 더 큰 문제는 아는 것이 많으면 많을수록 오히려 행동력은 약해진다는 것이다. 왜냐하면 계속 더 좋은 방법이 있을 것 같기 때문이다.

'아는 것은 많고, 행하는 것은 적다'라는 말이 있다. 이는 마치 매듭처럼 많으면 많을수록 더 조여진다. 자신이 '지식 거인, 행동 난쟁이'가 되어 가는 걸 알면서도 어떻게 해야할지 모른다. 그러다 또래나 심지어 자신보다 어린 후배가 꾸준한 행동으로 성공하는 모습을 보게 되면 그간 알고 있던 내용들이 단숨에 초조함으로 바뀌어 쏟아지게 된다. 아는 것이 많을수록 점점 더 초조해지고, 무력감 속에서 결국 아예 자포자기해 버린다.

많은 사람들이 인내심이 부족하고, 성공에 급급하기 때문에 행동 단계를 건너뛰고 지름길을 찾으려 한다. 하지만 이것이 결국엔 멀리 돌아가는 길이다. 보기에 멀어 보이고 비효율적으로 생각되는 행동의 길이 진정한 지름길이었음을 깨닫게 된다.

얼마 전 독자 한 명이 댓글로 이런 질문을 남겼다.

'원리는 다 이해했는데, 행동하지 않는 것은 어떻게 깨부술 수 있을까요?'

나는 이렇게 답했다.

'원리를 알고, 정말 깨부수고 싶다면, 그냥 행동하세요!'

흠잡을 데 없는 답변이었지만, 지금 보니 너무 간단하게 쓴 듯 하다. 다시 좀 더 상세하고 명확한 설명이 필요할 것 같다. 경험자로서 삶이 막막하다고 생각하는 모든 사람의 눈 앞에 혼란이 제거되고, 앎과 행동 사이의 혼란도 여기에서 해소되길 진심으로 바란다.

인지는 기술이다

한때 나도 아는 것에만 만족하고, 행동력은 너무 약해서 능동적으로 무언가를 끝까지 해 본 적이 거의 없는 사람이었다. 그러던 내가 아는 것에 머무르는 장벽을 제거하고, 행동하게 된 계기가 있는데, 그것은 바로 뇌의 학습 메커니즘에 대한 인지였다. 이 방면에서 우리 모두는 커다란 맹점을 갖고 있었다.

과학자들에 따르면 어떤 기술을 배우는 것의 본질적 의미는 뇌의 신경세포 사이의 연결을 만드는 일을 의미한다. 신경과학적 용어로 설명하면 다음과 같다. 수많은 반복 동작을 통해 원래 서로 관련이 없었던 뇌의 두 개 이상의 뉴런이 반복적으로 자극을 받은 후 강한 연관성을 갖는다.

이것은 이해하기 그리 어렵지 않다. 우리가 만약 자전거 타는 법을 모르는 상태로 다른 사람들이 자전거를 타는 모습을 보면 그다지 어렵지 않다고 생각할 수 있다. 그냥 핸들을 잡고, 두 발을 번갈아 밟기만 하면 된다고 생각하는 것이다. 그런데 막상 직접 타 보면 그렇지 않다는 것을 알게 된다. 무게 중심이랑 방향이 이리저리 흔들리고, 속도가 나지 않고, 넘어질까 두렵고, 긴장감이 가득하다.

이것은 우리가 아직 충분히 많은 연습을 하지 않아 뇌의 관련 뉴런들이 강한 연관성을 만들어 낼 만큼 충분히 자극되지 않았기 때문이다. 그래서 우리가 자전거를 타는 것이 무엇인지 이해하고 있음에도, 이 기술을 실제로 습득하기까지는 시간이 오래 걸린다. 이 기술을 수없이 반복해야 뇌의 관련 뉴런의 연결이 아주 강해지고, 그제야 자전거 타기 기술을 진정으로 마스터할 수 있게 된다.

[그림 6-10]에서 보는 바와 같이 **기술 학습경로**에서는 '아는 것'만으로

는 피드백 루프를 폐쇄(Closed 완료를 의미- 역자 주)할 수 없다. 많은 연습을 통해 뇌 관련 뉴런이 강한 연관성을 형성해야만 '완성' 루프가 만들어질 수 있다.

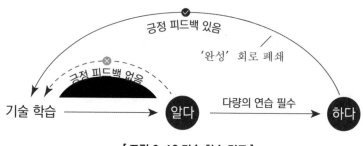

[그림 6-10 기술 학습 경로]

걷기, 말하기, 그림 그리기, 피아노 연주 등 모든 기술 학습은 이 규칙을 따른다. 기술 학습은 잠재의식이 자동으로 시행할 수 있을 때까지 많은 양의 반복 연습을 거쳐야 한다.

그러나 우리가 **인지 학습**을 할 때에는 하나의 이치를 이해한 것만으로 이 기술을 습득한 것과 같은 착각을 하게 된다. 예를 들어, 우리가 지식을 배우거나, 개념을 이해하거나, 이치를 깨달았을 때, '알게 된' 그 순간, 우리는 확실히 인지가 높아졌고, 심지어 짧은 시간 내에 '할' 수도 있다. 이런 느낌은 매우 미묘해서 마치 새로운 자아를 발견한 것 같은 느낌이 들기도 하고, 이를 떠올려 보기만 해도 이 인지를 통해 우리 자신에게 마구 긍정의 피드백이 생기는 것을 체험할 수 있다. (그림6-11 참조)

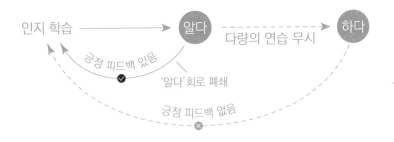

[그림 6-11 인지 학습 경로]

이 긍정의 피드백은 당시는 맞다. 하지만 한 번의 강한 신경 자극으로는 강한 연관성을 만들기에는 턱없이 부족하기 때문에 이런 인지는 매우 불안정하게 된다. 이때 뇌는 인지로 인한 긍정의 피드백을 받았고, 그것을 자신이 숙달했고 얻었다고 착각해서 이후의 많은 양의 연습을 해야한다는 사실을 무시하게 만든다.

따라서 대다수의 사람은 인지 학습 과정에서 무의식적으로 '소유 또는 아는 것에 만족'하는 단계에 머물게 된다. 우리가 책을 주문하는 순간, 마치 이미 그 지식을 이미 갖게 된 것 같은 멋진 기분이 들지만, 책을 받고 나서는 책을 펴고 싶은 생각이 들지 않는다.—우리가 '메타 인지'라는 개념을 알게 되었을 때, 이것이 인간의 가장 중요한 능력임을 알고 있음에도 실제 상황에서 이를 사용하는 것을 떠올리지 못한다는 사실은 정말 놀랍다. 나는 '하루 동안 휴대폰을 보지 않아도 어떤 손해도 없다.'는 것을 깨달았을 때, 정신이 번쩍 들었다. 대부분은 휴대폰의 해로움을 분명하게 알아도 며칠이 지나면 다시 책을 옆으로 치워두고 휴대폰을 꺼내서 게임을 한다.

아무리 이해하고 있어도 의도적인 연습을 통해 관련 뉴런의 강한 연관성을 자극하지 않으면, 이러한 아름다운 인지와 알게 된 지식들은 결코 당신에게 영향을 미치지 못할 것이다.

만일 지금 당신이 '알지만, 행동하지 않는' 사람이라면, 자책하지는 말길 바란다. '쉬운 길로 도피하는 것'이 인간의 본성이므로, 이러한 선택 취향은 우리의 유전자에 깊이 새겨져 있는 것이기 때문이다. 쉽게 얻을 수 있는 것이 있기 때문에 인간은 절대 어려운 선택을 하지 않으려고 한다. 짧은 피드백 회로가 있다면 인간은 자연스레 긴 피드백 회로를 선택하지 않는다. 이것이 바로 선택할 때의 뇌의 기본 논리이다. 의식하지 않으면 우리는 이것을 알아차리기가 어렵다.

[그림 6-12]와 같이 기술 학습경로와 인지 학습경로를 합치면 우리가 '알지만 행동하지 않는' 이유를 명확하게 알 수 있다.

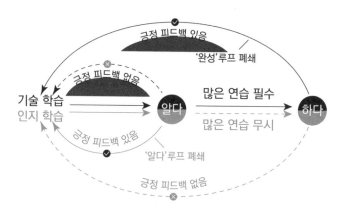

[그림 6-12 인지는 기술이다]

다행히도 우리는 각성할 수 있다. 각성은 '명확하게 봤다'는 것을 의미하며, '능동적'으로 기본 설정을 변경하고, 새로운 선택을 하는 것을 의미한다. 지금부터는 **인지를 기술이라고 생각하라. 진리를 알았거나 깨달음이 있을 때 너무 성급하게 좋아하지 말고, 후에 많은 양의 연습을 해야 한**

다는 것을 명심한다면 경솔함을 범하지 않을 것이다.

처음에는 잘하는 못하는 게 당연하다

많은 사람들이 행동을 하지 않는 또 다른 원인 중에는 처음 시도할 때 자신이 잘하지 못해서 성과가 잘 안 나오기 때문인 것도 있다. 그래서 포기해 버리는 경우가 많다.

이 선택은 꽤 합리적인 것 같아 보여도 실제로는 우스운 일이다. 뇌의 학습 메커니즘에서 추론하면 기술을 배우든 습관을 기르든 관련 뉴런이 소수에서 다수로, 약한 것에서 강한 뉴런으로 연결되는 과정을 반드시 거쳐야 한다. 때문에 처음 뉴런의 연관성이 아주 약할 때는 잘하지 못하는 게 당연하다.

우리가 피아노를 처음 배우기 시작할 때는 유창하게 곡을 연주하지 못하고, 단번에 쉽게 연주가 되지도 않는다. 잘하지 못할 때는 먼저 자신의 현실 상황을 인지하고, 뉴런이 서로 연관될 수 있도록 더 많은 시간을 투입해야 한다. 만약 처음부터 바로 할 수 있다면 배울 게 뭐가 있겠는가?

하지만 많은 사람들은 뭔가 우위에 있거나 큰 흥미나 재능이 있어야만 행동할 수 있다고 생각하고, 그렇지 못하면 그냥 포기해 버린다. 마치 아이처럼 게임을 할 때 이길 수 있다고 확신해야만 게임을 시작하고, 그렇지 않으면 게임을 하지 않는 것처럼 말이다. 하지만 우리는 더 이상 아이가 아니다. 우리는 더 성숙한 마음으로 초기의 자신의 어리숙함을 포용하는 법을 배워야 한다. 설령 잘 못하더라도 계속 연습해서 뉴런이 서로 연결될 수 있는 충분한 시간을 주어야 한다.

《마인드 맵》의 작가 토니 부잔Tony Buzan과 배리 부잔Barry Buzan은 습관을 형성할 때 뇌의 작용을 이렇게 묘사했다.

당신이 생각을 하나 할 때마다, 그 생각을 전달하는 신경 경로의 생화학적 전자 저항은 숲속의 작은 길이 나는 것처럼 조금씩 줄어든다. 처음에는 매우 힘이 들지만, 이 길을 지나는 횟수가 늘어날수록 길은 점점 더 확실하게 열리고, 당신이 마주하는 저항은 점차 줄어들게 된다. 결국 이 오솔길은 평평하고 넓어진다.

반복적인 연습을 하면 뉴런간의 연관성이 점점 더 강해진다는 것을 말해주고 있다. 자신이 잠시 후퇴하고 있다고 느껴지더라도 학습 정체기에 진입한 것일 수 있으니 낙담하지 말라.

당신의 의도된 연습과 끊임없이 강화되는 뉴런의 연결 안에 희망과 인내심이 숨겨져 있다. 그게 좋든 싫든 꾸준히 연습하는 한, 당신은 분명 나날이 나아 질 것이고, 결국엔 '완성!'이라는 쾌감을 진정으로 경험하게 될 것이다.

우리가 할 수 있는 건 사실 거의 없다

이 장의 내용이 어떤 이들에게는 다소 충격적일 것이다. 빨리 행동할 수 없는 이치가 있고, 행동을 지속하는 것이 쉽지 않은 잔인한 현실을 계속 설명했기 때문이다. 여기에 또 다른 사실 하나를 추가하면 실제로 우리가 할 수 있는 일은 거의 없다는 것이다. 이것은 사람들이 행동을 꺼리는 또 다른 이유인 '욕망이 너무 많은 것'으로 이어진다.

'알고 있지만 하지 않는다'라는 문제에 직면한 사람들은 대부분 실제 무언가를 성취하기 위해 얼마나 큰 노력이 필요한지 잘 모른다. 왜냐하면 그들은 주도적으로 뭔가를 해 본 적이 거의 없고, 모든 생각이 머릿속에서만 맴돌고 있기 때문이다. 어떤 일을 진정으로 주도해서 해 본 사람은 그것이 결코 쉽지 않다는 것을 잘 안다. 피아노를 배워 자유롭게 연주하기까지, 일찍 일어나는 습관을 만들어서 평생 일찍 일어나기까지, 이것은 모두 긴 과정이고, 하루 아침에 이루어질 수 없다. 그렇기 때문에 우리는 집착을 깨뜨려야 한다. 집착을 깨는 가장 좋은 방법은 현실의 변화에 집중하는 것이다. 결국 현실의 결과가 가장 좋은 '판단'이 된다. 만약 배움이 자신을 진정으로 변화시키지 못한다면, 더 많이 배운들 무슨 소용이 있겠는가?

2년 이상의 실천을 하면서 나 역시 실질적인 변화가 없는 학습은 모두 무효한 배움이라는 것을 깊이 느꼈다. 한 편의 문장, 한 권의 책이 아무리 일리가 있다고 하더라도 결국 **자신의 변화를 끌어내지 못한다면 나는 이 이 문장, 이 책을 읽는 과정이 효과가 없는 학습이라고 생각한다.** 필요할 때 나를 끄덕이게 하는 어떤 진리도 꺼낼 수 없다면 비록 그들이 말하는 것이 진리여도 나와는 상관이 없는 것이고, 이런 이론은 과감히 버린다.

'변화'가 독서 학습의 가장 높은 척도가 되면 우리의 학습량은 줄어들 수 있다. 예를 들어, 당신이 '가장 중요한 것은 단 한 가지뿐'이라는 것을 진정으로 이해하면 인터넷상에 돌아다니는 '한 가지 목표에 집중' 관련 기사는 더 이상 당신에게 매력적이지 않을 것이다. 하지만, 당신이 정확히 이해하지 못했다면, 비슷한 글을 볼 때마다 매우 일리가 있다고 느끼면서 그것들을 계속 즐겨찾기에 추가하고 있을 것이다.

현실과 이론은 모두 우리에게 백 가지를 아는 것보다 한 가지를 바꾸는 것이 더 낫다고 말한다. 진정한 성장은 자신이 얼마나 많은 것을 알았느냐

가 아니라 얼마나 변화했느냐이다.

그러니 '많은 것을 안다'는 것에 집착을 버려라! 버리면서 스스로 진심으로 기뻐하라. 왜냐하면 이 세상에는 알면서도 아무것도 행동하지 않는 사람들이 너무 많기에 당신이 행동한 것만으로도 즉시 많은 이들을 뛰어 넘은 것이나 마찬가지니까 말이다.

성장에 있어서 **이론은 모두 '공수표'이고, 변화만이 '진짜 황금'이다.** 모든 것을 변화로 기준을 삼을 때 당신의 성장 경로는 더 명확해질 것이다.

7장

감정력
- 문제를 다각도로 보는 지혜

생각의 대역폭
- 풍요로움만이 근심을 없앨 수 있다

우리는 물질이 풍부하고, 첨단 과학 기술과 편리한 정보의 시대를 살고 있는 매우 운이 좋은 세대다. 우리가 경험하고 있는 이 모든 것은 이 행성에서 전례가 없었다.

하지만 우리의 잠재의식 속에는 아직 결핍의 심리가 남아있고, 이 심리는 자칫하면 뛰쳐나와서 우리의 선택과 의사결정에 영향을 미친다. 그럼에도 많은 사람들은 결핍의 심리를 특별히 성찰해 볼 가치가 있는가 생각한다. 만일 이 결핍의 심리가 사람을 바보로 만든다는 것을 알게 된다면, 이것에 대한 인지를 새롭게 할 것인가?

결핍의 심리는 사람을 바보로 만든다

아무도 자신이 멍청해지기를 바라지 않지만, 이것은 피할 수 없다. 『결핍의 경제학』의 저자 센딜 멀레이너선Syedhir Mullainathan은 인도 사탕수수 농부들을 대상으로 연구를 했다. 그들의 생계고민은 가계 경제가 가장 어려울 때인 수확하기 직전이 가장 심했다. 이런 상태에서 이들의 인내심은 너무 부족했고, 근시안적인 선택을 하였다. 행동력, 자제력, 지능까지 모두 떨어진다는 것을 발견했다. 수확의 계절이 지나 사탕수수 농부들이 소득이 생기면 인지 수준과 행동 능력이 모두 크게 향상되었고, 정서적으로도 안정될 뿐만 아니라 장기적인 목표를 계획하고 행동할 수 있었다.

연구 결과에 따르면 가난은 확실히 사람을 어리석게 만든다. 이는 가난 자체가 사람의 능력을 부족하게 만드는 게 아니라, 가난으로 인한 결핍이 사람의 집중력을 사로잡아 생각의 대역폭을 감소시켰기 때문이다.

생각의 대역폭은 인간의 인지, 행동 및 자제력을 지원하는 생각의 용량을 뜻한다. 생각의 대역폭이 좁아지면 사람들은 판단력을 잃기 쉽고, 현명한 선택을 하지 못한다. 성공에 대해 조급해지고, 인내심이 부족해져서 쾌락의 유혹을 뿌리치기 어려워진다.

모든 사람의 뇌 구성은 비슷하지만, 결핍 스트레스는 뇌의 백그라운드에 숨겨진 프로그램을 하나 더 실행하도록 한다. 이는 보이지 않지만 많은 에너지를 쓰도록 한다.—어떤 사람은 음식을 남겨 다음날에 먹으면서 자신이 매우 절약한 것으로 생각하고, 빚에 대한 스트레스가 있는 사람은 자녀의 숙제를 도와줄 때 화를 내기 쉽다. 하루 종일 걱정이 많은 사람은 마음을 가라앉혀 공부에 집중하기가 어렵다.—이러한 현상은 모두 생각의 대역폭이 부족하기 때문에 장기적인 시선으로 문제를 고려하지 못하고, 인내심과 집중을 유지하기 어렵고, 선택을 하게 될 때 무의식적으로 가장 안전하고 빠르게 효과를 볼 수 있는 옵션을 선호하기 때문이다.

이러한 근시안적 행동은 나쁜 결과를 가져오고, 이는 또다시 결핍의 심리를 더 악화시킨다. 먹다 남은 밥을 먹고 배탈이 나면 병원비가 음식값보다 더 들고, 아이에게 화를 내면 스트레스가 더 쌓이고, 공부하면서 휴대폰을 계속 보면 걱정이 더 커진다. 악순환은 부정적인 회로를 더 강화하고, 걱정하고 있는 사람을 더 걱정하게 만든다.

결핍은 '바보'로 만드는 하나의 요인일 뿐, 실제로는 내일의 강연, 시험 기간, 실업에 대한 걱정 등등 같은 **스트레스를 주는 모든 사건이 생각의 대역폭을 좁게 만든다. 우리의 집중력이 어떤 거대한 것에 끌려가면 우리는 결핍 상태에 빠지고, 생각의 대역폭이 줄어들어 현명하지 못한 행동을 할 수 있다.**

예를 들면 쇼핑몰에서 '50% 할인! 오늘이 마지막 날!'이라는 소식을 보면 이 혜택을 놓칠까 봐 참지 못하고 지갑을 연다. 그러고는 나중에야 이것이 꼭 필요했던 것이 아니라는 것을 깨닫게 된다.

'연애 중인 남녀의 지능은 제로'라는 우스갯소리가 있다. 열정적으로 사랑에 빠지게 되면 서로의 장점만 보이고, 단점은 보지 못한다. 이것의 근본 원인은 그들의 관심이 상대방에게 완전히 사로잡혀 마음의 대역폭을 완전히 차지하고 있기 때문이다. '사랑하면 곰보 자국도 보조개로 보인다'는 말이 있다. 이 역시 이런 현상에 대한 표현으로, 본질은 결핍으로 인해 판단력이 저해된 것이다.

빠른 성공을 추구하며 계속 조급해지다

오늘날, 물질적 결핍의 영향은 점점 줄어들고 있으며, 많은 사람들의 걱정은 더 이상 배불리 먹지 못하는 것에 있는 게 아니라 너무 많이 먹는 것에 있다.

예전에는 사치스러웠던 것들이 지금은 언제든지 할 수 있는 것이 되었다.―정보를 원하면 검색하면 얻을 수 있고, 맛있는 음식을 먹고 싶으면 배달을 시키면 된다. 여행하고 싶으면 고속철도가 있고, 공부하고 싶으면 자료가 얼마든지 있다. 그럼 결핍의 문제가 해결되었으니 사람들은 행복하고 즐겁게 살아야 하는데, 당신은 분명 반대의 모습일 것이다. 경쟁의 압력이 눈 앞에 있기 때문이다.

현대 사회는 우리에게 많은 편의와 선택의 기회를 주었지만, 동시에 유례없는 빠른 속도를 가져 왔다. 빠른 템포는 사람들에게 자칫 대열의 뒤로 떨어질 것 같이 느끼게 하고, 무의식적으로 속도를 높이게 만들었다.

재학생들의 초조함만 봐도 이를 알 수 있다. 상담을 신청한 많은 대학생은 모두 자신이 너무 조급해서 마음을 가라앉히고 공부하기 어렵다고 말했다. 그들 중 한 대학생에게 목표가 무엇이냐 물으니, 웅변술, 논리학, 수사학, 철학, 인지신경과학, 교육 신경과학, 영어, 독일어, 히브리어, 일본어, 인공지능, 그리고 정신의학을 모두 습득하고 싶다고 말했다.

사실 이 학생 본인도 이것이 불가능한 일이라는 것을 알고 있었지만, 내면의 욕망은 이토록 강한 것이다. 한 가지 기술만 잘해도 평생 기본적으로 먹고 사는 게 가능했던 옛날과는 달라졌다. 그래서 경쟁 스트레스는 더 많은 것을 원하도록 만들었다. 이 학생에게 이런 많은 욕망은 컴퓨터에서 동시에 실행되는 멀티태스킹 작업과 비슷하다. 그렇게 생각의 대역폭을 다 차지하고 있게 된다. 당연히 자신의 비전, 인내심, 행동력 및 자제력을 지원할 에너지는 없어진다. 결국 스스로를 고통 속에서 방황하고, 심지어 현재의 작은 일조차 제대로 할 수 없게 만든다.

물론 이것은 하나의 사례일 뿐이지만, 더 흔한 또 다른 현상이 있다. 많은 학생이나 직장인들이 방학이나 여가시간을 활용하여 자신의 능력을 향상시키고자 빡빡한 일정을 계획하곤 한다. 하지만, 매번 '이상은 풍요롭지만, 현실은 빈곤한' 결과를 낸다. 목표를 이루기는커녕 오락에서 헤어 나오지 못하는 경우가 대부분이다.

이치는 사실 똑같다. **한 사람이 동시에 많은 작업을 하게 되면 생각의 대**

역폭은 줄어들고, 행동력과 자제력은 사라진다. 반면 경험이 있는 사람들은 최대한 자신의 욕망을 억제하려고 노력하면서 중요한 일을 한다. 그리고 적극적으로 따로 오락 활동을 준비한다. 일정을 성실히 집중해나가면서 따로 최대한의 여가를 확보하기 위해 노력하곤 하는데, 이것이 과학적이고 현명한 방법이다.

현대 사회에서 실제로 불안의 정도가 가장 높은 그룹은 30세 전후의 성인들이다. 이 나이대의 사람들이 불안해하는 이유는 그들이 지금 인생의 세 가지 길목에 있기 때문이다.—첫 번째는 앞에는 선배, 뒤에는 후배가 있는 책임의 길목이다. 두 번째는 앞의 파도가 아직 물러나지 않았는데, 뒤의 파도가 추격하는 직업적 길목이고, 세 번째는 왼쪽에는 돈이, 오른쪽에는 권력이 있는 비교의 길목이다. 어떤 이들은 이 길목까지 와서 혼란스러워한다. 갑자기 가족의 책임이 막중해 지고, 커리어를 예측할 수 없게 돼버리고, 자신의 옛 동창과 동료들은 이미 저 멀리 앞서 가 버렸음을 깨닫게 된다. 갑자기 정신이 번뜩 들면서 온갖 근심 걱정이 밀려오고, 마음속에 이러한 비명이 끊임없이 맴돈다.

"너무 늦었어! 모든 게 너무 늦었어! 도저히 따라잡을 수 없다고!"

따라잡겠다는 결심을 하더라도 맹목적인 시도, 무작위한 학습, 성급하게 성공을 좇는 함정에 빠지기 쉽다. 그 때문에 그들은 성과가 보이지 않으면 바로 포기해 버리고, 결국엔 자기 자신을 더 초조하게 만든다. 이러한 느낌은 매우 받아들이기 힘들다. 이는 자신의 성공이 희박한 상태이고, 생각의 대역폭은 급격히 줄어들었기 때문이다.—내가 잘 모르는 백그라운드 프로그램도 실행되고 있고, 급하게 실현해야 하는 멀티태스킹 임무도 있다. 이 상태에서는 자신의 비전, 인내심, 행동력, 자제력을 뒷받침할 에너지가 더 이상 없기 때문에 혼자서는 빠져나오기 어렵다.

오늘날 우리는 음식과 옷에 대한 걱정은 없지만, 경쟁은 더 심해졌고, 부가적인 고민은 더 늘어났다. 예를 들면 우리는 정보를 편리하게 찾을 수 있게 되었지만, 오락 정보가 쉬지 않고 유혹한다. 편리하게 인터넷 쇼핑을 할 수 있게 되었지만, 부질없는 욕망으로 인해 필요하지도 않은 물건이 쌓인다.

현대 생활은 생존에 대한 스트레스는 나아졌지만, 자제력에 대한 스트레스는 더 커졌다. 유혹과 욕망에 저항하기 위해 우리는 생각의 대역폭을 소모하지 않을 수 없다. 시간과 돈이 많은 사람들 역시 생각의 대역폭이 충분하지 않으면 지루함과 공허함에 빠진다.

마음이 풍족해야 근심을 놓을 수 있다

물질적 조건이 우리의 운명을 결정하는 것은 아니다. 진짜 우리에게 영향을 미치는 것은 생각의 대역폭이 풍요로운지 아닌지이다. 넉넉한 생각의 대역폭을 갖고 있으면, 우리는 어떤 환경에서도 자신을 지탱할 수 있는 비전, 인내심, 행동력과 통제력을 가질 수 있고, 변화하는 환경에서 스스로를 구할 수 있다. 그렇다면 생각의 대역폭을 어떻게 얻을 수 있을까? 내가 생각하기에 가장 중요한 것은 자기 인식을 유지하는 것이다. 자기 인식을 위한 처방약 다섯 첩을 준비하였으니, 필요에 따라 복용하길 바란다.

첫 번째 첩, 환경을 인식하면서 이성적으로 선택한다. 어떤 사람들에게 가장 큰 영향을 미치는 것은 큰 그림과 비전이다. 스트레스 환경에서 가능한 한 큰 그림과 비전을 유지하기 위해서는 고급 메타인지 능력으로 환경을 인식해야 한다. 무의식 상태에서는 생각의 대역폭에 압박을 받지만, 능동적 인지 상태에서는 압박을 견딜 수 있고, 이성적인 결정을 내리는 데 집중할 수 있기 때문이다.

두 번째 첩, 목표 의식을 갖는 것, 적은 게 많은 거다. 자신의 인생 목표를 아는 것이 가장 중요한 이유는 그것이 자신의 생각 대역폭을 어떻게 사용할 것인지를 직접적으로 결정하기 때문이다. 『인사이트』의 저자 우쥔WuJun은 이렇게 말했다.

"많은 사람들이 저를 시간 활용의 고수로 생각하고, 어떻게 하면 동시에 더 많은 일을 할 수 있느냐고 묻습니다. 사실 제가 일을 하는 비결은 모두가 생각하는 것과 정반대입니다. 아주 적은 일을 하거나 심지어 아무것도 하지 않는 것입니다. 저는 늘 인생 전체를 높은 고도에서 바라보며 내가 정말로 하고 싶은 것이 무엇인지를 자세히 고민하고, 제가 하지 않아도 하늘이 무너지지 않는 모든 일은 모두 거절합니다."

이것이 바로 '적은 게 많은 것'의 진정한 의미이다. 자신이 원하는 것이 무엇인지 알아야 맹목적인 질주를 피할 수 있고, 바쁜 일에서 벗어날 수 있고, 마음의 대역폭을 사용하여 자신을 돌아보며 가장 중요한 일에 더 많은 에너지를 집중할 수 있는 시간을 가질 수 있다.

세 번째 첩, 욕망을 인식하면서 의사 결정을 검토한다. 일부 사람들에게 현재 가장 큰 스트레스는 과도한 욕망이 생각의 대역폭에 미치는 충격이다. 아침에 일어나 핸드폰을 드는 것은 정보에 대한 욕망이고, 물건을 쌓아두는 것은 물질에 대한 욕망, 지나친 모임 활동은 사교에 대한 욕망, 너무 많이 먹는 것은 맛있는 음식에 대한 욕망이다. 이 모든 욕망은 생각의 대역폭에 프로그램으로 추가 실행시킨다.

주의 깊게 관찰해 보면 **머릿속에 많은 해야 할 일들과 생각이 있을 때가 우리의 행동력이 가장 약할 때**라는 것을 알 수 있다. 그러므로 욕망에 대해 인식하면서 이를 적시에 살펴보는 것이 자기 생각의 대역폭을 정리하는 좋은 방법이다. 나는 머리가 복잡할 때 앉아서 펜과 종이를 꺼내 머릿속에 떠오르는 생각들을 모두 나열한다. 백그라운드에 숨겨져 있든, 앞에서 작동하는 중이든, 그것들을 명확하게 나열하고 하나씩 살펴보기만 해도 금방 기분이 상쾌해지고, 행동력이 생기는 기분이 든다.

진정한 행동력의 고수는 동시에 많은 일을 할 수 있는 능력이 있는 사람이 아니라, 동시에 많은 일을 하지 않는 방법을 강구하는 사람이다. 이런 사람들은 자연스럽게 자신의 스케줄을 너무 꽉 채우지 않는다. 학습 계획을 세우든 일을 할 때든 매 순간을 느긋하게 마주할 수 있는 충분한 여유를 갖는다.

네 번째 첩, 감정을 인식하고, 신중하게 결정한다. 가장 흥분했을 때, 가장 분노했을 때 결정을 내리지 않는다. 특히 중대한 결정을 삼가라. 큰 기쁨과 큰 슬픔이 있을 때, 우리 생각의 대역폭은 종종 매우 좁고, 판단력도 약해진다. 극단적인 감정 외에도 일상생활에서 느끼는 두려움, 걱정, 긴장, 공포 등과 같은 다양한 작은 감정들에 그때그때 주의를 기울이고, 이를 제때 정리해야 한다. 생각의 대역폭이 풍족하면 마음이 평온하고, 태도가 온화한 사람이된다.

다섯 번째 첩, 여유를 인식하고, 스스로 한계를 설정한다. 적당한 여유는 우리가 스트레스와 사고에 대처할 수 있는 소중한 자원이지만, 넘치는 여유는 좋은 게 아니다. 만약 돈이 너무 많으면 아무 의미가 없는 욕망이 생기기 쉽고, 시간이 너무 많으면 비효율적인 상태에 빠지기 쉽다. 생각의 대역폭이 충분하더라도 효과적인 인생 프로그램을 실행하지 않으면 자연히 낭비가 될 것이다.

만약 당신이 행운아라 인생의 모든 것이 풍족하다면 스스로에게 한계를 설정하고, 적당히 결핍을 만들어 자신을 성취하는 방법을 생각해 보길 바란다.

단일 관점
– 당신의 나쁜 감정은 관점이 하나인 게 원인

1934년, 당시 미국 대통령이었던 루스벨트의 자택에 도둑이 들어 많은 것을 도둑맞았다. 한 친구가 이 소식을 듣고 급히 위로의 편지를 보내 너무 개의치 말라고 조언했다. 루스벨트는 이렇게 답장했다.

'친애하는 친구여, 나를 위로해 주어 고맙네. 나는 지금 아주 평안하고 삶에 감사하다네. 왜냐, 첫 번째는 도둑이 내 물건만 훔쳐 가고 내 생명에는 해를 끼치지 않은 것이고, 두 번째는 도둑이 내 물건의 전부가 아닌 일부만 훔쳐간 것이라네. 마지막으로 가장 다행스러운 것은 도둑이 내가 아닌 그 사람이라는 것이라네.'

루스벨트의 자기 설득 능력은 나쁘지 않지만, 대부분 사람들의 눈에는 이런 닭고기 수프 식의 이야기는 자기 위로식의 아큐 정신[1]만을 보여주는 것으로 비칠 수 있다. 또 다른 일부 사람들은 그가 대통령이기 때문에 대인배스러운 모습을 보일 수 있는 것이라고 생각한다. 그러나 나는 단순한 자기 위로라고 비평하는 말에 동감하지 않는다. 오히려 거꾸로 추론하고 싶다.—그가 이런 **다각도의 문제해결 능력**을 가진 덕분에 대통령의 길을

---

1. 루쉰의 『아큐정전(阿Q正傳)』의 주인공 '아큐'(阿Q, Ah-Q)는 동네 깡패들에게 얻어맞고는 "나는 아들한테 맞은 격이다. 아들뻘 되는 녀석과는 싸울 필요가 없으니, 나는 정신적으로 패배하지 않은 것이다."는 식으로 자기위안을 했다. 루쉰은 이러한 민중의 근성을 아큐의 '정신승리법'에 빗대어 비평하였다. - 번역자 주

걸을 수 있었다.

실제로 다양한 어려움을 맞닥뜨렸을 때 문제를 다각도로 보는 능력은 종종 문제 해결 능력의 핵심인 경우가 많다. 이 능력은 지혜를 얻고 성과를 내는 데 도움을 줄 뿐만 아니라, 생각을 확장해서 고민을 해결하는 데에도 도움을 준다. 하지만 많은 이들이 이를 알지 못한 채 원시적인 단일 관점에서 모든 문제를 처리하려고 한다.

세상은 다차원이지만, 우리의 눈은 단지 두 개일 뿐이다

어느 주말에 놀러 갔다가 멋진 삼륜 오토바이를 발견해서 사진 한 장을 찍어보았다.(사진 7-1 참조) 이 사진은 대부분의 사람들이 취하는 화각으로 차체 전체를 사진 중앙에 배치한 모습이다. 위챗 모멘트에 올리기에는 충분했지만, 사진을 좋아하는 나는 쪼그려 앉아 이번엔 다른 각도로 찍어보았다.(사진 7-2 참조)

[사진 7-1]

[사진 7-2]

위로 올려다 보는 관점으로 촬영하니, 사진에 바로 생동감이 생겼다.

▷ 땅 위의 작은 꽃들이 마치 무릉도원에 있는 것 같다.

▷ 깨끗한 하늘을 배경으로 차체가 더욱 돋보인다.

▷ 차의 앞부분과 앞바퀴가 더 커져서 차체가 등 뒤 산맥보다
　높아져 기세등등해 보인다.

차는 여전히 그 차 그대로지만 그냥 쪼그려 앉아 각도를 바꾸는 것만으로 완전히 다른 느낌이 든다. 이 오토바이처럼 **세상의 모든 사람, 사물, 사건들이 다차원적이고 입체적이다.** 모든 각도마다 각기 서로 다른 정보를 얻을 수 있다. 손 안의 렌즈로 시점을 약간만 바꾸거나 확대축소를 하는 것만으로도 화면의 이미지가 달라진다.

그러나 우리는 실생활에서 항상 가장 편리하고 익숙한 시각으로 사물을 관찰한다. 예를 들어 가장 편하게 서서 자연스럽게 풍경을 촬영한다. '찰칵' 소리와 함께 스스로 모든 것을 기록했다고 생각한다. 하지만 사실상 우리가 관찰한 것은 무수한 각도 중 하나일 뿐이다. 우리가 이것을 강하게 인식하지 못하면 우리는 편견을 갖고 세상을 대하기 쉽고, 그 후에도 여러 가지 편견을 낳게 될 것이다.

예로부터 '일구견인심(日久見人心; 시간이 지나면 사람의 마음이 드러난다.)'이라는 처세 잠언이 있다. 왜냐하면 시간이 지나면서 화가 났을 때, 기쁠 때, 좌절했을 때, 분노했을 때, 약자나 부자와 권력자를 대하는 태도, 놀 때와 배울 때의 태도 등...다양한 상황에서 다차원적으로 한 사람을 관찰할 수 있기 때문이다. 사람을 단일 관점에서 보는 데 익숙한 사람들은 비교적 단순하고, 상처도 잘 받는다. 이는 본질적으로 그들이 다각도로 사물을 인식하는 의식이 부족하기 때문이다.

사람은 하는 말로 그 사람의 지식수준과 교양 수준을 대충 짐작할 수 있

다. 예를 들어, 자신의 관점과 견해를 매우 고집하면서 다른 사람의 관점을 무시하는 사람은 기본적으로 지식이 얕거나, 일반적인 수준 정도의 교양을 가진 사람으로 볼 수 있다. 얕은 지식을 가진 사람은 대개 자신의 원시적인 관점 외에 다른 외부 관점을 인식하기 어렵기 때문이다. 그래서 첫 번째 판단에 집착하고, 교양 수준도 그리 높지 않다.

반면 학식이나 교양이 높은 사람들은 일반적으로 자신의 의견을 표현할 때 매우 신중하며 '아마도'와 '그럴 가능성이 있어요' 같은 표현을 자주 사용한다. 이것은 그들이 일부러 겸손한 척 하는 것이 아니라, 더 많이 이해하고, 더 많은 관점을 보게 될수록 한 문장이나 하나의 관점으로 어떤 것을 명확하게 설명할 수 없다는 것을 더 많이 깨닫게 되기 때문이다.

즉, 사람의 성격과 기질이 좋고 나쁨은 문제를 다각도로 보는 능력에 따라 달라진다.―단일 관점을 가진 사람은 고집스럽고, 참을성이 없고, 외골수가 되기 쉽지만, 다양한 시각을 가진 사람은 더 지혜롭고, 부드럽고, 포용력 있게 표현한다.

세상은 다차원적이지만 우리의 눈은 두 개일 뿐이다. 우리가 하는 모든 관찰, 표현 및 행동은 이 다차원 세계의 오직 한 차원에만 영향을 미칠 수 있다. 이를 이해하면, 우리는 이 세상에 모든 문제를 해결할 수 있는 신기한 마술 같은 건 없다는 것과 우리가 접하는 관점, 방법은 통상 특정 각도나 범위에만 적용되는 것임을 깨닫게 된다.

여러 분야의 대가들은 한 주제에 대해 수십만 자의 논저를 거침없이 써 내려간 뒤 자신의 견해가 극히 제한적임을 허심탄회하게 밝히는 경우가 많다. 예를 들어 『ESG와 세상을 읽는 시스템 법칙』의 저자 도넬라 H. 메도즈Denela Meadows는 서문에 이렇게 적었다.

'다른 모든 책과 마찬가지로 이 책에도 편견과 불완전성이 존재한다는 것을 말하고 싶다. 내가 이 책에서 설명한 내용은 시스템 사고 분야의 극히 미미한 부분일 수 있고, 만약 당신이 탐구에 흥미가 있다면 이 책이 보여주는 작은 세계를 훨씬 넘어 더 광활한 세상을 발견할 수 있을 것이다.'

도넬라 H.메도즈의 시스템에 관한 지식은 이미 대단히 놀라운 경지에 있지만, 이토록 매우 겸손하다. 그러므로 스스로를 더 평화롭고 지혜롭게 만들고 싶다면 먼저 이 세상의 다차원성을 깨달아 그 인식을 자신의 머릿속에 깊이 새겨야 한다. 그래야 자기 변화의 가능성이 생긴다.

더 성능 좋은 카메라가 되라

카메라의 개념을 사용하여 다각도를 이해하는 것은 좋은 방법이다. 여기에는 카메라 자체의 차이라는 또 다른 뜻을 포함하고 있기 때문이다.

당신과 내가 같은 각도에서 오토바이를 촬영해도 결국 우리가 사용하는 카메라의 렌즈, 픽셀 또는 초점이 다를 수 있기 때문에 서로 다른 두 장의 사진을 찍게 된다. 그래서 어떤 사람은 시야가 좁고 색의 편차가 심하게 흐릿할 수도 있고, 어떤 사람은 더 또렷하게 찍을 수 있다. 이는 우리 각자의 생활 환경, 경험, 지식이 다르기 때문에 같은 문제를 대할 때에도 이해하는 레벨과 회복하는 정도가 다르다는 것을 보여준다.

어떤 이들은 성인이 되어서 자기 부모와 사이가 멀어지는 경우가 있다. 이는 기성세대의 말과 습관을 견디지 못하고, 그들의 간섭을 받아들이지 못하기 때문이다. 많은 며느리와 시어머니는 아이 양육 문제로 끊임없이 갈등을 겪고, 가까운 부부나 연인 사이에서도 같은 사안에 대해 의견이 달라 서로 화를 내는 경우가 많다. 상대의 '카메라'가 단지 자신의 것과 다르기 때문이란 걸 안다면 그들이 고의로 나를 반대하려는 의도가 아니라 심지어 그들은 이미 최선의 노력을 하고 있다는 사실을 알게 될 수도 있다.

만약 당신이 자신의 카메라가 그들의 카메라보다 더 고급 기종이라 확신한다면, '이전 버전과의 호환'에 대한 인식을 해야 한다. 웃어넘긴다거나, 아니면 자신의 고화질 사진을 꺼내 인내심을 가지고 무엇이 더 나은 것인지 잘 설명해야 한다. 무조건 상대방이 찍은 것이 나쁘다고만 비난하지 말고 말이다.

결국 이전 버전의 것은 상위 버전과 호환될 수 없지만, 설명을 통해 지속적으로 업그레이드가 가능하다. 만약 자신에게도 '후진 카메라'를 소유했었던 경험이 있다면 더더욱 상대방의 입장을 느끼고 포용해야 한다.

'카메라'에 관한 한, 우리는 반드시 자신의 관점 편향을 명확하게 인식하고, 항상 업그레이드와 이전 버전과의 호환을 준비해야 한다. 이런 마음가짐을 가지면 우리 스스로 점점 더 완벽해질 수 있을 뿐만 아니라, 다른 누구과도 잘 지낼 수 있다.

항상 더 나은 관점이 있다

우리 모두는 삶의 사진사이지만, 동일한 피사체라고 하더라도 어떤 사람은 더 예쁘게 찍고, 어떤 사람은 평범하게 사진을 찍는다. 좋은 사진사는 항상 더 좋은 각도를 찾을 수 있어야 한다. 그들은 '오토바이'(촬영 대상) 주위를 스스로 움직이면서 다양한 각도를 시도해 보고, 최종적으로 가장 좋은 각도를 선택해야 한다.

루스벨트는 엄청난 재물을 잃고 슬픔에서 빨리 벗어나는 데 도움이 되는 아주 긍정적인 세 가지의 관점을 찾아낸 훌륭한 '사진가'였다. 다른 사람이었다면 아마 최악의 시각으로 찍힌 사진을 들고 한탄했을 것이다.

그러므로 원래의 관점에 얽매이지 말고 적극적으로 관점을 바꾸면 새로운 세상이 보일 수 있다. 시각이 달라지면 선택도 달라진다.

▷ 잔의 물이 반쯤 차 있을 때 '반밖에 물이 없다'고 불평하는 사람이 있고, '아직 반이 남아 있다'고 말하는 사람이 있다.
▷ 똑같은 좌절의 순간에서 어떤 사람은 슬픔에 빠져 헤어나지 못하고, 어떤 사람은 좌절이 하늘이 주신 자신의 성장을 위한 일이라 생각한다.
▷ 같은 일을 할 때, 어떤 사람은 자신이 사장님을 위해 일해 준다고 생각하며 게으름을 피울 수 있을 때마다 게으름을 피우지만, 어떤 사람은 모든 일은 자신을 단련하기 위해 하는 것이라고 생각하고, 보상이 없어도 최선을 다한다.

당신이 지금 어떤 감정적 소용돌이에 빠져 있든지 간에, 당신이 하고자 한다면 항상 더 나은 관점을 찾을 수 있다. **어떤 사람은 아무리 좋은 일에도 단점만 찾지만, 어떤 사람은 무슨 나쁜 일에서도 장점을 찾아내어 확대하고 다른 단점을 무시한다.**

우리는 좋고, 나쁜 것, 기쁘고, 슬픈 것을 분명하게 볼 수 있다!

누구나 좋은 '사진가'가 되어 멋진 '사진'을 찍고 싶어 한다. 좋은 사진가가 되기 위해서는 연습이 필요하다. 오랜 세월 동안 우리는 원시적인 단일 시각으로 문제를 보는 데 익숙해 있고, 시간이 지남에 따라 더 이 경로에 의존하게 되었다. 마치 아이가 말을 듣지 않을 때 화를 내고 소리를 질러 버리고 마는 것처럼 말이다. 아래 직원이 일을 제대로 하지 않을 때도, 우리는 침착하게 진짜 이유를 물어보기보다는 첫 반응으로 비판과 질책이 나온다. 우리는 종종 감정적으로 일을 처리해 버리고, 자기 성찰은 부족하다. 시간이 지나서 자신이 왜 그렇게 쉽게 화를 냈는지 도통 모르겠다.

『반본능』의 저자 웨이란Wei Lan은 경로 의존을 다음과 같이 설명했다.— 우리가 오랫동안 한 가지 행동을 하게 되면, 뇌는 그 행동을 전문적으로 처리하는 '녹색 통로'를 천천히 만들게 된다. 그 후 비슷한 상황을 만나게 되었을 때 뇌는 이 행동을 우선적으로 선택하고, 나아가 자동화 반응을 형성한다. 그렇기 때문에 우리는 골치 아픈 일을 겪을 때에 이성적 분석 모델을 통한 다차원적 시각을 작동하지 못하고, 습관적으로 감정적 방어 모델을 작동시킨다. 결국 단일한 시각에 빠져 버리고 만다. 다중 관점 능력을 갖고 싶다면 새로운 경로 의존이 형성될 때까지 의도적으로 많은 연습을 해야 한다. 다행히 이런 연습은 어렵지 않다. 다음의 몇 가지 원칙을 준수함으로써 스스로 점차 단일 시각의 한계를 벗어나 삶의 '사진 고수'가 될 수 있다.

첫 번째는 부지런한 이동이다. 말 그대로 '카메라'의 위치를 더 많이 움직여 다양한 시각으로 문제를 보려고 노력하는 것이다. 예를 들어 '아이는 말을 듣지 않아!', '노인들은 배려심이 부족해', '상대가 억지를 부린다'고

바로 판단하기보다는 아이, 노인, 상대의 입장에서 문제를 바라보는 노력을 해 본다.

초조하고 긴장될 때는 자신을 외부인이라 가정하고, 제3자의 관점에서 자신을 관찰해 본다. 그러면 자신의 많은 걱정들이 사실 쓸데없는 것임을 깨닫게 된다. 왜냐하면 다른 사람들은 당신을 그렇게 신경 쓰지 않기 때문이다. 만약 당신이 상심에 빠져 헤어 나올 수 없다면, 자신을 10년 후로 갖다 놓고 미래 관점에서 현재를 바라봐라. 지금의 상심이 별 의미가 없고, 차라리 감정을 추스르고 열심히 생활하는 게 낫다는 것을 금방 깨닫게 될 것이다.

이러한 다양한 관점에서 관찰하는 능력은 사실 메타인지 능력을 반영한다. 메타인지가 있으면 우리는 자기 관찰의 인식을 유지하기 쉽고, 언어 표현에서도 '높은 감성 지능'의 특성을 나타낼 수 있다. 예를 들면 아무 말이나 내뱉지 않을 수 있다. 정말 하고 싶은 말이 있어도, 말하기 전에 그 말을 여러 각도에서 느끼는 감정과 반응을 머릿속으로 헤아려본 다음, 모든 사람이 편안하고 잘 어울리게 느낄 수 있는 최선의 관점을 선택할 수 있다. 이런 사람과 지내는데 누가 그에게 문제를 일으킬 수 있겠는가?

둘째는 제대로 학습하는 것이다. 때로 우리가 다른 관점으로 볼 수 없는 이유는 우리의 지식이 부족하고, 그 관점이 존재한다는 자체를 모르기 때문이다. 그래서 더 많이 배우고, 전문가의 관점을 빌려 세상을 관찰할 필요가 있다. 많은 훌륭한 책과 글들은 저자가 문제를 바라보는 독특한 시각을 보여준다. 이를 취하면 전문가로부터 배울 수 있다.

셋째는 열린 마음이다. 더 정확하게는 말하면 객관성을 갖고, 함부로 예단하지 않는 것이다. **많은 사람들이 기분이 좋지 않은 이유는 자신이 설정한 가설을 사실로 여기고, 상대방의 진짜 생각과 상황을 잘 모르는 상태에**

서 감정을 그대로 표출하기 때문이다. 감정적 안정을 위해서는 의사소통할 때 색안경을 끼지 않고, 주관적인 색채를 띠어선 안 된다. 먼저 사실 관계를 파악하고, 상대방이 어떻게 생각하는지 아는 것이 중요하다. 아이를 대하든, 동료를 대하든, 부하 직원과 사장을 대하든 이런 태도를 가져야 한다. 선입견으로 자신의 단일 관점만 고집하면 열린 마음으로 객관적인 진실을 받아들이기 어려워진다.

『더 나은 삶을 위한 운영 가이드』의 저자 이지아Yi Jia는 좋은 경험을 들려주었다. 그녀는 남편과 함께 할 때 감정을 이렇게 다스린다고 한다.

첫 번째 단계는 상대의 생각을 사심 없이 듣는 것입니다. 판단도 하지 않고, 변론도 하지 않아요. 옳고 그름도 없습니다. 자신을 완전히 상대의 입장에 두고, 상대의 눈으로 세상을 바라 보려고 노력합니다.

두 번째 단계는 '나'의 관점을 공유하는 것인데, 이땐 자신의 객관적인 느낌만 말할 뿐 상대방을 비난한다거나 상대에게 어떻게 하라고 하지 않습니다. 예를 들어 '집 바닥이 온통 냄새 나는 양말들로 가득해. 당신은 이게 괜찮아?' 라고 말하는 대신 '집 바닥에 냄새 나는 양말들이 있어서 내 마음이 너무 불편하다.' 라고 말하는 것입니다.

좋은 의사소통은 모두 객관적이고 주관적인 추측이 없는 교류이다. 그래야 쌍방이 모두 '전투태세'에서 벗어날 수 있다. 만약 한 사람이 분명치 않은 상황에서 부정적인 감정을 표출한다면 다른 사람을 단일 시각으로 끌어들이게 되어 통제받는 느낌과 두려움을 갖게 된다.(반항이라도 하면 쌍방이 다친다.)

우쥔WuJun의 생각은 더 합리적이다. '저는 일반적으로 누구에게나 그는 정직하고 선량하며 성실하다고 가정합니다.' 열린 마음으로 상대의 마음을 대하는 것은 매운 수준이 높은 것이다. 내가 동경하는 커뮤니케이션 방식이기도 하다.

네 번째는 도움을 구하는 것이다. 나는 조종사들의 조작 매뉴얼을 읽어본 적이 있다. 공중에서 발생하는 특수한 상황을 다루는 법에 관한 것이었는데, 모든 처리 방법의 첫 번째 단계는 거의 똑같다는 것을 알게 되었다.—'지휘관에게 보고하라.' 나는 왜 비상 상황에서 조종사가 집중해서 상황을 처리하지 않고, 지휘관에게 먼저 보고해야 하지? 이건 시간 낭비 아닌가? 하고 생각했다. 처음엔 이해가 되지 않았지만, '다각도로 문제를 보는 것'에 대해 생각하고 나서야 비로소 이해할 수 있었다. 특별한 상황이 발생하면 조종사의 주의는 엄청난 위험에 사로잡혀 생각의 대역폭이 줄어들고, 단일 시각에 빠지기 쉽다. 이때 지휘관은 조종사에게 효과적인 외부 시각을 제공해 특수한 상황을 더 잘 대처하도록 도울 수 있는 것이다.

마찬가지로 우리도 감정적인 문제나 업무상의 문제로 혼란스러울 때 혼자서 고민하는 대신 적극적으로 외부의 도움을 구하는 것이 좋다. 타인의 다차원적 시각을 빌려 자신의 단일 시각의 한계를 극복해야 한다.

다섯째, 운동을 많이 하는 것이다. 적당한 유산소 운동은 우리 몸의 도파민 수치를 증가시킨다. 이는 창의력과 다각적인 사고 능력에 아주 중요하다. 운동은 우리가 부정적인 감정에서 빨리 벗어나는 데 도움이 될 뿐만 아니라, 뇌가 새로운 관점에서 사물을 보거나 다른 각도에서 문제를 볼 수 있도록 해 준다. 그러므로 기분이 나쁠수록 운동을 더 많이 해야 하고, 이해가 안 될수록 운동을 더 많이 해야 한다.

여섯째, 항상 반성한다. 『인생 해자』[1]의 저자 장휘정Zhang Huizeng은 감정을 해소했던 경험을 언급한 적이 있다.

작년 10월 어느 날, 회사에서 하루 회의를 하다 한바탕 말다툼을 하고, 집에 오니 벌써 10시가 넘었었다. 화가 가시지 않아 그날 쓰기로 한 원고를 쓰지 못했다. 어떡하지? 생각하다 차라리 화가 난 감정을 쓰기로 했다. 왜냐하면 그 당시 분노가 내 마음을 점령하고 있어서 다른 생각이 들어갈 틈이 없었기 때문이다. 그래서 나는 분노를 자세하게 쓰고, 왜 화가 났는지 쓰기 시작했다. 반쯤 썼을 때 갑자기 마음이 풀렸다. 나는 나와 싸운 그 사람과 입장과 상황을 다른 각도에서 이해할 수 있었고, 내 시야의 사각지대를 보았다. 일단 관점을 바꿔 문제를 보게 되니, 내 안의 화가 반쯤 사라졌고, 뒤에 이어지는 글은 개운해졌다. 글을 다 쓰고 나니, 마음이 아주 가벼웠다. 이것은 내가 기대했던 것이 아니었다. 글쓰기를 통한 자신의 마음을 치유하고, 마음의 안정을 주는 것은 어떤 위로로 얻을 수 있는 효과가 아니다.

나는 매일 반성하는 습관이 있기 때문에 이런 경험은 나에게도 자주 있는 일이다. 그래서 나는 마음이 우울하고, 뭔가 풀리지 않을 때마다 컴퓨터를 켜서 마음속 고민을 다 쏟아내고 복기하며 정리한다. 그 과정에서 종종 구름이 걷히고, 빛을 보게 되는 신기한 경험을 많이 한다.

당신의 펜이나 키보드는 당신이 단일 시각에서 벗어나 더 많은 차원을 볼 수 있도록 언제든지 도와줄 것이다.

---

1. 해자: 성 주위에 둘러 판 못

게임 마인드
– 행복한 사람은 항상 다른 일로 한다

나에겐 잊을 수 없는 대학 시절 경험이 있다.

당시 학교를 졸업하기 위해서는 1,500m 달리기를 5분 10초 이내의 기록으로 통과해야 하는 체력 테스트 조건이 있었다. 강사는 모든 사람이 훈련에 열심히 참여하도록 동기를 부여하기 위해 규칙을 하나 정했다. 매 체력 수업이 시작되기 전 1,500미터 달리기 테스트를 해서 기록이 우수한 사람 한 명은 2시간의 체력 수업을 면제받을 수 있는 것이었다. 그리고 나는 100여명 중에 행복하게 그라운드를 빠져나갈 수 있었던 유일한 사람이었다.

나는 결코 달리기를 잘하는 사람이 아니었다. 처음 학교에 입학했을 때는 1,500m를 뛰는 데 약 8분 정도 걸렸다. 5분 10초라는 목표를 향해 연습하는 동안 너무 괴로웠다. 달리기하기 전에는 긴장되고, 뛸 때는 고통스럽고, 뛴 후에는 힘이 하나도 없었다.

절망감을 느끼고 있을 때 나에게 전환점이 찾아왔다. 어느 날 오후, 수업 전 테스트가 평소대로 진행되었다. 강사의 호루라기 소리가 울리자, 나는 전력 질주로 제일 먼저 앞으로 뛰어나가 보았다. 이런 중장거리 달리기의 경우 처음부터 선두에 나서는 것은 분명 좋은 전략이 아니다. 극심한 체력 소모로 뒷심을 빨리 잃게 되기 때문이다. 내가 힘이 들어 숨을 돌리고 속도를 줄이려는 순간 멀리 바라 보고 있었던 나의 시선이 전방 10미터 정도 앞으로 떨어졌다. 나는 문득 스스로에게 이렇게 말했다. '지금 속도를 줄이지 말고, 10m 앞에서 속도를 줄이자.' 그리고 그 지점까지 달려간 후, 나의 시선은 다시 전방 10m를 가리켰다. 이렇게 하니, 거리가 매우 짧게 느껴졌다. 그래서 계속 1등으로 다음 10m 지점까지 달려갈 수 있었고, 나는 또 다음 10m를 바라보며 계속 달렸다.

몇 번을 반복하니 숨이 턱턱 막히는 느낌 대신 몸이 가볍게 느껴지기 시작했다. 마치 쫓고 쫓기는 게임을 하는 것 같았다. 나의 집중력이 멀게만 느껴졌던 남은 바퀴 수가 아닌 10m로 옮겨졌고, 다리를 들고 팔을 흔드는 행위가 점점 가벼워졌다. 어느새 나는 2등보다 반 바퀴 앞서 있었다. 확실히 앞서게 되니 나는 더 이상 순위에 관심을 두지 않게 되었다. 나의 집중력은 다리를 들고 팔을 흔드는 기분 좋은 느낌에 모두 집중되었다. 나는 달릴수록 더 빨라졌다. 끝나고 강사님이 기록을 발표하고, 나보고 이어진 훈련 수업을 참가하지 않아도 된다고 말씀하셨을 때 나는 정말 믿을 수가 없었다.

다음번에도 나는 맨 앞쪽으로 달려 나가서 쫓고 쫓는 혼자만의 게임을 시작했다. 처음부터 선두로 치고 나가는 것을 좋아한 이유는 옆에 방해하는 사람이 없어서 이 게임에 몰입할 수 있기 때문이었다. 고통스럽게 생각했던 테스트가 마지막즈음에는 매번 하고 싶어 안달하는 기대 항목이 되었다. 내가 어떻게 갑자기 강해졌는지는 아무도 모른다. 학기 말에 몇명이 달리기 테스트에서 좋은 기록을 세웠지만, 그들은 하나같이 결승선을 통과한 뒤 매우 힘들어했고, 나처럼 가볍지 않은 모습이었다.

이 생각법은 나의 대학 생활에 많은 도움을 주었다. 이 일로 당시 메모장에 '그 일 자체가 너의 감정과 집중력을 속박하도록 놔두지 말라'라는 깨달음을 적어 놓기도 했다. 이것은 내가 대학 시절에 기억나는 몇 안 되는 인생 경험이다.

지금 다시 돌이켜봐도 스스로 매우 놀랍다. 왜냐하면 이것은 비과학적인 방법이 아니라, 실제 존재하는 긍정 심리학이었기 때문이다!

행복은 적극적인 통제에서 나온다

현대 긍정심리학에서 가장 눈에 띄는 것은 에드워드 데시Edward Deci와 리처드 라이언Richard Ryan의 '자기결정이론'이다. 인간에게는 관계성 욕구, 유능성 욕구, 자율성 욕구라는 세 가지 고유한 내재적 욕구가 있다고 한다. (그림7-3 참조)

[그림 7-3 자기결정이론 – 인간의 3가지 내적 욕구]

다시 말해 행복한 삶을 살기 위해서는 다음과 같은 요소가 필요하다.

▷ 좋은 사람들과 관계를 맺고, 다른 사람의 사랑과 존경을 받는다.

▷ 타인에게 독특한 가치를 주는 독특한 재주와 능력을 가지고 있다.

▷ 스스로 선택할 권리가 있고, 자신이 하고 싶은 일을 할 수 있다.

이 이론은 하나도 복잡하지 않다. 우리의 평소 생활을 생각해 보면 이해할 수 있을 것이다. 만약 생활 속에서 모두가 당신을 잘 대해 주고, 당신 자신이 어떤 방면의 독특한 능력을 가지고 있고, 또 자신이 좋아하는 일을 한다면 어찌 즐겁지 않겠는가!

특히 '자율성 욕구'는 자기결정이론의 핵심이다. 우리가 하는 일을 능동적으로 선택하고 통제할 수 있으면 내적 동기가 생기고, 행복을 얻을 수 있다. 앞에서 언급한 1,500미터 달리기 테스트처럼 대부분 사람의 눈에 그것은 선택의 여지가 없는 수동적인 것이었다. 그저 참고 견딜 수밖에 없는 테스트일 뿐이다. 하지만 내 눈에는 재미있는 게임이 되었고, 나는 선택하고, 통제할 수 있는 능력을 갖고 있었다. 그리고 결국 우수한 기록을 냈고, 인정을 받았다. 사물을 바라보는 과정에서 내 생각만 바꿔도 상황이 완전히 달라지는 것이 긍정심리학의 신기한 점이다.

현실을 보면 우리는 늘 '하고 싶지 않지만, 반드시 해야 하는' 많은 일들이 있다. 1,500m 달리기 테스트, 산더미 같은 과제, 세탁을 기다리는 빨래, 어쩔 수 없이 만나야 되는 사람, 어쩔 수 없이 해야 하는 일...이런 일에 직면하면 우리는 무의식적으로 저항, 거부감, 좌절감을 느낀다. 왜냐하면 이것은 스스로가 주도적으로 선택한 게 아니라 외부에서 주는 스트레스이기 때문이다.

하루 종일 하기 싫은데, 꼭 해야 하는 일들만 하고 있다면 하루하루가 암울하고 지루할 것이다. 그렇다면 스트레스를 받을 때 우리는 견딜 수 밖에 없는 것일까? 꼭 그렇지는 않다. 어쩌면 우리의 감정과 주의력이 일 자체에 사로잡혀 있는 것일 수 있다. 왜냐하면 **어려움과 스트레스는 항상 감정과 주의력을 사로잡아 다른 관점으로 보기 어렵게 만들기 때문이다.**

좋은 소식은 이 세상이 우리가 생각하는 것보다 더 긍정적이란 것이다. 우리는 선택할 수 있는 선택지가 없다고 생각하지만, 사실은 선택할 수 있는 관점이 많이 있고, 모든 것은 다차원적이고, 입체적이다. 겉으로 보기에 비관적으로 보이는 일 뒤에는 분명 낙관적인 면이 있고, 심각한 일 뒤에는 반드시 재미있는 면이 있다. 그것이 잠시 보이지 않는다고 해서 그것이 존재하지 않는 것은 아니다. 이제부터 준비를 단단히 하고, 나와 함께 행복의 주도권을 잡으러 가 보자.

다른 일을 하고 있을 뿐

통제권을 갖는 것은 어렵지 않다. '하기 싫지만 해야 하는' 일에 직면했을 때 스스로를 일 자체에서 벗어나도록 하기 위해 조용히 마음속으로 주문을 외쳐라.—"나는 이 일을 하는 것이 아니라, 다른 일을 하고 있는 것이다!"

이 말을 여러 장면에 적용하면 이렇게 된다.

▷ 달리기 테스트를 하는 게 아니라, 그냥 추격 게임을 하는 것이다.
▷ 숙제가 아니라, 내 자신의 속도에 도전하고 있는 것일 뿐이다.
▷ 옷을 빨고 있는 것이 아니라, 단지 손발을 움직이고 있을 뿐이다.
▷ 리더를 만나러 가는 것이 아니라, 그냥 보통 사람과 이야기를

나누는 것일 뿐이다.

▷ 나는 사장을 위해 일하는 것이 아니라, 나 자신을 발전시키기 위해
일하고 있을 뿐이다.

이런 이유가 다소 우스꽝스럽게 들릴 수도 있지만, 이 가설의 힘을 과소
평가하지 말길 바란다. 일단 새로운 선택으로 전환하게 되면 **그 일 자체는
더 이상 중요하지 않게 된다. 그것을 통해 또 다른 재미를 얻을 수 있고, 하
는 김에 그 일을 해내게 될 것이다.** 심리학에서는 이 방법을 '동기 전이'라
고 부른다.

인지가 부족한 사람은 행동 동기를 외부에서 받는 경우가 많으며, 능동
적인 선택과 통제력의 여지가 거의 없다. 그래서 '해야 해서 하는' 상황에
빠지기 쉽다. 그러나 인지를 한 사람은 자신의 행동 동기가 목표 임무와
무관한 외부의 것에 머물러 있는지를 시기적절하게 알아차릴 수 있다. 또
한 이를 내부로 이전할 수 있는 방법을 적극적으로 찾아내고, 자율적으로
선택하고 통제할 수 있는 능력이 있다. 이러한 통제 요령은 기본적으로 두
가지인데, **자신을 위해 하는 것과 재미로 하는 것이다.**

자신을 위해 하는 것

내적동기를 만드는 가장 좋은 방법에는 자신을 더 좋게 만드는 것만한
게 없다.

글쓰기로 예를 들어 보겠다. 많은 작가가 인기 플랫폼에 글을 쓰고 싶어
한다. 일단 게시에 성공하면 빠르게 보상과 조회수 노출을 얻을 수 있기

때문이다. 하지만 심사를 통과하기 위해서는 플랫폼의 입맛에 맞게 자신의 스타일을 계속 바꿔나가야 한다. 그래서 뜨거운 주제, 눈길을 끄는 제목, 피상적인 짧은 글쓰기 상황에 빠질 수밖에 없다. 이런 상황에서는 진정한 성장과 장기적 축적을 이루지 못하기 때문에 글쓰기의 즐거움은 서서히 사라지고 만다. 진정으로 글쓰기를 통해 영향력을 구축하고자 하는 사람들은 '원고료'나 '조회수' 같은 외부 동기에 얽매이지 않고, 자신의 성장, 대중의 요구, 장기적인 가치 그리고 자신만의 세계를 창조하기 위해 글을 쓴다. 꽃과 박수가 없더라도 그들은 꾸준히 결과물을 내고, 성장할 것이다. 이런 사고방식은 그들의 붓끝에 지속적으로 힘을 실어 주고 결국 꿈을 이룰 수 있게 해 준다. 선택권이 항상 자기 손에 있기 때문이다.

이 이치는 개인 차원뿐만 아니라 기업 발전에도 적용된다. 예를 들어 화웨이가 상장하지 않겠다고 고집하는 이유는 기업의 성장 동기가 외부 세력에 의해 통제되는 것을 원하지 않기 때문이다. 만약 상장하게 되면 단기간에 가치가 급등할 수 있지만, 분명 다음 분기 재무 보고에 집중할 수밖에 없게 된다.

내적 동기에 더 민감하고, 더 끈기 있는 사람들은 항상 남다르다. 그들은 외부의 보상이나 평가를 위해 성과를 내는 것이 아니라, 자신의 성장과 발전을 위해 노력한다. 이런 사람들은 어려움에도 무너지지 않는다.

재미로 하는 것

동기가 전이될 수 있다면, 좀 더 확실하게 전이해서 더 재미있게 만드는 건 어떨까? 이것은 정말 좋은 생각이다!

딸이 1학년이었을 때, 글씨 쓰기 숙제를 너무 싫어해서 이 숙제를 할 때마다 짜증을 냈다. 나는 찌푸린 아이의 얼굴을 보고 이렇게 말했다.

"너는 그림 그리는 걸 좋아하잖아! 그럼 그림이라고 생각해 봐. 글씨 쓰는 것과 그림을 그리는 것 모두 종이 위에서 펜이 움직이는 거잖아?"

딸이 이 말을 듣더니 눈을 반짝이며 말했다.

"그러네요. 아빠, 그냥 그림이라고 생각하면 되겠어요!"

얼마 지나지 않아 그녀는 즐겁게 그 글쓰기 숙제를 '그려서' 마쳤다.

달리기 애호가인 독자 청치엔은 달리기를 위한 시 '즐기면 장수한다'[1]를 선보였다.

어떤 사람은 살을 빼려고 달린다.
어떤 사람은 장수하려고 달린다.
그리고 나는 달리기를 즐긴다.
즐기고, 살이 빠지고, 장수하자.

이 시를 처음 보고 나는 너무 재미있었다. 이건 시가 아니라 동기 전이의 심리학이잖아! 주의력이 즐거움에 맞춰지면 달리기에 대한 태도가 달라진다. 누군가 몸매와 건강을 위해 고군분투할 때, 그저 상쾌한 러닝을 즐기게 되는 것이다.

나는 달리기가 놀이로 보이는 것 외에도 다른 많은 것들이 놀이처럼 보인다. 예를 들어 독서도 그렇다. 나는 나 자신이 책을 읽는다고 생각하지 않고, 현자와 이야기하고 있다고 상상한다. 모든 책이 내 눈에는 사람이

---

1. 날씬해지고 싶다'想瘦', 장수하고 싶다'想壽'와 즐긴다 '享受'의 중국어 발음이 유사해서 이를 활용한 시이다 - 번역자 주

고, 내 책장은 지혜로운 친구들 모임이다. 나는 며칠에 한 번씩 그곳에 서서 나와 이야기할 다음 사람이 누구인지 고민하는데, 그 기분이 진짜 멋지다. 세상일이 우리 눈에 온통 '놀이'로 보인다면 어느 누가 고민 같은 것을 하겠는가!

이 외에 자세하게 살펴보면 **자신을 위해 하는 것은 외부의 압력과 요구에 대응하기 위한 것이고, 놀기 위해 하는 것은 반복적이고 지루한 일에 대처하기 위한 것**임을 발견할 수 있다. 더 재미있게 즐기고 싶다면 이 작은 팁을 기억하라.—크고 어려운 일을 작은 조각으로 나누는 것. 내가 달렸을 때 1,500m를 10m 구간으로 쪼갰듯이 말이다. 자신이 쉽게 해낼 수 있을 만큼 해야 할 일이 작아지면 우리는 그것을 열심히 시도할 수 있게 된다.

『습관의 재발견』의 저자 스티븐 기즈도 이 개념을 따랐을 것이다. 처음엔 팔굽혀펴기 한 번을 하려고 시작했지만, 나중에는 게임하는 마음이 생겼을 것이다.

후스Hu Shi 선생은 이렇게 말했다. '어떤 진리가 끝이 없을까 봐 두렵지만, 한 치를 들어가면, 한 치만큼의 기쁨이 있다.' 무한한 진리라는 것이 사람을 두렵게 하지만, 눈앞의 한 치를 응시하면 그 한 치에서 즐거움을 얻을 수 있음을 이제 당신은 이해할 수 있을 것이다.

성장이란, 때로는 멀리 볼 수 있어야 하고, 스스로 의미를 깨닫고, 마음에서 동기가 생겨야 한다.—근시안적인 시선으로 어려움을 두려워하지 말고, 즐겁게 앞으로 나아가자.

세상의 모습은 관점으로 결정된다

누군가는 분명 이 방법들을 비웃을 것이다. 본질적으로는 이것은 일종의 자기 기만에 가깝기 때문이다. 사실 인간은 자기 해석의 동물이며, 세상의 의미 또한 인간이 부여한 것이다.

일을 한다는 것은 의미를 부여하는 과정이다. 그러니 유용하고 재미있는 의미를 부여해 보는 것은 어떨까? 자신을 위해 하는 일은 감정을 자유로이 할 수 있고, 재미로 하는 것은 주의력을 자유롭게 할 수 있다. 우리의 감정과 주의력이 자유로워질 때, 어떤 어려움이 우리의 전진을 가로막을 수 있겠는가?

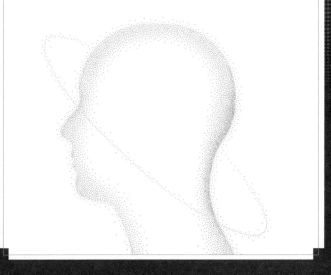

8장

'미, 명, 독, 쓰, 달' 인생 5종 세트

- 최소 비용으로 성장하는 길

미라클 모닝

– 알람, 모임, 인증 챌린지 없이 내가
어떻게 새벽 기상을 지속하고 있을까?

매일 나를 깨우는 것은 꿈도 아니고, 알람 시계도 아니다. 돌이켜보니, 4년 동안 난 새벽기상을 하면서 알람을 맞춰본 적도, 관련 모임에 가입한 적도, 인증 챌린지에 참여해 본 적도 없다. 나는 완전히 독립적인 상황에서 자연스럽게 일찍 일어나는 습관을 길렀다.

꾸준한 새벽기상은 내게 많은 가용 시간을 주었고, 생활에도 큰 변화가 생겼다. 컨디션에는 거의 영향이 없었으며 오히려 많은 면에서 훨씬 더 좋아졌다.

각양각색의 미라클 모닝 모임, 일찍 출근하는 직장인들 모임, 각종 새벽 강의, 멘토단의 모임들을 보았다. 그래서 일찍 일어나는 습관을 갖고 싶은 사람들에게 나의 경험을 공유할 필요가 있고, 나의 경험이 그들에게 도움이 될 수 있다고 생각한다.

나의 새벽 기상법

4년 전만 해도 나도 많은 사람들처럼 밤늦게 자는 것을 좋아했고, 매일

12시 전에는 잠에 들지 않았다. 잠자리에 들기 전에는 대부분 더 이상 버틸 수 없을 때까지 핸드폰 화면을 보다가 잠이 들었다. 그땐 몸도 정신 상태도 별로 좋지 않았고, 아침에 일어나면 정신이 몽롱했으며 낮에도 무기력했다. 이런 무절제한 생활 습관이 좋지 않다는 것은 알았지만 타성에 맞설 의지가 없었다.

물론 나도 이미 새벽 기상의 좋은 점에 대해 익히 들어왔었고, 많은 유명인들이 일찍 일어나는 습관을 갖고 있다는 것도 알고 있었다. 예를 들면,

▷ 워렌 버핏은 매일 새벽 6시 45분에 일어난다.
▷ 스티브잡스는 매일 새벽 6시쯤 일을 시작한다.
▷ 판스이[1]는 매일 새벽 4시에 일어나 6시에 새벽 조깅을 하고,
   8시 전에 일을 시작한다.

내 눈에는 이 사람들이 보통 사람이 아닌 것처럼 보이는데, 내가 어떻게 그들처럼 할 수 있겠는가? 당시 내 눈에는 새벽기상은 완전히 다른 세상의 일이었고, 그냥 보고 넘겼다. 만약 그때 누군가가 내게 어떻게 여러개의 알람을 맞추는 법이라던지, 어떻게 인증챌린지를 참여하는지, 서로를 어떻게 감독하는지 알려 주었더라도 나는 분명 무관심했을 것이다. 이렇게 순수하게 의지력을 써야 하는 방법은 매우 고통스럽고, 성공하기도 어렵다는 것을 난 잘 알고 있었기 때문이다. 일본 작가 나카지마 다카시(中島孝志)가 쓴 『4시 기상 : 가장 건강하고 효율적인 시간 관리』라는 책을 보기 전까지는 말이다.

---

1. 판스이 潘石屹 Fan Siyi ; 중국 최대 상업 부동산 개발 기업 SOHO의 CEO로 유명한 부동산 재벌이다. - 번역자 주.

'4시에 일어난다'는 말이 너무 과장되게 느껴져서 관심이 생겨 보게 되었는데, 책 속의 네 가지 관점이 무척 신선하게 다가왔다.

첫째, 매일 4시에 일어나 하루를 셋으로 나눈다.

4시~12시 : 첫 8시간은 과거 작업을 완료하는 데 쓴다. (또는 그날의 일반적인 작업을 완료하는 데 사용)

12시~20시 : 두 번째 8시간은 미래를 위한 일을 위해 쓴다. (또는 추가 작업일로 사용할 수도 있음.)

20시~다음날 4시 : 세 번째 8시간은 휴식하는 데 쓴다. (여전히 8시간은 변함없이 그대로임.)

저자는 이것을 인생 이모작이라고 불렀다. 4시에 일어나는 것은 수면시간을 줄이지 않고, 하루를 더 일하는 것과 같았다. 비록 이런 방식에 대해 검토가 필요하겠지만, 겉으로 드러난 이점은 여전히 사람들의 마음을 설레게 한다. 일어나는 시간만 바꾸면 아무것도 손해 볼 것 없이 더 많은 시간을 얻을 수 있으니까 말이다.

둘째, 수면에 관한 뇌과학 이론이다.

책에는 시카고 대학의 크레이트먼과 데멘크가 진행한 실험이 나온다. 그들은 인간의 안구가 자는 동안 이리저리 움직인다는 사실을 발견했고, 이 움직임 패턴에 따라 '빠른 안구운동 수면(REM)'과 '느린 안구운동 수면(Non-REM)' 규칙을 발견했다. 건강한 성인은 잠을 잘 때 대부분 1.5시간의 빠른 안구운동 수면과 1.5시간의 느린 안구 운동수면을 하고, 두 가지 패턴이 계속 전환된다. 처음 두 단위 시간, 즉 잠든 후 처음 3시간 동안은 질 높은 수면(숙면과 동일한 깊은 느린 안구운동 수면)을 하고, 그 후에는 얕은 느린 안구 운동 수면과 빠른 안구운동 수면(REM 수면)의 조합이 이루어진다. 이 규칙에 따르면 사람은 수면 후 3시간, 4.5시간, 6시간, 7.5시간의 구간에서 일어났을 때 상쾌하고 활력이 넘치는 느낌을 받는다. 나의 새벽 기상의 실천은 바로 이 이론에 대한 신기한 경험에서 시작되었다.

책을 다 읽고난 어느 날 밤, 나는 밤 11시쯤 잠이 들었다가 새벽에 잠이 살짝 깨서 시계를 보니 정확히 새벽 2시였다. 그리고 다시 한번 깼을 때 시간은 3시 30분에서 4시 사이였다. 이는 수면 규칙과 딱 맞는 것이었다. 나는 정말 놀랐다. 이 법칙을 알고 난 후 나는 갑자기 수면 구간의 대한 감지가 민감해졌고, 그 구간에서 깨어날 수 있었다. 예전에는 살짝 잠에서 깬 듯했을 때 수면 주기가 끝난 줄 모르고 몸을 뒤척이다가 다시 잠을 잤다. 이 규칙을 알고 난 후 며칠 동안 계속 테스트를 해 보았는데, 시간이 기본적으로 동일했다.

이 이론은 우리가 왜 잠을 오래 잤음에도, 일어났을 때 여전히 정신이 흐리멍덩한지 이해할 수 있게 해 준다. 일어나는 시간이 수면 구간의 지점이 아니라 수면 중이었기 때문이다.

셋째, 알람을 포기하라.

나카지마 다카시는 말한다.

"알람 시계는 당신의 수면 주기를 챙기지 않아요. 시간이 되면 당신의 머릿속에 손을 넣어 당신의 뇌에 지진을 일으키고, 잠재의식도 엉망이 됩니다. 당신은 알람 소리 때문에 깨어났지만, 뇌 속 깊은 곳에서는 여전히 잠이 들어 있기 때문이에요. 그래서 분명히 8시간을 잤어도 잠을 충분히 잔 것 같지 않고, 몽롱한 기분이 드는 겁니다."

나도 알람 소리에 잠을 깨는 느낌을 별로 안 좋아한다. 알람 소리에 잠을 깨면 자연스럽게 깨는 것에 비해 정신 상태가 훨씬 안 좋다. 일어날 때의 고통이 바로 이 점에서 생긴다. 그래서 나는 과감하게 알람 시계를 포기했다.

현재 많은 미라클 모닝 모임 같은 곳에서는 여러개의 알람을 준비하라고 말한다. 침대 머리맡에 하나, 화장실에 하나, 거실에 하나를 놓고, 시간 간격을 두고 볼륨을 점점 크게 설정하는 것이다. 이런 조잡한 방식을 사용해서 강제로 일찍 일어나게 하는 것은 그들에게 고통스러운 경험을 안겨주는 일종의 괴롭힘과 같다고 생각한다. 스스로 수면 구간을 감지하는 능력과 습관을 갖게 되면(약 2주 소요) 일어나지 못하거나 정상적인 기상 시간을 놓칠 걱정을 전혀 할 필요가 없다. 그 정도로 이 생체시계는 너무 정확하다. 알람을 포기하는 것의 또 다른 이점은 가족이나 룸메이트의 휴식에 지장을 주지 않는 것이다. 그래서 그들의 지지를 받기가 더 쉽다.

넷째, 두뇌 활동의 정점을 잡아라.

인체는 새벽부터 '아드레날린'과 '아드레날린 코르티코이드[1]'라는 활력을 유지하는 두 가지 호르몬을 분비하기 시작한다. 호르몬 분비가 가장 최고봉에 이르는 지점은 아침 7시 전후로 이때 사람들의 업무 효율은 매우 높다. 인체가 음식을 먹으면 1시간 후에 에너지가 포도당으로 바뀌어 뇌로 보내지고, 사람의 기억력, 이해력이 향상된다. 최고조의 이른 뇌의 작동 속도는 4시간이 지나면 바닥으로 떨어진다. 따라서 이 규칙에 따라 효율성이 가장 정점인 시간을 포착하고, 그 시간에 가장 어려운 작업을 완료하면 적은 노력으로 큰 효과를 얻을 수 있다. 또한 일반적으로 아침 식사를 하는 사람들은 오전에 근무 효율이 더 높다. (점심 식사 후 최대 효율 피크는 14시에서 16시 사이이다.)

바로 위의 4가지 관점으로 인해 나는 거의 고통 없이 새벽 기상의 여정을 시작할 수 있었고, 새벽 기상이 나에게 주는 변화를 마음껏 경험해 가

---

1. 부신피질에서 생성되는 스테로이드 호르몬의 일종.- 역자 주

면서 지금까지 한 번도 멈추지 않고 이어오고 있다. 이것도 아마 전형적인 인지 작동 경험일 것이다. **일단 인지적으로 충분히 이해하게 되면, 행동할 때 큰 의지력으로 뒷받침할 필요가 없게 된다.**

새벽 기상이 내게 준 것

이제는 습관이 되어 매일 알람 없이 자연스럽게 일어날 수 있다. 때로는 5시, 때로는 4시 30분, 가장 빠르면 4시, 보통 늦어도 5시 30분을 넘지 않는다.

7시쯤 일어나는 것과 비교해서 하루에 2시간씩 더 시간을 낼 수 있게 되니, 하루에 8시간을 일한다고 가정해서 계산해 보면 1년에 약 90일을 더 일하는 셈이다. 만약 40년을 지속한다고 하면, 한 사람이 10년동안 전혀 쉬지 않고 일하는 것과 같다. 방해받지 않는 이 시간을 갖게 되고, 나는 다음과 같은 일들을 효율적으로 할 수 있게 되었다.

1. 계획 — 10분 정도의 시간을 이용하여 일과를 나열하고, 우선순위를 매겨 머리를 명료하게 유지한다. 하루 전체에 대한 통제력이 생기면서 일을 할 때 시행착오가 줄어들었다.

2. 달리기 — 개인적으로는 일어나자마자 달리기하는 것이 습관이 되었다. 이 시간은 아직 두뇌가 완전히 깨어나지 않은 상태이기 때문에 직접적인 두뇌활동으로 빠르게 들어가기 쉽지 않다. 그런데 달리기를 하고, 뜨거운 물로 목욕까지 하면 정신 상태가 완전히 달라지고, 신체의 모든 세포가 활성화되어 독서와 글쓰기가 매우 편해진다. 이런 정신 상태는 오전까지 이어져서 사람들이 어리벙벙하게 일어나 출근할 때 나의 정신은 이미 파

이팅이 넘치는 상태이다. 새벽 조깅은 오전 내내 몸의 가뿐함을 느끼게 해 주고, 겨울에는 추위를 더 잘 견딜 수 있게 해 준다. 장기간의 운동을 통해 체형과 체질도 아주 크게 개선되었다.

그 외에도 새벽에 일어나면 대부분의 사람은 잠들어 있는 시간이기 때문에 혼자 새벽의 고요함을 즐길 수 있다. 그 느낌이 너무 아름답고, 즐겁다. 저녁운동은 아는 사람들을 자주 보게 되어 인사하느라 운동 효율이 떨어진다.

3. 반성 — 이것은 내가 스스로에게 준 숙제인데, 매일 일을 돌아보고, 생각들을 정리하고, 혹은 느낀 점을 기록한다. 이렇게해서 더 나은 나로 성장하고 있다고 믿는다.

4. 독서나 글쓰기 — 평소 가정과 일 때문에 자기 계발을 할 시간이 거의 없다. 그렇기 때문에 일찍 일어나서 갖는 이 시간이 너무 소중하고, 나의 많은 글들은 바로 이 시간에 쓰인다.

5. 어려운 일 — 때때로 어려운 작업을 이 시간에 배치해 공략하기도 하는데, 일반적으로 효율성이 매우 높다. 아침에 출근할 때 가장 어려운 일을 끝냈다는 기분이 나를 여유롭고 즐겁게 해준다. 이렇게 나는 매우 편안한 상태에서 앞서가거나 확장성의 일을 할 수 있다.

여기까지가 현재 나의 주요 수확들이다.—명확한 시간 안배, 건강한 신체, 좋은 정신 상태, 방해받지 않는 운동 환경, 집중적인 학습 환경, 여유로운 마음, 지속적인 개인 성장 등등.

게다가 생활 속 불안감도 많이 줄었다. 장기간의 끈기가 나의 의지를 강하게 만들었고, 더 중요한 것은 밤 10시가 되면 잠자리에 들고 싶고, 밤을 새우는 나쁜 습관이 완전히 바뀐 것이다. 일찍 일어나는 습관을 만들지 못했다면 나는 분명히 지금도 야행성 생활을 하면서 정신이 몽롱한 상태로,

늘 바쁘기만 하고, 아무런 진전 없이 감히 5년 또는 10년 뒤를 상상할 수 없는 그런 상태일 것이다.

새벽 기상의 주의 사항

일찍 일어나는 습관을 '쉽게' 만들었지만, 그 과정이 전혀 고통스럽지 않은 것은 아니었다. 나 역시 때로는 고통스럽고 어려움도 있었다. 결국 새로운 습관을 만든다는 것은 쉽지 않은 일이다. 여기에서 내가 깨달은 것과 느낀 점을 여러분에게 공유해 보겠다.

1. 초기에는 비교적 고통스러운 적응기간이 있을 수 있다. 나는 약 2주 정도의 흥분기를 거쳐 적응기에 들어갔다. 생활 습관이 확 바뀌면 몸은 아직 쫓아가기 힘들다. 이 기간에는 잠은 깼지만 일어나기 싫거나, 오전 내내 계속 하품이 나오고 기력이 없는 기분이 든다. 다크서클이 심해지기도 하는데, 이 과정이 약 두 달 정도 지속되다가 서서히 좋아졌다. 일단 이 적응기가 끝나면 새벽 기상이 덜 어려워진다. 그때 나를 계속 지속해 준 동력은 알람이 울리지 않아도 깨는 신기한 경험과 집을 나서서 누리는 고요한 새벽의 느낌이었다. 이게 너무 좋았기 때문에 포기하기보다는 계속 지속해 보고 싶었다.

2. 단계별로 난이도를 맞춘다. 우선 기상 시간을 한 번에 맞추려고 하지 말고, 처음에는 주로 수면 구간을 느끼는 것에 집중해 보길 바란다. 알람 없이 깰 수 있으면 좋다. 너무 이른 기상 시간을 쫓느라 스스로를 절대 힘들고 고통스럽게 만들어서는 안 된다. 그다음, 일어나서 무엇을 할지 선택할 때 한 번에 다 완성하려고 하지 말고, 실제 상황에 따라서 선택한다. 굳

이 나처럼 달리기를 택할 필요는 없다. 이런 게 다 스트레스가 될 수 있다. 겨울에는 더더욱 그렇고. 처음 두 달 동안 나는 일어나서 산책이나 빨리 걷기를 했었고, 이를 순수하게 즐겼다. 마침, 춥지도 덥지도 않은 가을이었고, 천천히 달리기와 공부를 시작했다. 끝으로, 특히 환경 조건을 천천히 조절해 나가야 한다. 특히 겨울 같은 상황에서 잠에서 깬 후에 이불 밖으로 쉽게 나올 수 있도록 실내 온도를 최대한 적절하게 유지한다. 겨울에는 운동을 하러 나가기 전에 실내에서 보통 20분 정도 몸을 풀며 준비운동을 하며 몸을 데운다. 몸이 완전히 깨고 따뜻해지면 밖으로 나가는데, 이렇게 하면 온도가 영하라도 춥지 않다. 난이도를 맞춘다는 원칙은 매우 중요하다. 만약 잠에서 깬 후 바로 추운 환경으로 나가야 한다면 우리는 고통이 너무 커서 분명히 달리기를 포기하게 될 것이다.

3. 컨디션에 따라 일어난다. 만약 당신이 새벽 4시에 깼는데, 지금까지 한 번도 이렇게 일찍 일어난 적이 없다. 그런데 꼭 이 시간에 일어나야 할까? 나는 시간보다 컨디션이 더 중요하다고 조언하겠다. 만약 당신이 깨어났을 때 정신이 없는 상태라면 바로 한 주기(1.5시간)를 더 자고, 만약 기분이 상쾌하면 일어나면 된다. 너무 일찍 일어나서 오전에 에너지가 부족할 수 있다는 걱정은 하지 말라. 우리의 몸은 적응력이 뛰어나기 때문에 우리가 일찍 일어날 수 있다는 것은 몸이 준비가 되어 있다는 뜻이다.

4. 점심에 한 번 휴식을 취한다. 그날 일찍 일어났다면 점심때쯤 졸릴 수 있다. 식사 후 30분 정도 낮잠을 자면 빨리 기운이 회복되어 오후에도 계속 에너지가 넘칠 수 있다. 점심 휴식은 매우 중요하니 건너뛰지 않는 것이 좋다.

5. 다른 사람을 방해하지 않는다. 혼자 사는 게 아니라면 가족이나 룸메이트와 미리 소통해라. 그들의 휴식에 영향을 주지 않을 것이라고 말하면

보통은 상대방의 지지를 얻을 수 있다. 만일 다음 날 일어나서 달리기하거나 책을 읽을 계획이라면 전날 저녁에 옷가지, 책, 물컵, 컴퓨터 같은 것들을 미리 준비해 놓아야 하고, 당연히 이런 물건들은 침실 밖에 두어야 한다. 일어나는 동작을 부드럽게 해서 사람들이 당신이 그냥 밤에 일어나 화장실 가는 것처럼 느끼게 해라.

6. **미리 준비한다.** 밤에 옷을 미리 준비하는 것 말고도 일어나서 구체적으로 무엇을 할지 미리 생각해 두는 것이 매우 중요하다. 예를 들어 다음 날 아침에 비가 오면 (달리기를 할 수 없다면) 어떻게 할 일을 조정할지, 만약 30분 늦게 일어났다면 학습을 어떻게 다시 배분할지...즉, 가능한 다양한 상황에 대한 계획을 세워라. 머릿속에 구체적이고 명확한 목표와 계획, 단계가 있으면 다음 날 일어나는 것에 주저하지 않을 것이다. 준비가 되어 있지 않으면 임시로 계획을 바꾸고, 다시 잠을 자기 쉽다. 감정뇌는 편안함을 추구하려는 욕구가 강하다. 하지만, 이성뇌가 미리 그와 잘 소통해 놓으면 행동의 저항이 훨씬 줄어들 수 있다.

7. **새벽기상을 하지 않는 상황을 명확히 한다.** 새벽기상은 실제 상황을 고려해야 한다. 몇 번 일찍 일어나지 못했다고 해서 초조해하거나 죄책감을 느끼지 말고 원칙만 지키면 된다. 예를 들어 다음과 같은 경우라면 나는 스스로에게 늦게 일어나는 것을 허용한다.

▷ 생리적으로 상태가 좋지 않을 때
▷ 전날 저녁 모임에 참석하여 너무 늦게 잤을 때
▷ 다음날 장거리 운전을 해야 하거나 많은 에너지를 소비해야 하는
  중요한 활동을 해야 하는 경우
▷ 환경이 갑자기 바뀌어서 일찍 일어나기엔 적합하지 않을 때

여기까지가 내가 4년간 새벽 기상을 실천하며 얻은 몇 가지 깨달음이다. 이 조언이 당신의 새벽 기상 여정을 더 과학적이고, 가볍게 만들어 시작하는데 도움이 될 수 있기를 바란다. 물론 사람마다 생활 환경이 다르고, 개인의 끈기, 인지 수준, 체질이 모두 다르기 때문에 새벽 기상이 적합한지는 실제상황에 따라 시도해 보고 결정해야 할 것이다.

나는 당신이 진실로 영감을 받는다면 행동할 수 있을 것으로 생각한다. 『4시 기상 : 가장 건강하고, 효율적인 시간 관리』에서 나는 인상깊은 구절이 있다.

'성공한 사람은 남의 좋은 습관을 발견하면 바로 그 습관을 자기 것으로 만든다.'

나는 이 말에 감동하여 행동하기 시작했다. 지금은 이 문장을 당신에게 전해 주겠다. 이것이 당신이 새벽 기상을 시작하는 촉매가 될 수도 있으니까 말이다.

명상
– 결국엔 이 숨겨진 트랙을 열어야 한다

처음엔 믿지 않았지만, 이해하고 나니 어떻게든 하고 싶어진 것이 바로 **명상**이다.

명상이라는 단어를 보고, 당신이 무슨 생각을 했는지 안다. 나도 처음에는 의아하고 불가사의한 느낌이었다. 대부분 명상, 좌선, 젠Zen 등은 거의 세상과 경쟁할 일 없는 사람들이 하는 일이라는 생각을 갖고 있는 것 같다. 그렇지만, 당신이 명상에 대해 진지하게 임하기를 제안한다. 이것은 당신 삶의 질과 경쟁력에 확실한 영향을 주는 것이기 때문이다.

조금만 이해하고 나면 빌 게이츠, 유발 하라리와 같은 최정상의 인물들이 왜 이 도구를 사용하고 있는지, 왜 명상이 감춰져 있는 성장의 고속도로인지 알게 될 것이다.

비밀을 아는 사람들은 모두 조용히 이 숨겨진 코스의 잠금을 풀었고, 일부 방면에서 크게 앞서 나갈 수 있었다. 그러니 당신도 더 성장하고 싶다면, 나를 따라 이 명상 뒤에 숨은 비밀을 탐색하고, 잠금을 푸는 열쇠를 획득하라.

당신이 꼭 알아야 할 '7개의 공'

보통 사람과 똑똑한 사람의 가장 큰 능력의 차이는 무엇일까? 바로 긴 시간 극도의 집중력을 유지하는 능력이다. 『암흑시간』의 저자 류웨이펑Liu Weifeng은 이렇게 말했다.

'빠르게 몰입 상태에 들어갈 수 있는 것과 오랫동안 몰입 상태를 유지할 수 있는 것은 고효율 학습의 가장 중요한 두 가지 습관이다.'

성적이 좋지 않은 사람은 좋은 성적의 사람이 온 몸과 마음을 다할 때 집중력이 매우 강하다고 생각한다. 그리고 자신에게는 이런 능력이 없다고 한탄하면서 심지어 자기 뇌 회로는 똑똑한 사람들의 뇌 회로와 다르다고 회의감을 갖는다.

그러나 실제로는 그렇지 않다. 우리는 같은 인간이고 모두 비슷한 기본 구성을 하고 있다. 누군가의 뇌가 더 특별하지는 않지만, 사람마다 뇌를 사용하는 데는 확실한 차이가 있다. 이 차이가 바로 '작업 기억'을 사용하는 능력이다. 인간의 뇌는 대단해 보이지만, 의식이 처리할 수 있는 정보의 양은 평균 7±2개로 그리 많지 않다. 어떤 사람은 조금 더 많고, 어떤 사람은 조금 더 적지만, 대부분 7개 전후다.

이 이야기를 처음 듣는다면 내가 말도 안 되는 이야기를 하고 있다고 의심할 수 있겠지만, 당신을 설득하기 위해 과학적 원리까지 설명하진 않을 것이다. 믿기지 않는다면 전혀 관련이 없는 숫자나 익숙하지 않은 물건의 이름을 떠올려 보길 바란다. 단기적으로는 보통 7개 정도 기억할 수 있고, 그 이상은 기억하지 못한다. 마찬가지로 생활 속에서도 우리는 보통 예닐 곱 가지밖에 기억할 수 없다. 그래서 작업기억이 포화된 상태에서 또 다른 새로운 정보가 들어오면 당신은 오래된 정보 하나를 지울 수밖에 없다. 세

탁기에 있는 빨래를 널다가 택배가 왔다는 전화를 받고 나면, 작업 기억에서 빨래를 널어야 한다는 사실을 깜빡 잊어 버리는 것이다. 편의상 7을 기준으로 삼아 보겠다. 일주일이 7일인 것처럼 우리 머릿속에 7개의 공이 있고, 이 공들이 우리의 두뇌 능력 자원을 나타낸다고 상상해 보자.

성적이 좋은 사람의 진정한 능력은 '7개의 작은 공'을 동시에 오랫동안 한 가지에 집중시켜 고효율의 학습을 할 수 있는 것이다. 반면 성적이 좋지 않은 사람의 뇌 속에서는 공 하나가 배경 음악을 틀고 있고, 다른 공은 밤에 무엇을 먹을지 생각하고, 또 다른 공 하나는 다가오는 시험을 걱정하고 있다. 그래서 실제로 공부에 쓰이는 공은 서너 개밖에 안 된다. 더욱이 공부를 하고 있지 않는 공은 공부 중인 공을 방해하거나 억제할 수도 있어서 7-3<4의 결과를 낼 수 있다. 반면 성적이 좋은 사람의 공은 집중적인 배합으로 4+3>7의 효과를 낼 수 있다. 시간이 누적될수록 이런 두뇌 능력의 차이가 어떤 차이를 만들어낼지 예상이 될 것이다.

따라서 사람 간의 능력 경쟁은 결국 두뇌 자원 활용의 경쟁이며, 공 하나의 능력을 더 많이 개발할 수 있다면 더 높은 경쟁력을 가질 수 있다. 다행히도 이러한 차이는 극복할 수 없는 게 아니다. 대뇌의 7개의 공은 적절한 방법을 통해 목표를 일치시키고, 함께 협력하도록 훈련할 수 있다. 이런 이상적인 훈련 방식이 바로 '명상'이다.

명상하는 동안 우리는 오직 호흡에만 주의를 집중하면 된다. 즉, 7개의 공을 동시에 한 가지 일을 하도록 만들고, 이 중 어떤 공이 '정신 나간' 상태라면 부드럽게 잡아당기면 된다. 이 연습을 계속하면 집중하는 습관을 기를 수 있고, 집중하는 것을 무의식적인 행동으로 전환할 수 있다. 그래서 명상하지 않을 때에도 생각이 자동으로 분산되지 않도록 산만한 정신을 조절할 수 있다. 다시 말해 '7개의 공'을 필요할 때 사용할 수 있다는 얘

기다. 이제 당신은 아무것도 하지 않는 것처럼 보이고, 공부와도 전혀 관련이 없어 보이는 이 명상이라는 활동이 어떻게 사람을 더 똑똑하게 만드는지 알게 되었을 것이다!

과학적 연구에 따르면 집중력 있는 명상 연습은 인간의 대뇌 피질 표면적을 증가시키고, 뇌의 회백질을 두껍게 만드는 것으로 나타났다. 대뇌 피질 표면적과 뇌의 회백질 두께는 인간의 지능에 영향을 미치는 요소이기 때문에 이 연습이 물리적으로도 우리를 더 똑똑하게 만들 수 있다는 것을 뜻한다.

우리가 배우는 피아노, 수영, 체조 등과 같은 다양한 기술은 관련 뇌 영역의 뉴런 밀도를 높이고, 뇌세포 간의 신호 전달을 촉진한다. 이러한 연습이 중단되면 뉴런은 감소하기 시작하지만, 명상은 지속적인 변화를 가져온다.

눈을 감고 조용히 앉아 하루 15분 이상 호흡에 집중하면 효과를 느낄 수 있다. 이를 아령으로 팔 근육을 단련하는 운동처럼 생각해 보면 더 잘 이해할 수 있다. (실제로도 그렇다.) 다만 이 운동은 근육 운동만큼 직관적이지 않아서 많은 사람들이 이것을 믿지 않고, 하기 싫어할 뿐이다. 하지만 당신은 이제 이것을 다 알았다. 아직도 더 많은 이유가 필요한가? 명상이 사람을 더 똑똑하게 만든다는 것을 알게 되었으니, 이제 당신은 그것을 시도할 차례이다.

감정을 차분하게 유지할 것. 그저 이 정도로만!

이 '7개의 공'이 당신의 상상 속에서 어떤 형태로 나타날지 궁금하다. 내가 이해한 바로는 이 공들은 대부분 '가볍다'. 비현실적인 환상의 공, 드라마 속 장면의 공, 해야 하는 것, 모두 사람들의 생각을 순식간에 현실에서 벗어나게 만든다. 실제 현실을 바꾸기는 어렵지만, 머릿속에서 상상으로 바뀌는 것은 비용이 거의 들지 않기 때문이다. 그래서 사람들은 현실 세계에서 어려움의 장벽을 느끼면 자신도 모르게 가상 세계로 가서 편안함과 자유를 느끼면서 피난처를 찾는다. 그렇게 인간의 본성이 출구를 만든다.

『몰입Flow』의 서문에는 이런 비유가 적혀 있다. 한 사람이 겉으로는 가만히 앉아 있지만, 마음속엔 무수한 생각들이 폭포수처럼 쏟아지고 있다. 마치 끓는 솥 안의 공기 방울처럼 각각의 생각들이 아무 연결 없이 신나게 날뛰고 있어 마음은 너무 혼란스럽고, 엔트로피 값은 매우 높다.

이것은 사람들이 주의가 산만해지고 환상으로 가득 차 있을 때의 실제 모습이다. 나는 심지어 이 공들이 대뇌라는 '작은 방'에서 탁구공처럼 이리저리 튀고 있는 장면이 상상된다. 이런 혼란은 사람을 조급하게 만들고, 눈앞에 있는 일에 계속 집중하지 못하고, 더 쉽고 재미있는 일만 하게 만든다.

어떤 이들은 이런 습관 때문에 매일 잠자리에 들기 전 무의식적으로 '무작위 생각' 모드가 켜져 잡념이 몰려와 쉽게 잠에 들지 못한다. 그들은 침대에 누워 있지만 막 끓는 주전자와 같이 생각을 진정시키지 못하고, 잠에 들지 못한다.

물론 어떤 공은 쇠구슬처럼 아주 '무거워서' 방 한구석에 가라앉기도 한다. 그 무게는 재정적 압박, 직업적 어려움, 감정적 위기, 사회적 두려움 등과 같은 거대한 스트레스에서 비롯된다. 무거운 감정은 바위처럼 뇌를 짓누르고 떠나지 않는다. 사람들은 그것을 내쫓을 수도 없고, 건드리기도 원치 않기 때문에 오랫동안 생각의 대역폭을 차지하게 둔다. 이것은 의욕을 잃게 하고, 우울하게 만든다.

많은 이들이 가볍고 무거운 이 두 가지 감정에서 벗어나지 못해 고통받고 있다. 심지어 어떤 사람들은 너무 고통스러워 다양한 '영적 멘토'에게 맹목적으로 도움을 구하기도 하지만, 비용만 낭비할 뿐, 결국 문제에 대한 해결 방법은 찾지 못한다. 사실, 당신은 누구에게도 도움을 구할 필요가 없고, 돈과 재물을 들이지 않고도 자구책을 마련할 수 있다. 명상을 시작하고 자주 연습하면 당신은 점점 감정의 어려움에서 벗어나 매사에 마음이 편안하고 흔들리지 않는 사람이 될 수 있다.

너무 가벼운 공은 집중하면 무게가 더해져 안정될 수 있다. 너무 무거운 공은 명상할 때 그것을 똑바로 직시하여 받아들여야 한다. 그렇지 않으면 집중할 수 없다. 일단 직시하고 받아들이기만 해도 숨겨져 있는 압박이 당신을 쉽게 상심에 빠지게 하지 않는다. 이것이 내가 항상 사람들에게 마음속의 걱정을 글로 쓰는 것을 추천하는 이유이다. 왜냐하면 글로 적어 꺼내면 긴장, 걱정, 두려움, 공포 등의 감정을 명확하게 관찰할 수 있고, 숨을 곳이 없기 때문에 공의 무게는 자연히 줄어들게 된다. 계속 연습하면 머릿속의 공들은 안정되고 통제가 가능한 최상의 상태를 유지할 수 있다. 그래서 주의력과 감정을 비교적 이상적인 상태로 만들 수 있다.

이처럼 명상은 우리가 상상하는 것처럼 단순한 영적 수련 활동만이 아니다. 우리가 지식으로 이를 관찰해 보면 겉보기에 별거 없어 보이는 이 기술이 바로 우리를 승리할 수 있게끔 만드는 길임을 알 수 있다.

독서

– 독서와 진정으로 사랑에 빠지는 방법

사람은 결정을 내리는 두 가지가 있다.

하나는 '감정적 결정'이다. 예를 들어 누군가가 헬스를 하거나, 영상을 찍거나, 그림을 그리는 것을 보면 아드레날린이 솟으면서 나도 하고 싶다는 생각이 드는 것이다.

또 하나는 '이성적 결정'으로 무언가를 원할 때 그것을 왜 해야 하는지, 어떻게 해야 하는지, 어떤 어려움을 겪게 될지 등의 문제를 미리 따져보는 것이다.

'감정적 결정'의 습관이 있는 사람은 중도에 일을 포기하는 경향이 높고, '이성적 결정'에 능숙한 사람은 생각을 현실로 만들 가능성이 더 높다.

독서도 마찬가지다. 사람들이 현 상황을 바꾸고 싶고, 더 나아지고 싶을 때 가장 먼저 하는 일은 대개 책을 읽는 것이다. 많은 현명한 사람들이 책을 생명처럼 여긴다. 책은 우리가 기대했던 것과는 다른 것을 주기도 하지만, 어쨌든 책을 많이 읽는 것은 분명 좋은 것이다. 이런 강한 욕망으로 내리는 결정이 바로 감정적 결정이다.

책을 떠올리면 내가 더 나은 사람이 되고, 삶의 희망이 거의 눈앞에 잡히는 듯하다. 그래서 타인에게 추천 책 리스트를 요청하고, 이를 갖고 인터넷이나 서점에 들러 미친 듯이 책을 산다. 우리가 책을 고르거나 인터넷으로 결제 버튼을 누르는 순간의 그 쾌감은 이루 말할 수 없다. 이 책들을 사면 벌써 그 지식이 내 것이 된 것만 같지만, 막상 책을 읽으려고 펼치면 흥미가 금새 식어 버린다. 심오한 이론, 추상적인 논리, 무미건조한 사례, 흑백의 컬러...독서는 내가 생각했던 것과 크게 다르고, 핸드폰을 넘기는 것처럼 쉽고 재미있지 않다. 며칠 지나지 않아 책은 다시 덮혀져 있고, 처음에 기뻐 미칠 것 같았던 기분과 달리, 이젠 쳐다보기도 싫다. 나는 당신의 책장에 아직 열어 보지 않았거나 먼지투성이가 된 책이 적지 않을 것으로 추측한다.

다른 한 무리의 사람들은 조금 더 낫다. 그들은 꾸준히 책을 읽고, 게다가 매우 빠른 속도로 많이 읽는다. 일 년에 백 권 이상의 책을 읽고, 책을 정말 생명처럼 여긴다. 하지만 그들이 아쉬워하는 것은 그렇게 많은 책을 읽었는데도 별다른 변화가 없고, 심지어 머리는 더욱 혼란스러워진 것이다.

독서는 분명 좋은 것이지만 함정도 적지 않다. 읽고 싶다고 다 읽을 수 있는 것도 아니다. 그리고 대부분의 독서를 하는 사람들은 '가짜 독서'상태이고, 이는 수준 낮은 '감정적 결정'에 의한 것이지만, 이를 잘 알지 못한다. 당신이 마침 이런 고민을 하고 있다면 나와 함께 '이성적 결정'으로 진정으로 독서와 사랑에 빠지는 법을 알아 보자.

관점을 바꾸어 독서를 보다

미래학자 케빈 켈리는 '어떻게 하면 빨리 업계의 고수가 될 수 있을까?'

라는 주제로 담화를 나눌 때 이런 경험을 들려 주었다.

그의 친구 한 명은 완전히 새로운 분야에 진출하고 싶었지만, 아무런 경험이 없었다. 그래서 무엇을 했을까? 이 친구는 먼저 해당 분야의 다양한 업계 콘퍼런스에 참가하여 전문가의 내용을 듣고, 회의가 끝난 후 전문가와 교류하며 조언을 구할 기회를 잡았다. 3년 동안 그는 이 분야의 거의 모든 최고 전문가와 한 번씩 교류했다. 그 후 지속적인 공부와 축적을 통해 그는 차근차근 자신의 의견을 내놓기 시작했다. 물론 처음에는 다른 사람의 관점을 종합한 것이 많았다. 하지만 나중에는 자신만의 관점을 만들어 나갔고, 3년 후, 이 친구는 이 분야의 전문가가 되어 사람들은 돈을 지불하고 포럼 강연에 그를 초대하기 시작했다.

요약하자면, **빠르게 업계의 고수가 되기 위해 가장 좋은 방법은 업계 전문가와 소통하고 그들에게 직접 조언을 구하는 것이다.** 이것이 거의 최고 수준의 성장 전략일 것이다. 하지만 현실은 일반인들이 이런 기회와 자원을 얻기에는 너무 어렵다는 것이다.

그럼 어떻게 해야 할까? 답은 독서에 있다.

책은 아이디어를 계승하는 가장 좋은 매개체이고, 최고의 아이디어도 책에서 찾을 수 있다. **책을 잘 선택하기만 하면** 업계 최고의 사상을 매우 저렴한 비용으로 얻을 수 있다. 이런 사상은 책에 명확하게 기록되어 있고, 매우 간결하게 정리되어 있다. 심지어 수백 년 동안 축적되고 검증되었고, 당신은 몇 만원만 내면 이를 바로 얻을 수 있다. 이런 관점에서 볼 때 독서는 백지 위의 검은 글자를 훑어보는 반복적인 행위가 아니다. 책을 읽을 때마다 실제로 유명 인사와 인터뷰를 진행하는 것이고, 최고의 전문가와 소통하는 것이다.

이런 의사소통은 비싼 비용이 들지 않고, 시간적 제약도 없으며, 상대방의 인내심 부족을 걱정할 필요도 없다. 당신이 원하면 언제든지 최고의 아이디어에 접근할 수 있다. 이보다 더 편한 일이 또 있을까? **독서는 가장 저렴한 비용으로 가장 높은 수준의 성장전략을 얻는 것**이며, 이는 모든 사람이 자신을 업그레이드시키는 가장 좋은 길이라고 할 수 있다.

그 외에도 책은 인생의 경험일 수도 있고, 놀라운 통찰력일 수도 있고, 기발한 아이디어일 수도 있다.『죽음의 수용소에서』를 읽었을 때는 빅터 프랭클을 따라 나치 수용소에서 절망 속의 다시 태어남을 느낄 수 있고, 책『삼체』를 들었을 때는 리우츠신Liu Cixin이 묘사한 웅장한 외계 문명의 세계로 들어갔다.

발이 닿을 수 없는 곳이라도 글이라 갈 수 있고, 볼 수 없는 곳도 글이기에 볼 수 있다. 글은 시공간을 초월하여 우리를 수천 년 전 최고의 사상가들과 소통할 수 있게 해준다. 시간과 공간에 얽매이지 않는 것은 쉽게 가질 수 없는 에너지인데, 독서는 이를 얻을 수 있도록 도와준다.

책을 읽지 않는 것은 자신이 보고 들은 것만 생각하는 것이다. 독서를 한다는 것, 꾸준하게 책을 읽는 것, 좋은 책을 꾸준하게 읽는 것은 동서고금의 최고 사상가들과 친구가 되는 것이다.

유심히 보면, 대부분의 책은 **지혜로운 사람이 사물을 보고, 선택하고, 결정을 내리는 과정**임을 알 수 있다. 많이 읽으면 그들의 고명한 시각을 빌려 자신의 선택을 개선할 수 있게 된다. 개인의 운명은 바로 각종 선택의 결과물이 아닌가? 그러므로 독서가 운명을 바꾼다는 것은 우리의 인식과 선택이 바뀌는 것에서부터 시작된다.

지금 당신 주위에 있는 책을 다시 봐라, 당신은 아직도 그것이 단지 책일 뿐이라고 생각하는가?

독서는 밀도 높은 사고력을 갖게 한다

먼 옛날 우리 조상들은 더 잘 살아남기 위해 위험한 상황들을 기억해야 했고, 필요할 때 빠르게 대처하는 법을 배워야 했다. 이렇게 하지 않으면 맹수를 만날 때마다 위험한지 아닌지를 생각해야 하고, 그 사이에 이미 잡아먹히고 말 것이다. 우리의 뇌는 이런 식으로 작동한다. 한 번 생각하고, 기억한 후, 다음에 같은 상황이 닥쳤을 때 원래의 기억을 불러온다. 즉, 다시 생각할 필요가 없어진다. 왜냐하면 뇌에서 뭔가를 생각한다는 것은 속도가 매우 느리고, 에너지도 많이 소모하는 일이기 때문이다. 뇌는 매우 영리해서 복잡한 것을 단순하게 만든다. 하지만 이에 따른 부작용이 있다. 습관적으로 이전 기억을 불러와서 의사결정을 하고, 이것에 점점 더 의존하게 만든다는 것이다.

인간은 태생적으로 단순하고 편안한 것을 추구한다. 게으름을 피울 수 있는 상황이라면 무의식 중에 결코 힘을 쓰지 않는다. 그래서 대부분의 사람은 본능적으로 사고하는 행위에 저항한다.

우리는 일찍이 고대문명에서 과학기술문명과 정보문명으로 진화해 왔고, 현대사회에서는 인간과 인간의 근본적인 차이가 바로 인지능력의 차이가 되었다. 인지능력은 사고력에 크게 좌우되기 때문에 사고력은 현대사회에서 우리의 근본적인 경쟁력이라고 할수 있다. 따라서 장기적인 안목을 가진 사람들은 능동적이고 의도적으로 자신을 단련하고, 매 순간의 사고 밀도를 높이기 위해 최선을 다한다.

찰리 멍거Charlie Munger는 이렇게 말했다.

"내가 평생 만났던 똑똑한 사람들 중에 매일 책을 읽지 않는 사람은 단 한 명도 없었다."

스스로를 돌아보면 우리의 사고 밀도가 사실 매우 낮다는 것을 알 수 있다. 사람을 대하고, 스케줄을 배분하고, 활동을 하고, 운전하고, 핸드폰을 하고...대부분의 경우 우리는 기존의 기억 모드를 불러와 습관에 따라 반응할 뿐, 진정한 사고를 하는 경우는 실제 많지 않다. 그렇다면 어떻게 매일의 사고 밀도를 빠르게 높여 미래의 경쟁력을 가질 수 있을까?

독서!

독서는 우리의 사고를 언제든지 최고 수준의 아이디어와 맞붙게 해주고, 한 주제에 대해 깊고 포괄적인 이해를 가능하게 해준다. 그래서 자신의 현실과 충분히 연관시킬 수 있도록 한다. 이런 식의 사고하는 자세는 평범한 일상에서는 매우 드물지만, 책을 집어 들기만 하면 바로 가질 수 있다. 우리가 매일 독서에 더 많은 시간을 할애할수록 무의미한 오락 활동에 할애하는 시간은 줄어들고, 사고의 밀도는 점점 더 높아질 것이다. 고밀도 사고를 하는 사람과 저밀도 사고에 익숙한 사람은 긴 시간이 축적됨에 따라 엄청난 격차가 벌어질 것이다. 이것이 우리가 지금 지혜로운 자들을 바라보는 이유이다.

독서는 기술적인 활동이다

누구나 책을 들고 읽을 수 있지만, 그렇다고 독서 문턱이 낮은 것은 아니다. 사실 독서는 기술적인 활동으로 기술이 부족하면 비효율적인 노력이 되기 쉽다. 따라서 정말로 독서와 사랑에 빠지고 싶다면 눈을 크게 뜨고, 다음과 같은 몇가지 오해를 버리길 바란다.

1. 책을 읽으려면 먼저 책을 고르는 법을 배워야 한다. 책을 고를 때 초

보 독자들은 종종 유명한 사람들의 추천 도서 목록을 이용한다. 이를 비난하는 것은 아니지만, 나는 먼저 스스로에게 '무엇이 지금 자신에게 가장 절박하게 해결해야 할 문제인가?'를 묻는 것이 더 나은 방법이라고 생각한다. 결국 모든 사람의 욕구는 다르기 때문에 자기 욕구에 맞지 않는 책이라면 '읽기를 위해 읽는 상황'에 빠지기 쉽다. 책을 읽고 나서 자신의 가장 절실한 현실 문제를 바로 해결할 수 있다면 우리는 즉시 독서의 즐거움과 이점을 느끼게 되고, 그렇게 되면 계속 책을 읽게 될 것이다. 그래서 추천 도서 목록은 참고만 하되, 이를 유일한 선택 기준으로 삼아서는 안 된다.

또 독서의 난이도를 자신의 컴포트존 가장자리에 자리 잡고 있는 책으로 골라야 한다. 구체적으로 말하면 읽기는 조금 어렵지만, 대강 이해할 수 있어야 한다. 다른 사람들이 아무리 좋은 책이라고 해도 당신이 읽기에 너무 어렵거나 관심이 생기지 않는다면 억지로 읽을 필요가 없다. 추천한 자와 우리 사이에는 분명 어느 정도 정보 격차가 있을 것이기 때문이다. 억지로 읽으면 괴롭고, 읽는 재미도 쉽게 사라지기 때문에 처음 읽을 때는 흥미, 난이도, 욕구 이 세 가지를 최대한 맞춰야 한다.

책을 잘 선택했다면, 다 읽은 후에도 계속해서 더 읽고 싶은 동기가 생겼을 것이다. 이젠 자신이 좋은 책이라고 생각하는 책 속의 저자가 여러 번 언급한 책을 기억하라. 이 정보가 당신이 계속 좋은 책을 발견할 수 있는 단서가 될 수 있다.

독서 자체보다 책을 고르는 것이 더 중요하다. 책은 마음의 양식이고, 우리가 '먹은' 것은 우리 몸에 나타나게 되는데, 좋은 것과 나쁜 것을 가리지 않고 독서를 한다면 몸의 병이 생길 수 있다. 이는 차라리 안 읽는 게 더 나을 수 있다. 그래서 피상적인 내용에 상업적인 것이 더해진 책을 고른다면 오히려 당신에게 나쁜 영향을 끼칠 수 있다는 것을 항상 경계해야 한다.

일반적으로, 시간으로 검증된 책은 보통 틀리지 않는다.

2. 독서는 변화를 위한 것이다. 많은 사람들이 책 한 권을 다 읽으면 독서 과정이 끝났다고 생각한다. 사실 독서는 전체 과정의 시작일 뿐이고, 독서할 때의 사고, 사고 후의 실천이 독서 본연보다 더 중요하다. (여기서는 논픽션 서적을 주로 지칭한다.) 많은 사람들의 독서는 표면에만 머물러 있다. 책을 읽는 중에는 여기에 일리가 있고, 저기에 일리가 있다고 생각하다 책을 읽은 후에는 듣지도, 묻지도 않는다. 그러고는 또 다음 책으로 넘어간다. 이런 식으로 집어넣는 독서에 만족하면 시간이 지나 다시 책을 읽을 때, 마치 한 번도 읽은 적이 없는 것처럼 느껴지고 모든 흔적이 사라지는 결과가 나온다. **진정으로 책을 잘 읽으려면, 읽는 시간보다 몇 배의 시간을 생각하고 행동하는 데 써야 한다. 그래서 자신의 무언가를 출력해 내야 한다.—그것은 문장일 수도 있고, 습관일 수도 있다. 이 과정이 독서 자체보다 훨씬 더 힘들다.**

가중치로 보면, 독서량<생각양<행동량<변화량 순이다. 독서는 가장 표면적인 행위일 뿐이며 궁극적인 목표는 사고와 행동을 통해 자신을 변화시키는 것이다. 명상에 관한 책을 읽고 명상의 장점 100가지와 방법 100가지를 이해했다고 치자. 하지만 전혀 행동하지 않는다면 단 한 가지 장점과 방법을 알고 매일 10분씩 계속 명상하는 쪽이 훨씬 더 낫다.

이것은 독서의 깊이가 속도보다 중요하고, 독서의 질이 양보다 중요하다는 또 다른 질문에 대한 답이기도 하다. 많이 읽고 빨리 읽는 것이 꼭 좋은 것만은 아니며, 이는 자기도취의 허상일 뿐이다.

만약 독서를 할 때 글자를 훑을 뿐 진짜로 이해하지 못한다면 무슨 효율성이 있겠는가? 이치를 깨닫기만 하고 정작 자신은 실질적인 변화가 없다면 독서가 무슨 의미가 있겠는가? 그러니 읽는 속도가 느려도 상관없고,

한 달에 한 권만 읽더라도 잘 이해해서 큰 변화를 만드는 게 3일에 한 권씩 읽는 것보다 훨씬 더 나을 것이다.

'변화'라는 근본적인 목표에 집중하기만 한다면 많은 독서 문제는 즉시 사라질 것이다. 예를 들어 책을 읽은 후에 스스로 내용을 얼마나 기억하는지는 전혀 신경 쓸 필요가 없다. 책 전체를 기억하지 못해도 상관없고, 단지 한 점, 한 문장이 자신을 자극했고, 변화시켰다면 이 책은 헛되이 읽히지 않은 것이다. 따라서 방대한 양의 지식에 직면하여 전혀 걱정할 필요가 없다. 머지않아 당신은 사람들이 속독과 독서량을 애타게 추구하면서 자신의 실제 욕구와는 거의 관련이 없는 다양한 지식을 수집하는 모습을 침착하고 여유롭게 바라볼 수 있게 될 것이다. 당신이 그런 느낌을 받게 된다면 기본적으로 이미 대부분의 오해에서 벗어났다는 뜻이다.

3. **고급 독서법**. 독서의 오해에서 벗어났다는 것은 단지 평탄한 상태로 돌아갔다는 것일 뿐이다. 계속 발전하고 싶다면 다음 두 가지 조언에 주목할 필요가 있다. **첫 번째는 독서할 때 생기는 연관성에 특별한 주의를 기울이는 것이다.** 만일 지식 포인트가 당신에게 다른 지식을 떠올리게 하고, 연관성을 불러일으킨다면 반드시 주의하고 메모해야 한다. 지식이 연결을 만든다는 것은 지식 네트워크가 형성되거나 강화되고 있음을 의미한다. 이렇게 하면서 새로운 지식이 창출될 수 있고, 이는 학습의 핵심 방법이다. **두 번째는 읽고, 쓰고, 나누는 것이다.** 만약 당신이 독서 후 배운 지식을 자신의 언어로 새롭게 해석하고 심지어 이를 다른 사람을 가르칠 수 있다면, 그 지식은 당신의 머릿속에서 매우 견고해질 것이다.

독서는 모든 사람이 얻을 수 있는 평등이자 희망, 기회이다. 자신이 달라지길 원한다면 평생 탐구하고 실천해라.

글쓰기
– 고마워요, Mr.파인만

인터넷이 없을 적에는 보통 사람이 글을 써서 많은 피드백을 받는 것은 매우 어려운 일이었다. 글이 신문에 실리고, 잡지에 실리더라도 독자들의 답장이나 전화를 인내심 갖고 기다려야 했다.

지금은 마우스를 조금만 움직이면 단 몇 초 만에 독자들의 댓글이나 좋아요를 받을 수 있다. 글이 충분히 잘 쓰였다면 짧은 시간 내에 피드백이 밀물처럼 들어온다.

이런 신기한 경험을 할 때마다 나는 이 시대에 감사하곤 한다. 즉각적인 피드백뿐만 아니라 이런 댓글을 자주 받게 돼서 놀랍기도 하다.

▷ 이거 파인만 테크닉 아닌가요?
▷ 파인만 테크닉 공부법 같은데요?
▷ 파인만의 학습법과 같은 맥락입니다.
▷ 파인만 테크닉을 사용하는 게 신의 경지에 이르렀네요.

정말 부끄럽지만, 나는 처음 이 댓글을 봤을 때 어리둥절했다. 왜냐하면 당시 나는 너무 무지해서 파인만이 누구인지, 파인만 테크닉이 무엇인지 전혀 몰랐기 때문이다. 나는 바로 찾아보았고, '파인만'과 '파인만 테크닉'이 학계에서 너무 유명하다는 것을 알게 되었다. 그리고 나의 글이 그분과 연결될 수도 있다는 사실이 너무 자랑스러웠다. 동시에 나는 왜 나도 모르게 파인만 씨와 비슷한 테크닉을 쓸 수 있었는지 너무 궁금했고, 그 이유를 정확히 알고 싶었다.

리처드 파인만과 파인만 테크닉

먼저 파인만에 관해 이야기해 보겠다. 그는 대단한 물리학자이다. 얼마나 대단하냐고? 그는 노벨 물리학상을 받았다! 이 상은 과학계에서 현재 최고의 학문적 영예이다. 파인만이 위대한 이유는 그의 강한 호기심과 근성 외에도 그의 독특한 사고 습관과 관련이 있을 것이다.

이를 설명하려면 자식들에게 생각하는 법을 가르치는 데 일가견이 있었던 그의 아버지 멜빌을 빼놓을 수 없다. 그는 브리태니커 백과사전에서 공룡에 관한 지식을 어린 파인만에게 읽어 준 적이 있다.

"공룡의 키는 25피트이고, 머리는 6피트 넓이이다."

여기까지 읽고는 더 이상 읽지 않고 멈춰 파인만에게 말했다.

"이 말이 무슨 뜻인지 보자. 만약 공룡이 우리 집 앞마당에 서 있다면 위층 창문으로 머리를 내밀 수 있을 만큼 키가 큰거야. 머리가 창문보다 약간 더 크기 때문에 머리를 억지로 밀어 넣으면 창문이 망가질 거야."

이런 설명을 통해 생소한 개념을 익숙한 것들로 참조할 수 있도록 했다.

멜빌은 항상 자신의 언어를 통해 지식을 실제적인 것으로 바꿨고, 파인만은 어느새 아버지로부터 매우 강력한 학습 기술을 배울 수 있었다.—**번**

역; 무엇을 공부하든 그들이 무엇을 말하고 있는지, 그것의 실제 의미는 무엇인지 파악하여 자신의 언어로 다시 말하는 것.

그 외에도 멜빌은 종종 이런 질문을 했다고 한다.

"화성인들이 지구에 와서 잠을 안 잔다고 가정해 보자. 그들이 너에게 잠이란 무엇입니까?라고 묻는다면 너는 어떻게 대답하겠니?"

이 질문은 간단해 보이지만 답하기 쉽지 않다. 스스로에게 한 번 질문하고 답해 보길 바란다. 아무런 배경지식이 없는 사람에게 한 가지 일을 명확하게 설명하도록 하는 것은 매우 어려운 일이라는 것을 알게 될 것이다.

의도했든 아니든 이런 훈련 덕분에 파인만은 독특한 사고 습관을 기를 수 있게 되었다. 물리학을 연구 당시, 파인만은 동료들에게 새로운 것을 보고하고 설명할 때 가장 간단한 용어로 명확하게 말하도록 요구하곤 했다. 설명이 너무 장황하거나 복잡하면 그것을 완전히 이해하지 못했다는 것을 의미한다. 소위 파인만 테크닉이란, **무언가를 자신의 언어로, 가장 간단한 단어를 사용하여 문외한도 알아들을 수 있도록 명확하게 설명하는 것이다.**

그 외 다른 것은 없다. 처음엔 그 유명한 파인만 테크닉이 뭔가 복잡미묘한 그런 기술이 아닐까 생각했었지만, 많은 자료를 살펴본 결과 난 이렇게 결론 내렸다. 어쩌면 이것이 바로 궁극의 단순함일지 모른다. 단지 우리가 번거롭고 복잡함에 익숙해 있을 뿐이다.

뜻밖의 행운

어렸을 때부터 생생한 이야기를 들려주는 아버지가 있었던 파인만만큼은 아니지만, 나도 운이 좋다. 왜냐하면 독서를 하기 때문이다.

2016년 11월, 나는 류웨이펑Liu Weifeng의 『암흑시간』을 읽었는데, 책 속의 한 부분이 아직도 기억에 남는다.

당신이 11층에 있고, 당신의 독자가 10층에 있다고 가정하면 당신이 11층을 가리키며 이곳에 어떤 내용이 있는지 말해주는 것만으로 그들을 이해시키기 어렵지 않다. 그런데 당신의 독자가 1층에 있다면, 당신은 당신의 발밑의 10개 층이 도대체 어떻게 구성되어 있는지 알아야 설명이 가능하다. 이는 당신이 파악했다고 생각한 것, 혹은 이전에 옳다고 생각했던 것에 대해 철저하고 깊게 반성하도록 강요한다. 당신의 청중들이 이해하지 못할수록 당신은 더 깊이 반성해야 한다.

어쩌면 당시 류웨이펑도 파인만 테크닉이 무엇인지 몰랐을지 모른다. 하지만 학습이라는 것이 끝까지 탐구하면 길이 달라도 결국 같은 곳에 이르게 되는 것이다. 그래서 나도 뜻밖에 행운을 만날 수 있었고, 무의식중에 이 간단하고 고급 테크닉을 사용하기 시작했다. 그때부터 나는 어렴풋이 문외한도 나의 글을 이해할 수 있도록 해야 한다는 생각을 하게 되었다.

그 해에, 앞서 언급했던 루어쩐위의 '단추끼우기' 학습법도 내게 깊게 와 닿았다. 그도 파인만 테크닉을 언급하지 않았지만, 기본 논리는 동일하다.—새로운 개념을 자신의 언어로 설명하는 것.

다시 보면 류웨이펑과 루어쩐위의 글쓰기와 독서법에 대한 설명도 파인만 테크닉과 매우 일치한다. 추상적 개념 대신 각각 '11층'과 '단추끼우기'라는 비유를 통해 사람들이 바로 알아 듣고, 기억하기 쉽도록 하였기 때문이다. 지금의 내 글쓰기 스타일도 이러한 의식이 뒷받침돼서 만들어졌다.

그러나 객관적으로 이 능력에 대한 나의 이해와 활용은 여전히 매우 제한적이다. 나는 말을 너무 많이 해서 간단하지 않고, 완벽히 내 말로 설명하는데 부족하다.

그럼에도 나는 이 역량의 힘을 느낀다. 좋은 소식은, 나는 이제 우연히 이를 만나는 것이 아닌 주도적으로 이를 꺼내 사용할 수 있다는 것이다.

간단한 언어로

글쓰기는 파인만 테크닉의 극히 일부일 뿐이다. 사실 파인만 테크닉은 인간이 정보에 접근하는 근본적인 방식을 다루기 때문에 널리 사용되는 학습 방법이다. 당신이 인류 뇌의 기본 구조를 이해한다면 우리 뇌에 '이성'과 '감정'이라는 두 존재가 함께 살고 있다는 것을 알고 있을 것이다. 이성적인 소인은 매우 고급이지만, 감정적인 소인이 더 강하기 때문에 정보 수신을 포함해 우리 행동의 대부분은 감정의 소인에게 지배를 받는다.

따라서 우리가 모두 본성적으로 쉽고 즐겁고 간단한 일을 좋아하는 이유를 이해하는 것은 어렵지 않을 것이다. 예를 들어 책을 읽거나 글을 볼 때, 우리는 진실을 듣기보다 이야기를 더 듣고 싶어 한다. 이것을 이해하고 있는 사람이 글을 쓴다면 자신의 창작 방식을 조정할 수 있을 것이다.

이를테면, **먼저 적절한 이야기로 '감정적 소인'의 흥미와 주의를 끈 후, 표현하고 싶은 진실을 '감정적 소인'을 통해 '이성적 소인'에게 전달할 수 있다.** 이는 아주 좋은 전략으로 두 소인 모두가 만족할 것이다.

특히 지식과 진리를 이야기하는 책은 사람들이 너무 심오하고 아리송하게 하는 추상적인 개념을 마구 쌓지 않는 것이 좋다. 도표, 모델, 개념만 주구장창 설명한다면 아마 '이성적 소인'은 별 의견이 없을지 몰라도 '감성적 소인'은 진작에 짜증을 낼 것이다. 그래서 '이성적 소인'을 잡아 끌고, '재미없어, 우리 가자!'고 할 것이다. '감성적 소인'은 힘이 세기 때문에 설교식의 글은 독자들을 끌어들이기 어렵다. 어그로로 관심을 끄는 것도 좋은 방법이 아니다. 관심을 끌고 왔다 하더라도 실제 내용이 없으면 이성적 소인이 불만을 가질 수밖에 없기 때문이다.

예를 들어 대화하는 방식으로 글을 쓰면 문장이 아주 자연스럽게 보인다. 글쓰기를 처음 접하는 많은 사람들이 글쓰기를 너무 진지하게 여기고 글쓰기 강의까지 듣지만, 글쓰기를 오랜 친구와 수다를 떠는 것으로 생각하면 과정이 달라질 것이다. 생각해 봐라. 매신저로 대화를 나누는 것은 굉장히 쉽고, 모두가 기꺼이 하는 일 아닌가? 당신은 대화하는 과정에서 너무 진지해서도, 너무 거만해서도 안 된다. 자기 이야기만 해서도 안 되고, 상대방의 감정을 잘 관찰해야 한다. 좋은 글쓰기는 대화이고, 좋은 대화도 글쓰기이다.

결국 간단한 말로 할 수 있으면 복잡한 것을 쓰지 말라는 것이 파인만 테크닉의 핵심 중 하나이다. 그러나 단순함이 가벼움을 의미하는 것은 아니다. 간결함과 이미지를 의미한다.

예를 들어, 나는 '의도적 연습'이라는 개념에 대해 깊이 연구했고, 이를 '정보 부족', '컴포트존 가장자리' 등의 개념으로 알려주고 있다. 때로는 '점프를 하면 얻을 수 있다'는 비유로 설명하기도 하는데, 나는 이런 설명이 대단히 좋다고 느낀다. 문학의 대가 무신MuXin 木心 선생은 독서에 대해 이렇게 말했다.

"처음엔 쉬운 책을 읽어라. 자신이 높은 곳에서 모든 것을 내려다보는 느낌일 정도의 쉬운 것을 읽어라."

이것은 나로 하여금 큰 깨달음을 얻게 하였다. 추상적인 개념이 전혀 없고, 몇 마디의 말로 이해하기 쉽게 '의도적 연습'의 정수를 전달하고 있다고 생각했다.

한 번은 독자 써니님이 내게 전액피질, 메타인지, 이성뇌의 세 가지 개념이 어떤 관계인지 물었다. 나는 갑자기 영감을 받아 비유가 떠올랐다.

"전액피질은 이성뇌와 메타인지의 '육신'입니다."

적절한 비유를 생각해 내는 것은 매우 드문 일이고, 귀중한 일이기 때문에 나는 이 비유가 나왔을 때 매우 기뻤다.

우리 대부분은 비유의 역할을 과소평가하고, 그것은 문학에서의 수사일 뿐이라 생각한다. 사실 이것은 우리의 사고방식이자, 더 나아가 우리의 인지 도구이다. 인지언어학의 창시자인 조지 레이코프George Lakoff 는 '비유'를 이렇게 정의하고 평가했다.

"한 가지 사물로 다른 사물을 인지하는 것이 바로 학습의 본질이다! 인간은 이미 알고 있는 것을 통해서만 미지의 것을 설명할 수 있기 때문에 우리가 한 번도 본 적이 없는 것을 이해하기는 어렵다. 비유는 미지의 것을 이미 알고 있는 것으로 잇는 다리이다."

글을 쓸 때 적절한 비유를 사용할 수 있다면 많은 개념을 단순화할 수 있고, 사람들을 매우 신기한 방식으로 이를 받아들이고 이해할 수 있도록 할 수 있다. 앞서 언급한 '11층', '단추 끼우기', '머릿속의 두 소인'...이런 비유는 당신이 두뇌 에너지를 쓰지 않고, 복잡한 원리를 쉽게 이해할 수 있도록 도와 준다. 리샤오라이Li Xiaolai도 당연히 글을 쓸 때 줄곧 이 규칙을 고수한다.

"비유를 많이 하려고 합니다. 비유와 배열을 제외하고는 가능한 한 어떠한 수사도 사용하지 않으려고 하죠."

당신도 이 원칙을 자주 실천하면 글을 더 잘 쓸 수 있을 뿐만 아니라, 더 잘 배울 수 있다는 것을 자연스레 깨닫게 될 것이다.

자신의 언어로

파인만 테크닉의 또 다른 핵심은 '자신의 언어로 표현하기'인데, 이는 '간단한 말로 표현하기'보다 더 중요하고 훌륭하다. 우리가 배운 것을 자신의 언어로 설명할 때 비로소 본래의 지식을 진정으로 동원할 수 있고, 퍼뜨려져 있는 정보를 긴밀한 시스템과 네트워크로 엮어 새로운 인식까지 창출할 수 있다. 즉, **자신의 언어로 새롭게 표현하는 것은 자신의 천군만마를 동원하는 것이다.**

안타깝게도 글을 쓰는 많은 사람들이 이를 중요시여기지 않는 듯 하다. 그래서 오랫동안 '지식 진술' 수준에 머물며 '지식 전환' 차원에는 도달하지 못하고 있다. 예를 들어, 많은 사람들이 책을 읽고 책 전체의 프레임과 관점을 나열하고는 글이 완성됐다고 생각한다. 이걸로는 사실 너무 부족하다. 기껏해야 다른 사람의 지식을 다른 곳으로 옮긴 것 뿐이다. 단지 '군말'이 좀 많아졌을 뿐, 그것들을 실제에는 동원할 수 없어 쓸모가 없다.

좋은 글쓰기는 반드시 자신의 언어로 배운 내용을 재해석해야 한다. 이렇게 하는 것은 비교적 어렵고, 처음에는 분명히 잘 못할 것이다. 하지만, 딥러닝의 전당에 발을 들여놓게 되면 곧 빠른 속도로 발전할 수 있을 것이다.

앞서 언급한 왕쉰우 선생의 영어 독학 방법을 다시 떠올려 보면 자신의 언어로 표현하거나 재해석하는 방법이 바로 딥러닝이며, 딥라이팅에 있어서도 이는 강력한 도구이다.

어떤 이들은 분명히 이런 질문을 할 것이다. '많은 관점이 이미 앞 선 사람에 의해 쓰였고, 내가 다시 내 언어로 쓴다 한 들, 그래 봤자 결코 그들을 뛰어넘을 수 없을텐데, 그게 무슨 의미가 있느냐?' 이 질문에 대해 『각인학습』의 저자 스칼러스Scalers는 이렇게 답했다.

"당신 자신이 이해하고 싶은 것은 당신의 시스템에서 싹트고 자란 것으로 책에서 본 것을 메모하고, 선을 그리고, 원을 치며 스스로 이해했다고 생각하는 수준에 머무르기 쉽습니다. 이미 책에 쓰여 있다는 것을 두려워하지 마세요. 우리 각자는 모두 이 세상에 다른 이들과 다른 궤적을 그릴 수 있습니다."

그래서 '읽기만 하고, 쓰지 않는' 공부는 불완전하고 비효율적이다. 때문에 사람이 진정으로 성장하려면 글쓰기를 배워야 한다. 그리고 **글을 쓸 때 자신의 언어로 전달하는 것을 배우지 않으면 소용이 없다.**

그래서 우리는 결국 선생님이 되어야 한다. 직업적 선생님이 되기 위해서가 아니라 스스로 더 잘 배우기 위해서이다. '가르치는 것'이 최고의 '배움'이기 때문이다. 자신의 언어를 통해 가장 간단하게 설명하고, 문외한도 알아들을 수 있도록 해야 한다. 글쓰기의 장점은 우리가 이 기술을 연마하는 과정에서 자신이 만족할 때까지 계속 조정하고 수정하는 것에 있다.

고마워요, Mr. 파인만!

어느 날, 처남인 천핑이 새로 단장한 자신의 별장에 나를 초대했다. 별장에 들어서는 순간 문득 글쓰기와 집 인테리어가 똑같다는 것을 깨달았다.—집의 구조는 우리의 사고와 비슷했고, 집 장식은 우리의 표현과 비슷했다. 간단한 언어로 표현하면 사람들이 편안해지고, 자기 말로 표현하면 개성을 드러낼 수 있다. 사람들은 편안하고 개성 있는 집에 들어서면 그 안에 머무르기를 원하고, 합리적이고 독창적인 구조의 배치에 관심이 생긴다. 반대의 경우라면 집이 아무리 합리적인 구조로 되어 있더라도 불편함이 느껴지고, 그 집안에 머무르고 싶지 않을 것이다.

좋은 비유를 하나 더 찾은 것 같지만, 파인만과 비교하면 분명 아직 큰 격차가 있다. 만약 당신이 관심이 생긴다면, 『파인만 씨, 농담도 잘하시네』라는 책을 읽어 보길 바란다. 지혜롭고, 순수하고, 열정적이며 자유분방한, 반은 천재 학자이고, 반은 익살꾼인 다양한 모습의 파인만에 대해 알게 될 것이다. 그는 항상 남들이 예상하지 못한 곳에서 사람들의 기대를 깨뜨리고, 사람들을 배꼽 잡게 하고, 감동시키는 삶을 살아왔다. 나는 그런 삶을 이해할 가치가 충분하다고 생각한다.

나는 그와 교차점이 있다는 것이 매우 영광스럽고, 그가 지혜로운 파인만 테크닉이라는 개념을 남겼다는 점도 기쁘다.

그래서 나는 이 자리를 빌려 이렇게 말씀드리고 싶다.

"고마워요, Mr.파인만!"

달리기
– 영혼이 멀리 가려면 몸이 길 위에 있어야 한다

'몸이 좋으면, 머리가 단순하다.' 이 말에 얼마나 많은 사람들이 속았는지 모른다.

처음엔 이 말이 이해되었다. 고대에는 사람들의 생활과 학습 여건이 제한적이었다. 육체노동자는 생계를 위해 장시간 노동 생산에 참여해야 했고, 지식을 배울 수 있는 시간과 자원이 부족했기에 일반적으로 교육 수준이 낮았다. 그에 반해 책을 보는 자들은 명성을 얻기 위해 실내에서 열심히 학습에 몰두했고, 체력 단련이 상대적으로 적었기 때문에 허약해 보였다.

아마도 사람들은 이러한 객관적인 현상을 관찰하여 자연스레 '몸이 좋으면, 머리가 단순하다'라는 표현을 만들었을 것이다. 아니면 학자들이 집단의 존엄성을 지키기 위해 이러한 견해를 장려한 경향이 있었을지도 모른다. 여기에는 하나, 육체노동자는 육체는 강하지만 별 대단한 것이 아니라는 뜻을 내포하고, 둘, 학자들이 힘이 약한 것이 부끄러운 일이 아니고, 좋은 머리는 무엇보다 강하다는 뜻을 내포하고 있다.

그러나 언어는 결국 사고에 영향을 미친다. 현상(What)을 묘사하는 이 문장은 의미를 잘 모르는 이들에게 이유(Why)로 받아들여질 수도 있다. 예를 들면, 체격이 타고난 사람은 자신은 태생적으로 공부를 할 사람이 아니라거나, 공부를 잘하는 사람은 운동을 안 해도 상관없다거나, 몸이 발달하면 머리는 둔하다는 생각같은 것들 말이다. 마치 체력과 머리의 합이 고정값인 것처럼, 한쪽이 많이 차지하면 다른 한쪽은 자연히 적어진다고 생각하는 것 같다. 과연 그럴까? 안개가 걷히고 진실이 나오면 당신은 깜짝 놀랄 것이다.

좋은 일은 종종 '긍정적인 상관관계'에 있다

영국의 과학자 프랜시스 골턴은 통계학적으로 중요한 개념인 상관관계를 밝혀냈다. 그는 지적 수준이 높으면 자율성, 경제적 수준, 신체적 조건까지 다른 측면도 좋은 경우가 많다는 사실을 발견했다. 즉, 좋은 것들은 종종 긍정적인 상관관계가 있는 경우가 많다. 그렇다면 몸이 좋은 것과 머리가 좋은 것은 상관관계가 있다고 추론할 수 있을까? 내 생각에 대답은 '분명히 그렇다'이다.

운동은 인체의 다양한 호르몬을 조절하여 사람을 최적의 상태로 만들어주고, 신체 내부 생태계를 에너지와 활력으로 가득 채워주기 때문이다. **운동을 자주 하는 사람의 체내 생태계는 맑은 샘과 같고, 가만히 앉아 있는 사람의 체내 생태계는 고인 물과 같다.** 이렇게 지속되면 운동을 하지 않는 사람들 중 일부는 불안, 우울, 좌절, 우울증과 같은 여러 부정적인 감정에 시달릴 가능성이 더 높다. 또한 스트레스로 인해 생성된 독소는 뇌에 있는 수십억 개의 신경 세포 사이의 연결을 파괴하고, 뇌의 일부 영역을 점차 위축시킨다. 이는 오랜 시간 동안 운동이 부족한 사람은 '멍청해'질 수 있음을 나타낸다.

또 다른 믿기 어려운 좋은 소식이 있다.—**운동이 뇌에 더 많은 새로운 뉴런을 자라게 한다는 것인데, 이는 운동이 물리적으로 사람을 더 '똑똑하게' 만들 수 있음을 의미한다.** 우리는 부모로부터 유전자를 물려받았을 때 각각 뇌의 시작 수준은 분명 차이가 있었다. 같은 뇌 영역에서도 어떤 사람은 신경세포가 더 많고, 어떤 사람은 신경세포가 더 적다. 그래서 아이들을 보면 언어, 도형, 음률 등의 방면에서 뚜렷한 천부적 차이를 보인다. 그러나 후천적인 학습과 발달로 이러한 생리적 차이는 점차 줄일 수 있고, 사람 사이의 간극은 이제 노력의 정도에 집중된다. 뇌과학의 발견에 따르면 운동이 '신경 재생'을 돕는다고 한다. 동시에 주의력과 의식, 운동은 뇌 영역간에 겹치는 부분이 많다. 때문에 운동은 물리적으로도 집중력, 통제력 및 사고력 등을 직접적으로 향상할 수 있다.

이를 통해 우리는 다음과 같은 결론을 내릴 수 있다. 운동은 사람의 신체를 아름답게, 정신적으로 좋게 만들 뿐만 아니라, 뇌 기능을 도와 집중력, 기억력, 이해력 및 자제력을 향상시켜준다. 학습 효과를 높여 더 큰 성과를 내고 더 많은 자원을 얻을 수 있도록 해 준다.

운동은 행복한 삶을 위한 긍정적인 상관관계 요소이자, 출발점이다.

좋은 모델은 '운동 + 공부'

위와 같은 결론에도 불구하고 우리는 여전히 이런 의구심을 떨칠 수 없다. 왜 많은 사람들이 더 적극적으로 운동에 뛰어들어서 긍정적인 상관관계를 보이지 않는 것일까? 이 문제는 탐구해 볼 가치가 있지만, 다행스럽게도 이미 확실한 근거가 있다.

과학적 연구를 통해 운동이 뇌에 새로운 뉴런을 성장시킬 수 있다는 것이 확인되었다. 그런데 무시할 수 없는 정보 중 하나는 이러한 뉴런의 성장을 위해서는 신경 축삭돌기와 가지돌기가 성장하는 과정을 거쳐야만 진정한 뉴런을 형성할 수 있다는 것이다. 간단히 말해서, 새로 태어난 뉴런은 마치 가지와 잎이 자라나야 살 수 있는 나무와 같다. (그림 8-1 참조)

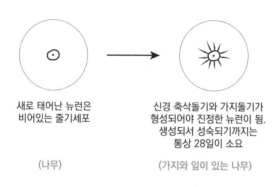

새로 태어난 뉴런은
비어있는 줄기세포

신경 축삭돌기와 가지돌기가
형성되어야 진정한 뉴런이 됨.
생성돼서 성숙되기까지는
통상 28일이 소요

(나무)

(가지와 잎이 있는 나무)

[그림 8-1 새로 태어난 뉴런은 비어 있는 줄기세포다]

그러므로 **관건은 운동이 아니라 운동 후의 활동 배분과 환경 자극이다.** 효과적인 모델은 운동 후 1~2시간 이내에 독서, 문제 풀기, 암기, 글쓰기, 프로그래밍 등 같은 강도높은 고난도의 두뇌활동을 하거나 춤, 피아노와 같은 복잡한 기술이 필요한 신체 활동을 하는 것이다. 새로운 환경, 사람, 사물을 접하는 것과 같은 과거에 해 왔던 것과는 다른 사회 활동에 참여하는 것도 새로운 뉴런을 자극해 지속적으로 성장할 수 있다.

다시 말해 운동 후에 뇌가 충분한 테스트나 도전을 받아야 '똑똑하게' 변할 수 있다.

그리고 새로운 뉴런은 생성돼서 성숙해질 때까지 보통 28일이 걸리기 때문에 '운동+학습' 패턴이 지속되어야 한다. '운동+학습'을 지속하면 자신도 모르게 뇌가 점점 더 유연해지게 되는데, 이는 정신노동자들에게는 확실히 좋은 소식이다. 뇌신경의 연결이 점점 더 많아지고, 신호 경로가 점점 더 넓어지면 반응 속도가 점점 더 빨라지고, 학습하기가 갈수록 더 쉬워진다. 이는 컴퓨터 실행 메모리가 계속 늘어나서 하드웨어 조건이 점점 더 강해지는 것과 같다.

학생들은 더욱 그렇다. 정신활동은 원래 그들의 '주업'이기 때문이다. '운동+학습' 모델을 보완하여 복잡한 학습 내용은 운동 뒤에 배치하면 더 좋은 학습효과를 얻을 수 있다. 체육 활동에 중점을 두는 학교가 학생들의 전반적인 자질이 나쁘지 않은 경우가 많다. 집에 아이가 있다면 하루 종일 방에 틀어박혀 공부하지 않도록 해야 한다는 것을 기억하길 바란다. 자주 아이를 밖으로 나가서 뛰게 하고, 들어와서 다시 공부하도록 하는 것이 훨씬 더 효과적이다.

그럼에도 **대부분의 운동을 하는 사람들은 이를 잘 모른다.—운동 후, 능동적인 학습에 대한 인식과 습관이 부족하다.** 그들은 운동 후 TV를 보거나, 휴대폰을 보거나, 게임을 하거나, 쇼핑, 모임을 하면서 친구들과 수다를 떤다. 심지어 바로 잠에 들기도 하면서 머리를 쓸 필요가 없거나 편한 일을 선택한다.

정말 안타깝게도 이런 선택으로 인해 어렵게 성장한 뉴런들은 곧 사라지고, 그들은 '똑똑한' 사람이 될 기회를 놓쳐버린다.

당신이 벌써부터 러닝화를 준비하고 싶어 안달이 났을지 모르겠다. 하지만 서두르지 말라. 과학적으로 운동하는 방법을 먼저 잘 이해하는 것이 필요하다. 효과적인 운동은 고강도로 자신을 괴롭히는 것도 아니고, 야외에서 슬슬 산책하는 것도 아니다. 그것은 적당한 심박수를 유지하는 일이다. 체중 감량을 위한 유산소 운동에 대해 전문가의 조언을 들어보면, 심박수를 60~80%로 유지하면서 컴포트존 가장자리의 운동을 매일 30분 동안하면 탁월한 결과를 얻을 수 있다고 한다.

이를 확인하는 간단한 방법은 유산소 운동을 할 때 숨이 약간 찬 상태를 유지하는 것이다. 예를 들어 달리기를 할 때 1~2분 동안 숨이 찰 때까지 충분히 빠른 속도로 달린 다음, 다시 빨리 걸으면서 호흡을 조절하는 것을 반복하면 된다. 이렇게 하면 이 활동량을 거의 모든 사람이 달성할 수 있다.

운동이라고 하면 많은 사람들이 달리기를 선택할 것 같은데, 더 좋은 효과를 보려면 복잡한 운동을 병행하는 것이 가장 좋다. 예를 들어 10분간의 유산소 워밍업 후에 요가, 댄스, 체조, 태극권 등을 하는 것이다. 이러한 복잡한 활동은 뇌의 모든 신경세포를 참여시킨다. 활동이 복잡할수록 신경 시냅스의 연결도 더 복잡해지고, 시냅스의 성장도 더 촘촘해진다. 그렇기 때문에 좋은 운동 방법에는 유산소 운동과 복잡한 운동이 모두 포함되어야 한다. (그림 8-2 참조)

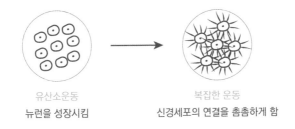

유산소운동
뉴런을 성장시킴

복잡한 운동
신경세포의 연결을 촘촘하게 함

[그림 8-2 복잡한 운동은 신경세포의 연결을 더욱 긴밀하게 한다]

몸이 발달하면, 두뇌가 더욱 발달한다

200만 년 전 인류는 '수렵 채집'의 생활을 해왔고, 우리 조상들은 충분한 식사를 얻기 위해 하루 평균 8~16km를 걸어야만 했다. 불과 1만 년 전에야 인류는 농경 문명에 들어섰고, 최근 100년이 되어서야 인류는 더 이상 음식을 찾는 데 그렇게 많은 에너지를 소비할 필요가 없는 물질적 풍요의 시대에 들어섰다.

사람들의 관념 중에는 운동은 단지 더 건강한 몸과 아름다운 몸을 만들기 위한 것이라는 생각이 있다. 헬스장의 포스터, 인스타그램의 바디 프로필 사진들은 모두 이런 관점을 드러내고 있다. 그러나 사실 **운동의 더 큰 의미는 몸을 강하게 하는 것이 아니라, 뇌를 더 강하게 하는 데 있다.** 운동은 사람을 더 낙관적으로 만들 뿐만 아니라, 생각을 더 유연하게 만들어 궁극적으로 건강과 인지 수준을 이중으로 향상하게 한다.

그러나 사람들은 일단 오래 앉아 있는 것에 익숙해지면 더 이상 움직이기를 꺼리고, 자신도 모르게 삶의 질이 하락하는 경로로 들어서게 된다.

가라앉고, 우울하고, 운동하기를 싫어하면 할수록 운동하지 않고, 그럴수록 더 가라앉고, 우울하다. 이 악순환을 깨는 가장 좋은 방법은 바로 '땀을 흘리는 것'이다. 러닝화를 신고 격렬하게 달리고, 라켓을 들고 공을 휘두르는 것이다.

다행스럽게도 각성한 사람들이 많아지고 있고, 사람들이 서로 공부하고 운동하도록 격려하기 시작했다. '몸과 영혼은 반드시 길 위에 있어야 한다'라는 말이 유행했다.

언어는 사고에 영향을 미친다. 그러니 '몸이 좋으면 머리가 단순하다'라는 말은 '몸이 발달하면 머리가 더 좋아진다'로 수정해야 맞다. 몸과 영혼은 둘 중 하나만 선택할 수가 없다. 당신이 운동을 하지 않고, 공부만 해서도 안 되고, 공부하지 않고 운동만 해서도 안 된다. 또는 이 두 가지를 기분 대로 마음대로 번갈아 선택하는 것도 좋지 않다. 나는 당신이 이제 '영혼이 멀리 가려면 몸은 길 위에 있어야 한다, 몸은 반드시 길 위에 있어야 한다.'라는 표현에 마음이 향해 있다고 믿고 싶다. 인지가 분명할수록 행동은 더욱 확고해지니까 말이다.

지금부터 자신의 운동 계획에 새로운 의미를 부여해 보자!

일류의 삶은 '인지'하고 '각성'하는 것이다

약 10년 전, 나는 몇몇 친구들과 옛이야기를 나누었다. 대화를 나누다 보니 그들이 말하는 많은 세세한 내용들이 하나도 기억 나지 않아 너무 놀랐다. 예를 들어 몇 월에 무슨 일이 일어났고, 어떤 사람들이 있었으며, 그들은 무슨 관계였고, 어떤 일을 했는지...나는 그 일을 어렴풋하게 기억할 뿐, 친구들의 이야기는 마치 내가 그 자리에 없었던 것처럼 많은 일들이 다 처음 듣는 내용이었다. 이렇게 내 기억력은 늘 좋지 않았고, 특히 일부 불쾌했던 경험에 대해서는 일부러 잊어버리려고도 했다. 그날의 경험은 나 자신에게 이런 질문을 던지도록 만들었다.

'지난 몇 년간 나는 무엇을 했지?'

묻지 않아도 상관없는 질문이었지만, 질문을 하니 순간 뒷머리가 쭈뼛 섰다. 눈앞이 텅 빈 채 지난 몇 년 동안 내가 도대체 무엇을 했는지 기억나지 않고, 심지어 인상 깊은 일 한두 가지조차 내뱉지 못했다. 매일 착실히 살아왔다 생각했지만, 마치 아무것도 하지 않은 것 같았다. 인생은 소리 없는 시냇물처럼 매일 흘러갔지만, 지금 보니 아무것도 남아 있지 않았다. 그 순간 나는 깊은 무중력 상태가 되어 처음으로 초조함을 느꼈다.

이 불안감을 해소하고, 바보처럼 살지 않기 위해 나는 뭔가를 하기로 결심했다. 2010년 설날, 나는 노트를 하나 준비해서 첫 번째 기록을 작성했다. 그날부터 내 삶에는 뚜렷한 흔적이 생기기 시작했고, 그 후로 단 한 번도 멈추지 않았다. 2014년 설날, 나는 핸드폰 앱으로 바꿔 일지를 기록하기 시작했다. 디지털 기록은 휴대와 기록이 더 편리하고 검색도 훨씬 편했기 때문이다.

어느덧 이 일을 10년 동안 지속해 오고 있다. 내가 주도적으로 한 일 중 가장 오래 지속해 오고 있는 일이다. 나중에 나는 『기묘한 일생』이라는 책을 통해 류비셰프라는 사람이 56년 동안 꾸준히 시간을 통계 내며 지켜왔고, 그가 아주 좋은 삶을 살았다는 것을 알게 되었다. 그리고보니, 나는 어느새 그와 비슷하게 일정을 자세하게 기록하고 있었다.

그러나 시간을 관리하는 면에서 나와 류비셰프를 비교해 보면 난 한참 뒤떨어져 있다. 시간을 기록하는 것에 대한 나의 가장 큰 의미는 시간의 존재를 자각하고, 좀 더 알찬 삶을 살 수 있도록 하는 것이다. 비록 나의 기억력은 지금도 좋지 않아서 친구들이 옛날 이야기를 할 때 나는 여전히 말을 잇지 못할 수도 있지만, 이젠 걱정하지 않는다. 왜냐하면 몇 초 후에 나는 아주 정확하게 세부 내용을 말할 수 있기 때문이다.—어느 해 몇 월 며칠 몇 시, 누가 있었고, 어디로 갔는지, 무엇을 했는지 이젠 기록을 찾아 말할 수 있다. 그 내용이 너무나 정확해서 친구들이 믿을 수 없을 정도다. 그러나 이 일의 효과는 아마 여기까지일 것이다. 그것은 단지 습관일 뿐이고, 내게 하나의 메모리 플러그인이 생긴 것뿐이지 나의 삶에 대한 인지는 특별히 남다른 점은 없었다.

2017년 2월, 청지아Cheng Jia의 『열심히 공부하기』라는 책을 읽고 '매일 반성'을 시작했다. 이런 별것 없는 '매일 반성'이 나에게 완전히 새로운 세상을 열어줄 줄을 누가 알았겠는가!

일정을 기록하는 것이 류비셰프처럼 나를 대단한 사람으로 만든 것은 아니지만, **시간에 대한 민감도는 확실히 높여주었다.** 왜냐하면 나는 매번 낭비되는 시간을 기록하기 때문이다. 기록을 시작하자, 2시간 동안 휴대폰을 보면 죄책감이 생기고, 더 나아가서는 무의식적으로 이런 낭비를 줄이고 싶어졌다. 자신의 삶이 이러한 것들로 채워지기를 원하는 자는 없지 않겠는가? 물론 나도 때로는 극도로 정신없이 바쁠 때가 있다. 빡빡한 스케줄 일정을 보면서 '도대체 내가 뭣 때문에 이렇게 바쁜거지?' 하고 생각하기도 한다. 이런 바쁨은 종종 스스로 뭔가를 추구해서라기보다는 외부의 압력에 수동적으로 대처하는 상황의 경우가 많기 때문이다. 그때마다 나는 자문하곤 했다. 항상 외부 세상에 끌려다닌다면 하루하루를 '알차게' 보낸들 무슨 의미가 있겠는가?

사람은 누구나 그렇겠지만, 자기 삶이 좀 더 풍요롭고 멋지기를 바랄 것이다. 나는 매일의 일지를 자세히 살펴보게 되면서 자연스럽게 점점 더 효율적이고, 의미 있는 삶을 살고 싶다는 열망이 강해졌다. 하지만, 출구가 보이지 않았다.

그런데 '매일 반성'을 실천하고 나서야 그것이 자각의 새로운 출구라는 것을 알게 되었다. 그것은 아주 깊이 있는 일지 기록이었다. 매일 약간의 시간을 들여 **그날 가장 자신에게 와닿는 일이나 깨달음을 복기**하면, 삶에 대한 더 깊은 자각을 할 수 있었다. 이 어찌 훌륭하지 않은가! 그래서 실천하기 시작했고, 결과는 걷잡을 수 없이 커졌다.

일지를 160일째를 썼을 때, 나는 SNS 계정을 열어 공개적으로 글을 써야겠다는 생각이 들었다. 왜냐하면 이 반성으로 나의 상태와 목표를 진정으로 검토할 수 있었고, 글쓰기의 장점을 절실히 깨달았기 때문이다. 반성을 통해 나는 점점 더 많은 인생의 세세한 부분을 인지할 수 있게 되었고, 외부의 도움 없이 작은 것에서부터 끊임없이 스스로를 개선해 나갈수 있었다. 이러한 반성이 주는 이점은 이루 말할 수 없을 정도로 크기 때문에 더 많은 사람들에게 알리고, 그들도 이 이점을 느끼게 하고 싶었다.

큰길로 가는 단순함

처음에는 '매일 반성'을 쓰는 것이 장점이 있을 거라는 생각은 했지만, 그 장점이 이렇게 클 줄은 몰랐다. 지금 돌이켜보면 스스로도 아주 놀랍다.—알고 보니 이 작고 작은 반성에는 많은 기본 원리가 담겨 있었다. 큰길에 이르는 단순함은 늘 이런 식이다. 여러분의 이해를 돕기 위해 먼저 나의 '매일 반성'을 쓰는 방법을 소개하겠다.

나의 방법은 아주 간단하다. 매일 생활 속에서 가장 자신에게 와닿는 점에 주의를 기울이는 것이다. 이 부분이 즐거운 깨달음이든, 아니면 괴로운 혼란이든 상관없다. 마음속에 불꽃을 일으키는 한 그것을 떼어내어 기록하고 복기한다. 복기하는 방식도 매우 간단한데, 보통 3가지 포인트만 있으면 된다.

① 과정 묘사 — 훗날 돌이켜볼 때 당시의 장면을 떠올릴 수 있도록
　　　　　　　쓴다.
② 원인 분석 — 깊은 영감이 나올 때까지 몇 가지 이유를 묻는다.
③ 개선 방안 — 최대한 인지 포인트나 액션 포인트를 끌어낸다.

이게 다. '매일 반성'은 어떤 때는 몇 문장으로 끝나기도 하고, 어떤 때는 수천 문장으로 길어지기도 하는데, 마음에 따라 쓰고, 상황에 따라 결정한다. 문제를 더 정확히 볼 수 있게 되고, 행동의 변화를 만든다면 그것으로 충분하다.

예를 들어, 한 번은 운전 후 너무 피곤하다는 느낌을 받았는데, 그날의 반성에서 나는 내가 운전할 때 몸의 일부가 무의식적으로 긴장하고 뻣뻣해진다는 사실을 알게 되었다. 그날 이후로 나는 이를 인지하고, 의도적으로 긴장을 풀고 최소한의 힘으로 동작을 완성할 수 있도록 시동을 걸고, 정지도 부드럽게 하려고 노력했다. 얼마 지나지 않아 운전은 나에게 일종의 즐거움이 되었고, 가족들도 내 차를 탔을 때 급정거나 급제동 없이 편안하다고 말했다.

다른 예는 상사에게 비난을 들었던 일이다. 상사의 거친 말은 나도 그 자리에서 바로 반격하고 싶게 만들었다. 그날의 반성에서 나는 그의 비판을 진지하게 분석했고, 그가 지적한 문제점은 그래도 정확하다는 것을 알게 되었다. 비록 그에 대한 감정은 나빴지만, 글의 시작이 좋았다. 그는 나에게만 그런 것이 아니라 대부분의 사람에게 그런 성질을 부리고 있었다. 여기까지 생각하자 나는 즉시 안심이 되었다. **항상 상대방의 감정과 의견을 분리해서 다루어야 최악의 상황에서도 유용한 것을 배울 수 있다는 것을 깨달았다.**

또 다른 예는 2019년 정월대보름 전 우리 가족 3명이 난징의 공자묘에 놀러 갔을 때 일이다. 그곳에 도착했을 때 우리는 이미 너무 피곤해서 쉴 곳을 찾고 있었다. 부근에 장소를 둘러보았지만, 모든 가게가 사람들로 다 가득 차서 세 명이 들어갈 자리가 없었다. 여행 나들이의 마지막이 이렇게 맥없이 지나갔다. 그날 반성을 하면서 사실 우리 셋이 따로 휴식을 취할 수 있었음을 문득 깨달았다. 왜냐하면 피자헛에는 두 사람의 자리가 있었고, KFC에는 한 자리가 있었기 때문이다. 우리의 목적이 휴식이었지, 꼭 세 사람이 함께 쉬어야 하는 것은 아니었다. 당시엔 셋이라는 생각에 얽매여 있었던 것이다. 반성을 통해 나는 다음에 또 이런 문제가 발생하면 내 선택을 살펴보고, 최적화하고, 너무 경직되지 말아야겠다고 생각했다.

이렇듯 만약 당신이 반성을 실천한다면 신체, 감정, 사고의 세 가지 측면에 주의를 기울이고 지속적으로 스스로를 최적화하고 개선할 수 있을 것이다. 영감, 깨달음, 창의성도 많이 생길 것이다. 당신이 실천만 한다면 아주 많은 발견이 있을 것이다.

반성하는 삶은 시간이라는 시냇물에서 빛나는 작은 돌을 매일 발견하고, 이를 정성껏 다듬는 것과 같다. 머지않아 우리는 삶의 흔적이자 결정체인 인지보석이 가득 든 큰 봉투를 갖게 되었음을 알게 될 것이다. **이러한 인지보석을 바탕으로 우리 삶의 질과 밀도는 반성하지 않는 사람들을 훨씬 능가할 것이다.**

심지어 나이가 어리더라도 또래보다 더 높은 인지 수준을 가질 수 있다. 왜냐하면 반성 없이 걸어온 사람들은 인생의 긴 물줄기에 오래 있더라도 여전히 빈손일 것이기 때문이다.

그래서 나는 항상 독자들에게 '매일 반성'이라는 방법을 추천할 수밖에 없다. 그러면 그들은 곧 자기 삶에 미묘한 변화가 생겼다는 피드백을 준다. 한 독자는 이렇게 말했다.

"최근에 저는 매일 반성 일기를 매일 열심히 쓰면서 저의 일상적인 행동, 감정, 결정에 대해 모두 관찰하고, 반성하고, 개선 방법을 적극적으로 찾았습니다. 그리고 작은 것부터 조금씩 바꿔 나가고 있는데, 이 경험이 정말 좋았고, 멋졌어요. 제 마음도 많이 안정되었습니다. 무언가의 가치를 알게 되었고, 내가 무엇을 원하는지, 어떻게 해야 하는지 알게 되니 마음이 편안해지고 저는 더 부지런해졌습니다."

어떤 사람이라도 문제가 생겼을 때 반성하는 것을 약으로 삼을 수 있다고 말하는 것은 정말 과장이 아니다. 글로 써 내려가고 복기를 하는 것으로 아주 많은 문제가 해결될 수 있다.

물론 많은 사람들은 반성이 이렇게 신기하다는 것을 믿지 않는다. 그 이유는 스스로 경험해 보지 않았거나, 실천했지만 방법이 틀렸을 수도 있고, 또 다른 가능성은 이 방법의 기초 원리를 잘못 이해했기 때문일 수도 있다. 하지만 이제부터 내가 말하는 설명을 들으면 당신은 갑자기 깨닫게 될 수 있다. 지금부터 당신에게 보여 주겠다.

문득 크게 깨닫다

'매일 반성'은 적어도 세 가지 기본 원리를 내포하고 있다.

첫째는 '영감 학습법'에 부합한다. 이 방법은 과학적이고, 중요하며 매일 반성에서 만나게 되는 첫 번째 문이다.

나는 이전에 다이어리를 쓰는 습관이 있었기 때문에 반성할 때마다 일정에 주의가 집중되곤 했다. 이것을 깨달은 후부터는 내게 가장 와닿았던 영감을 받은 부분에 집중하려고 노력했다. 그래서 '일기를 반성으로 삼는 함정'을 피할 수 있었다.

많은 사람들이 다이어리를 쓰지만, 그 내용은 주로 자신이 하루 동안 무엇을 했는지, 자신의 감정을 표현하는 자질구레한 생각들이 대부분이다.

이런 다이어리 쓰기는 반성도 아니고, 반성과는 근본적으로 차이가 있다. 영감을 받은 부분도 없고, 심층적인 원인 분석과 대책도 거의 없다. 그저 컴포트존 안에서 감정을 발산하기 때문에 이런 다이어리 쓰기로는 크게 발전할 수 없다. 좋은 반성은 생활 속에서 가장 영감받은 부분, 불편하거나 기쁘거나 잊지 못했던 부분을 감지하는 것이다.—이 포인트가 자기 성장의 컴포트존 가장자리에 있다는 깨달음이고, 컴포트존 가장자리에서 배울 때 성장이 가장 빠르다.

둘째, '메타인지'의 활용이다. 메타인지의 요지는 자신의 느낌과 사고를 깊이 탐구하고, 부족한 점을 발견하면 개선하는 것으로 최소한의 비용으로 자신의 인지적 편차를 수정할 수 있다. '매일 반성'을 쓰는 것이 바로 이 자기 검토의 과정이다. 반성할 때 우리는 충분한 시간을 가지고 당시의 짧은 사고 과정을 돌아볼 수 있다. 그중의 부족한 점을 찾아내고, 최적화하여 더 나은 인지 관점을 발견해 낼 수 있다. 동시에 이성뇌를 활성화해서 감정의 모호한 부분을 제거하여 본능의 디폴트값 선택을 변경할 수 있다. 그래서 우리가 다음에 유사한 문제에 직면했을 때 감정에 빠지거나 문제에서 헤어 나오지 못하는 일이 없도록 하고, 더 나은 결정을 내릴 수 있게 한다. 장기간의 연습은 우리의 인지 수준, 감정 수준 및 선택 의사 결정 능력을 크게 향상해 줄 것이다.

메타인지 능력은 인류의 궁극적인 능력으로 일단 커지면 자기 각성이 시작된다. 내가 운이 좋게 '혼돈에서 각성'으로 향할 수 있었던 것은 '매일 반성'의 도움 덕분이었고, 그 덕에 메타인지를 활성화할 수 있었다.

셋째, '의도적 연습'의 원칙을 따른다. 의도적 연습의 핵심 포인트 중 하나는 명확한 목표를 가지고 학습하는 것이다. 예를 들어, 피아노 연습을 할 때 아무 생각 없이 계속 연주하는 것이 아니라, 아주 명확한 목표를 갖고 반복적으로 노력하는 것이다. 그래야 발전이 빠르다. 우리의 삶도 마찬가지인데, 그저 흐름에 따라 하루하루를 아무 생각 없이 산다면, 우리는 기껏해야 나이만 먹을 뿐이지만, **요령을 가지고 살아간다면 우리는 매우 빠르게 성장할 것이다.**

앞서 운전에 대한 반성에서 언급한 것처럼 '운전할 때 긴장을 풀어야 한다'는 요령을 얻었다면 다음번 운전 전에 이 부분을 인지하고, 여기에 집중해서 결국엔 좋은 운전 습관을 만드는 것이다. 반성하지 않는다면 이런 요령을 얻지 못하고 습관적으로 계속 긴장하고, 경직된 상태로 자신도 모르게 항상 급제동하고 있을 것이다.

이런 성장 방식은 어떤 시나리오에도 적용할 수 있다. 요령을 터득한 사람과 요령을 터득하지 못한 사람의 성장 속도는 완전히 다르다는 것은 쉽게 예상할 수 있다. 모두들 비슷한 삶을 살지만, 전자는 정체되고 후자는 계속 변화한다. 그렇게 몇 년 안에 둘 사이에는 커다란 차이가 생길 것이다.

이상 3가지 원칙은 '매일 반성'의 효과를 확인하기에 충분하지만, 성찰의 이점은 이것에만 국한되지 않는다. 적어도 다음 세 가지를 더 얻을 수 있다.

하나, 우리의 삶을 절약할 수 있다. 예를 들면 우리는 때때로 머릿속에서 영감이 떠오른다. 이런 식의 삶의 깨달음은 사람을 기분 좋게 하고, 극도로 흥분하게 하지만, 기록에 주의를 기울이지 않으면 눈 깜짝할 사이에 잊어버릴 수 있다. 시간이 좀 지난 후에 다시 이 영감이 떠오르면 우리는 깜짝 놀란다. '저번에도 이 생각했었는데?' 그리고는 한숨이 나온다면 우리가 이미 이 부분만큼 삶을 낭비했다고 할 수 있다. **영감은 순간적으로 떠오르는 것이지만, 이 배경에는 인생 경험의 축적이 있다고 할 수 있다.** 우리는 지난번에 이 영감을 잡아내지 못했고, 이번에 다시 한번 나왔는데, 여전히 이를 잡지 못한다면 이런 상황은 앞으로도 또 반복될 수 있다. 이렇게 반복되면 우리의 삶은 비효율적이 된다. 그래서 머릿속에 어떤 생각이나 아이디어가 떠오르면 반드시 메모해야 한다. 키워드가 한두 개라도 괜찮다. 나중에 다시 정리하고 다듬어서 이 인지를 확장하면 그만큼 우리 삶의 시간을 아낄 수 있다.

둘, 우리의 미세한 감지 능력을 향상할 수 있다. 나는 2017년 1월, 리샤오라이의 책 『또 다른 세상』에서 '미세한 변화를 감지하는 능력'이라는 개념을 알게 되었다. 그는 이 능력이 당신이 어디에 있든 매우 중요하다고 말한다. 이 개념을 알았을 때에는 내가 아직 '매일 반성'을 시작하기 전이었고, 그저 매우 일리가 있는 이야기라고만 생각했었다. 나중에 '매일 반성'을 실천한 후에야, 이 말을 이해할 수 있었고, 정말 공감하게 되었다!

반성하지 않는 상황에서 인생은 필연적으로 힘들어질 수 있다. 10년 전 내가 많은 일을 하며 애쓰고 살면서도 전혀 깨닫지 못했던 것처럼 말이다. 반성하는 것은 우리의 삶에 대한 감지를 높여 작은 것에서부터 영감과 연관성을 포착할 수 있도록 해준다.—동작 하나, 말 한마디, 장면 하나, 선택, 감정 등에서 모두 깨달음을 준다. 심지어 마음 속에 매일 반성이라는 것만 갖고 있어도 삶에 대한 자각이 아주 크게 높아진다. 왜냐하면 그 안에서 소재를 발견해야 하기 때문이다.

감지가 더 정교할수록 자기 개선도 더 정교해질 수 있다. **좋은 반성일수록 착안점이 더 섬세해지는 경우가 많다.** 크고 광범위한 일은 모두가 감지할 수 있지만 미묘한 변화는 모두가 느낄 수 있는 것이 아니다. 이는 반성의 수준을 나타낸다.

셋, 우리가 고통을 직시할 수 있게 해 준다. 우리의 삶은 기쁨, 평범함,

고통의 세 가지로 이루어져 있을 뿐이다. 기쁨은 모두나 좋아하지만 쉽게 잊히고 소중히 여기지 않는다. 평범함은 사람들을 둔하고 무감각하게 만든다. 그리고 고통만은 피하고 싶어하지만 피할 겨를이 없다.

삶이 막막하고, 성적이 떨어지고, 실연을 겪고, 자제력이 부족하고, 고통을 두려워하고...고통을 직면했을 때 사람들의 첫 반응은 불편함인데, 그다음 이어지는 반응이 바로 우리 성장의 분수령이 된다.—**대다수는 도피하고 부정적인 감정에 사로잡히는 쪽을 택하고, 소수만이 고통을 직시하고 잘못을 반성한다.**

반성에는 고통을 직시할 힘을 갖고 있다. 반성하고 기록하면, **고통이 나쁘지 않고, 그것이야말로 하늘이 우리에게 준 성장 신호이자 힌트임을 깨닫게 될 것이다!** 앞에서 예로 들었던 내가 상사의 비판을 직면하기 시작했을 때, 나는 의견과 감정을 분리하는 법을 배울 수 있었다. 만일 그렇지 못했다면 나는 계속 내 감정에 사로잡혀 오랫동안 하늘을 원망하고, 타인을 원망하는 상태에 있었을 것이다. 그렇게 나는 성장하지 못했을 뿐만 아니라 자기 소모까지 했을 것이다.

따라서 어떤 문제가 있다면 누구나 '반성'을 약으로 삼을 수 있다. 그렇게 적고 돌아보는 것만 해도 자연스럽게 답을 얻을 수 있다. 시간이 오래 지나니, 나는 심지어 고통스럽거나 불편한 일이 생길 때 속으로 자기 계발의 기회가 왔구나 생각하게 되었고, 오히려 기쁜 마음이 들기도 했다. 이게 얼마나 좋은 삶의 태도인가! 이 상태에서는 인생의 많은 고민을 해소할 수 있다. 그렇기 때문에 단지 당신이 그렇게 할 생각이 있는지 아닌지만 보면 된다.

행동을 시작하다

이상 거의 완벽한 반성 커리큘럼을 말했다. 만약 당신이 지금부터 '매일 반성'을 하길 원한다면, 나는 당연히 매우 기쁠 것이다. 하지만 내가 실천하는 사람들을 계속 관찰해 본 결과, 다음의 주의 사항을 미리 알고 시행착오를 피하는 것이 좋을 것이다.

첫째, 형식에 얽매이지 않는 것이다. 많은 사람들이 매일반성을 하루도 빠짐없이 해야 한다고 생각해서 가끔 중단하게 되면 바로 낙담하고 포기해 버렸다. 사실 '매일'이란 뜻은 우리가 행동을 지속해야 한다는 것을 의미하는 것이다. 그러니 가끔 중단하더라도 괜찮다. 반성할 키워드를 적어두었다가 시간이 생길 때 정리하면 된다. 정말 아무런 느낌도 들지 않았던 날이라면 글을 쓰지 않아도 상관없다. 게다가 어떤 사람들은 형식에 너무 치중해서 정식 문장으로 매일 반성을 쓰려다 보니 너무 많은 에너지가 소모되어 동기를 잃는 경우도 있었다. 명심하라.—**반성의 궁극적인 목적은 변화이고, 형식의 완성이 아니다.** 그러므로 한 줄의 문장만으로도 자신의 변화가 생겼다면 그것으로 반성의 목적은 이미 달성된 것이다.

둘째, 인지포인트 또는 액션포인트를 최대한 끌어내는 것이다. 감정 표출이나 무작위적인 생각에 빠져서는 안 된다. 반성의 궁극적인 목적은 변화에 있기 때문에 미래의 삶을 끌어당길 만한 **구체적이고 실천가능한 인지 포인트와 행동 포인트를 뽑아내야 하며,** 그렇지 못하면 반성이 일기가 되기 쉽고, 그 효과도 크게 떨어진다.

셋째, 행동 리스트를 작성한다. 반성만 많이 하면 많은 액션 포인트를 쉽게 잊어버리곤 한다. 그래서 행동 리스트를 만드는 것이 매우 중요하다. 가장 중요한 행동리스트들을 꺼내 나열하고, 수시로 보면서 우리가 지속적으로 행동해 나가야 한다.

넷째, 스스로에게 극도로 솔직해야 한다. 반성은 혼자 하는 것이니 남의 시선을 의식할 필요가 없다. 특히 고통을 반성할 때, **스스로에게 극도로 솔직하게 마음 깊은 곳의 가장 진실한 생각을 파헤쳐야 한다.** 내면의 생각이 감내할 수 없을 정도로 힘들고, 수치스럽더라도 그것이 진실이라면 자신에게 말하고, 인정하고, 받아들여야 한다. 진솔하게 불완전한 자신을 받아들여야 그제야 다시 태어날 수 있다.

다섯째, 많이 읽어야 한다. 많은 사람들이 비교적 평범한 삶을 살거나 아직 감지 능력이 부족해서 영감을 받는 포인트를 인식하지 못하는 경우가 많다. 이때는 많은 책을 보는 것이 도움이 된다. 왜냐하면 좋은 책은 고밀도의 사고로 가득 차 있기 때문이다. 현자들과 소통하다 보면 항상 영감을 주는 관점과 정보를 얻을 수 있다. 인내심을 갖고 꾸준히 연습하면 당신의 감지력은 자연스럽게 점점 더 강해질 것이다.

여섯째, 적절한 기록 매체를 선택한다. 종이에 기록하는 것은 검색하기 불편하기 때문에 나는 추천하지 않는다. 구글 드라이브나 에버노트 같은 전자 문서를 사용하는 것을 추천한다.

일류의 삶을 살아 보자

나는 줄곧 한 사람의 각성 시작점이 도대체 어디에 있는지 알고 싶었다. 이제 대략적인 답을 얻었다. 그것은 바로 '인지'였다. 사람이 무엇이 좋고 무엇이 나쁜지 인지하게 되면 필연적으로 스스로 새로운 선택을 할 수 있다.

마치 내가 군중 속을 걸을 때 고개를 숙이고 구부정하게 걷는 사람을 보면 나도 모르게 가슴을 펴고 고개를 들고 걷게 되는 것처럼 말이다. 이유는 그 사람처럼 혹시 기운이 없어 보일까봐서다. 그런데 내 주변의 많은 사람들은 관찰해 보면, 그들은 대부분 대수롭지 않게 여기고, 심지어 무의식적으로 '모방'을 하거나 '동화'되기도 했다.

동일한 생활환경 안에서 어떤 사람은 군중을 따라가지만, 어떤 사람은 자발적으로 뛰쳐나와 환경이 자신에게 미치는 부정적인 영향을 인식할 수 있다. 이 모든 것은 개인의 인지 정도에 따라서 달라진다.

인지는 예로부터 인재들의 자기 수련 방식이었다.

예를 들어 증자[1]의 '오일삼성오신'과 프랭클린[2]의 '매일 13가지 덕목을 살핀다'가 있다. 오늘날 우리는 먹고 입는 것에 부족함이 없고, 많은 사람들이 풍요로운 삶을 살고 있지만, 그들이 반드시 일류의 삶을 산다고는 할 수 없다. 사람은 인지가 부족하면 매일 호의호식해도 행복과 기쁨을 느끼지 못하고, 도리어 무료함과 공허함, 고통에 갇히게 될 수 있다.

즉, 막대한 부가 없더라도 인지를 높임으로써 세상을 감지하는 능력을 키우고, 자신의 능력을 완벽하게 만들 수 있다. 인지가 있다면 우리는 빠르진 않더라도 천천히 일류의 삶을 향해 나아갈 수 있다.

---

1. 증자의 오일삼성오신(吾日三省吾身) : 증자는 공자의 제자로 날마다 세 가지로 자신을 반성한다고 했다. '남을 위해 일을 도모하면서 충실하지 아니한가? 친구와 사귀면서 믿음직하지 아니한가? 전수받은 것을 익히지 않았는가?'

2. 벤자민 프랭클린 : 미국 건국의 아버지로 13가지 덕목을 실천하려고 노력했다. 13가지 덕목은 '절제, 침묵, 규율, 결단, 검소, 근면, 진실, 정의, 중용, 청결, 평정심, 순결, 겸손'이다.

함께 변화하고, 함께 나아가자

2016년 6월 리샤오라이Li xiaolai의 『스탠퍼드대 창업 성장 수업』을 읽었는데, 그 책이 무슨 이야기를 했는지는 잘 기억나지 않지만, 책 속의 한 문장이 계속 마음에 남아 있다.

'당신이 원하는 것이 아직 없다면 직접 스스로 만들어 내라.'

독서는 늘 이런 식인 것 같다. 긴 문장들을 읽어 나가다 보면 결국 한두 문장이 나를 감동하게 하고, 변화시키면서 독서의 의미가 실현된다. 그리고 이제 나는 그 소망을 이뤘다.

개인적 변화와 성장의 길 위에서 나는 줄곧 나를 충분히 깨닫게 할 인지 각성의 책을 찾길 바라 왔지만, 아쉽게도 지금까지 완전히 만족스러운 책을 만나지 못했었다. 그러다 마음속에서 이런 생각이 떠올랐다. '직접 책을 써 볼까?' 3년도 채 안 되어 이 마음이 담긴 책이 여기에 등장하게 될 줄은 생각지도 못했다.

나는 이 책이 자기 계발 분야의 뚜렷한 지표가 될 것이라고 믿는다. 이 책이 성장을 바라는 혼돈의 사람들에게 길을 알려주길 희망한다. 나는 또한 이 책이 적어도 향후 50년의 세월을 관통할 수 있다고 믿는다. 왜냐하면 책 속의 이론은 매우 근본적이고, 주제 또한 가장 실제적인 욕구에서 비롯되었으며, 나 자신과 많은 독자들의 실행 검증을 거쳤기 때문이다. 인류의 진화 메커니즘이 변하지 않는 한, 각 세대는 성장 과정에 많든 적든 동일한 어려움을 겪을 것이다.

이 책은 사업, 직업과 관련되어 있지도 않고, 기발한 기술도 없고, 심지어 많은 예시가 독서, 글쓰기, 달리기 같은 평범한 활동에 관한 것이다. 하지만, 그렇기 때문에 평범한 사람들에게 장기적으로 적용할 수 있는 방법론이 될 것이다. 독자 웨이지아민은 이렇게 평했다.

"저우링의 글은 과학적 관점에서 분석했고, 닭고기 수프와 같은 내용이 아닙니다. 그래서 계층 구분 없이 누가 읽던 분명히 얻는 게 있을 것입니다."

그러므로 당신의 상황이 어떻든 간에 마음으로 관련성을 찾고, 성실하게 행동한다면 분명히 초조함도 사라질 것이다. 결국 임무를 완수하고, 마음속의 꿈을 이룰 수 있을 것이다.

만약 이 책이 당신에게 도움이 되었고, 단 한 가지라도 당신을 감동하게 하고 변화시켰다면 이 책은 사명을 다한 것이다. 언제든지 당신의 피드백을 기대하고 있겠다.

물론 이 책도 부족한 점이 많은데, 예를 들어 어떤 내용은 각 장에서 중복해서 나오고, 어떤 주제의 분류는 적절하지 못한 부분이 있다. 개인적인 표현에서도 다소 장황한 부분이 있는데, 이 이면에는 이런 이유가 있다. 수많은 기초 개념이 마치 지하에 깔린 네트워크처럼 서로 통하고 연결되어 있다. 그래서 같은 개념으로 동시에 많은 현상으로 해석할 수 있기 때문에 반복해서 나오는 것을 피할 수 없었다. 물론 가장 큰 이유는 나의 글쓰기 실력의 한계로 문제에 대한 생각 정리가 더 철저하지 못했기 때문일 것이다. 이에 대해 여러분의 많은 양해와 많은 의견을 주시면 겸허히 받아들이고 계속해서 개선해 나가겠다. 그 외 '미, 명, 독, 쓰, 달' 같은 내용은 다소 분산된 주제처럼 보일 수 있지만 본질적으로 모두 인지 능력을 향상하는 핵심 내용으로, 여러분들의 오해를 방지하기 위해 특별히 설명을 추가했다.

이 책을 쓰는 데는 또 다른 '사심'이 있었다. 내 직장 때문에(1년에 항상 두 곳에서 일함) 딸이 자라는 과정에 자리를 비우는 경우가 많았다. 시간은 일방통행이라 한 번 놓친 것은 결코 다시 돌아올 수 없다는 것을 안다. 나는 아빠의 부재에 대한 아쉬움을 달래기 위해 이 책을 특별히 딸에게 선물로 주고 싶다. 앞으로 삶에서 어려움을 마주할 때마다 아빠가 항상 곁에 있음을 기억하길 바란다.

"나는 네가 결국엔 나를 이해해 줄 것이라 생각해. 내가 너의 롤모델이 될 수 있도록 열심히 노력할 것이고, 너도 분명히 더 많은 사람들에게 롤모델이 될 거야!"

이번 기회에 커버 이미지[1]의 의미에 대해서도 특별히 설명하고자 한다.

표지 속의 파란색과 빨간색은 이 책의 두 가지 주제 색상으로 각각 뇌의 이성적 능력과 감성적 능력을 나타낸다. 가운데의 흰 여백은 사람의 머리 모양으로 이는 사람이 지식과 지혜를 배워 이성과 감정이라는 두 가지 힘을 사용하는 것을 배운다면 인지를 얻고 각성할 수 있다는 뜻이다. 이 책이 혼돈에서 벗어나 사고를 통해 명확한 인지, 분명한 목표, 명확한 경로와 명쾌한 감정을 얻어 당신이 각성하는 데 도움이 되길 바란다.

---

1. 중국판 표지에 대한 부연설명이다.- 역자 주

마지막으로 감사를 표하고 싶다.

먼저 시대와 운명에 감사하고 싶다. 만약 내가 몇 년 더 일찍 태어났거나, 인생의 궤적이 조금 달랐다면 이 일을 이룰 수 없었을 것이다. 나는 한 사람이 어떤 성취를 이루기 위해서는 시대, 운과 환경과 같은 큰 배경을 간과할 수 없다는 것을 알고 있다. 자신의 노력과 헌신만 보는 것은 편협하고 객관적이지 못함을 잘 알고 있다.

다음으로 나를 위해 너무 많은 것을 부담해 온 사랑하는 아내에게 감사하다. 아내의 지원이 없었다면 나는 이 책을 완성할 수 없었을 것이다. 또한 구자잉의 발견에, 천루이의 추천에, 천수란 편집자의 혜안과 인민우전 출판사의 깊은 사랑에 감사드린다. 여러분들의 열정으로 이 책이 세상에 나올 수 있게 되었다.

마지막으로, 무명작가인 저를 지지해 주시고, 『인지각성』을 인정해 주신 웨이란Wei Lan, 왕스민Wang Shimin, 스베이천Shi Beichen, 이지아Yi Jia, 이런 용청Yi Renyongcheng 선생님들께 특별한 감사의 말씀을 전하고 싶다. 덕분에 더 많은 사람들을 도울 기회를 얻을 수 있었다. 물론 가장 감사해야 할 사람들은 나의 모든 독자들, 바로 당신이다. 당신의 감동, 변화와 피드백이 나의 가장 큰 수확이다.

이 책이 여러분의 정신 세계를 밝혀주고, 여러분이 앞으로 나아가는 길의 등대가 되기를, 더 많은 사람들이 이 책을 발견하기를 소망한다.

함께 각성하고, 함께 나아가자!